ITSM LIBRARY
itSMF
The IT Service Management Forum
Fondations de la Gestion des Services d'après l'ITIL®
VHP

A propos de la Bibliothèque ITSM

Les publications de la Bibliothèque ITSM couvrent les meilleures pratiques de la Gestion Informatique et sont publiées sous la conduite de l'itSMF Pays-Bas (itSMF-NL).

L'IT Service Management Forum (itSMF) est une association destinée aux organisations de services informatiques, et pour les clients des services informatiques. Le but de l'itSMF est de promouvoir l'innovation et le soutien de la Gestion Informatique ; clients et fournisseurs sont représentés de façon équivalente au sein de l'itSMF. La tâche principale de ce Forum est l'échange de savoirs et d'expériences. Nos auteurs sont tous des experts dans leur domaine.

Les publications suivantes sont disponibles ou le seront bientôt.

Introduction-, Fondations et Pratiques

- Foundations of IT Service Management based on ITIL® / IT Service Management, an introduction - based on ITIL® (Arabe, Chinois, Danois, Allemand, Anglais, Français, Italien, Japonais, Coréen, Néerlandais, Portugais, Russe et Espagnol)
- IT Services Procurement, an introduction based on ISPL (Néerlandais)
- Project Management based on Prince2 (Néerlandais, Anglais, Allemand)
- Practitioner Release & Control for IT Service Management, based on ITIL, a Practitioner's Guide (Anglais)

Gestion des Services Informatiques - meilleures pratiques

- IT Service Management - best practices, part 1 (Néerlandais)
- IT Service Management - best practices, part 2 (Néerlandais)
- IT Service Management - best practices, part 3 (Néerlandais)

Dossiers & Instruments de Gestion

- Metrics for IT Service Management (Anglais)
- Six Sigma for IT Management (Anglais)
- The Request for Proposal (RfP) for IT Outsourcing (Néerlandais)
- Managing Service Agreements (Anglais)
- Frameworks for IT Management (Anglais)

Guides de poche

- ISO/IEC 20000, a pocket guide (Anglais, Allemand, Italien, Espagnol)
- IT Services Procurement based on ISPL - a pocket guide (Anglais)
- IT Governance based on CobiT - a pocket guide (Anglais, Allemand)
- IT Service CMM, a pocket guide (Anglais)
- IT Service Management - een samenvatting op basis van ITIL® (Néerlandais)
- IT Service Management from hell! (Anglais)

Pour toutes demandes de renseignements sur la Bibliothèque ITSM, veuillez consulter les sites suivants : www.itsmfbooks.com, http://en.itsmportal.net/en/node/14063 ou www.vanharen.net.

Fondations de la Gestion des Services Informatiques d'après l'ITIL

itSMF NL
HET KENNISPLATFORM VOOR
IT SERVICE MANAGEMENT

Une publication de l'itSMF-NL

Van Haren
PUBLISHING

Colophon

Titre :	Fondations de la Gestion des Services Informatiques d'après l'ITIL®
Une publication de :	itSMF-NL
Editeurs :	Jan van Bon (rédacteur en chef pour l'itSMF-NL) Tieneke Verheijen (Inform-IT, éditeur)
Maison d'édition :	Van Haren Publishing, au nom de itSMF Netherlands, info@vanharen.net
ISBN(10) : ISBN(13) :	90 8753 007 2 978 90 8753 007 5
Edition :	Première édition, première impression, Novembre 2006
Conception et mise en page :	CO2 Premedia, Amersfoort – NL
Imprimeur :	Wilco Printers, Amersfoort - NL

Les «Fondations de la Gestion des Services Informatiques d'après l'ITIL» sont basés sur une publication de l'itSMF-NL, connue sous le nom de «Gestion des Services Informatiques (ITSM), une introduction, basée sur l'ITIL». Il contient les mêmes chapitres sur le Soutien des Services, la Fourniture des Services et la Gestion de la Sécurité que «l'introduction à ITIL» officielle. Un chapitre sur la préparation de l'examen a été ajouté à cette édition.

Pour de plus amples informations sur Van Haren Publishing, veuillez envoyer un e-mail à : info@vanharen.net.

Bien que cette publication ait été élaborée avec le plus grand soin, ni l'auteur ni le rédacteur ne peuvent être tenus pour responsables des dommages provoqués par d'éventuelles erreurs ou imperfections contenues dans cette publication.

Préface

Au cours de ces dernières années, l'ITIL® - IT Infrastructure Library (Bibliothèque d'Infrastructure des TI), a fait un bond en avant colossal. Basé sur une initiative d'origine européenne pour documenter les meilleures pratiques dans le domaine de la Gestion des Services Informatiques (ITSM), l'ITIL est désormais adopté dans le monde entier comme étant de facto la meilleure pratique pour la Gestion des Services Informatiques. Son étroite relation avec la norme ISO20000 a contribué à conforter cet état de fait.

Le Certificat ITIL Fondamental en Gestion des Services Informatiques est largement reconnu comme étant une des contributions majeures à l'adoption et à la diffusion mondiales de l'ITIL. Ce livret intitulé «Fondations», basé à l'origine sur une publication hollandaise de l'itSMF, a été accepté dans de nombreux pays et par beaucoup d'instituts de formation comme étant un guide très efficace et approprié pour l'étude des principes de base de l'ITIL.

De par les efforts et l'implication des membres de son comité, l'objectif du Sous-Comité Exécutif International des Publications de l'itSMF (IPESC) est d'apporter une valeur ajoutée à la communauté des professionnels de l'ITSM, en permettant le développement d'une bibliothèque globale commune soutenant un arrangement uniforme du savoir-faire et des meilleures pratiques de l'ITSM. L'IPESC a donné l'approbation formelle de l'itSMF International à la publication de cet ouvrage, après une revue complète par des douzaines d'experts en la matière. Le processus de revue lui-même est extrêment précis, avec des critères d'approbation rigoureux que toute publication ITSM-connexe doit satisfaire avant d'être approuvée par l'IPESC.

Les remerciements des pages suivantes rassemblent de nombreux représentants des différents secteurs de l'itSMF qui se sont impliqués dans la revue et l'approbation de ce livre. Au nom de la communauté globale de l'itSMF je souhaite remercier l'IPESC pour son implication, son effort et son engagement dans la révision et l'approbation de ce livre. J'espère que vous trouverez cet ouvrage agréable, instructif et un soutien utile dans l'étude des principes de base de l'ITIL.

Sharon Taylor,
Chair, International Publications Executive Sub-Committee
itSMF International

Remerciements

Cette publication est le résultat de la coopération de nombreux experts dans ce domaine, originaires de différents pays, et représentant des utilisateurs, des fournisseurs, des gouvernements, des formateurs, des examinateurs et des secteurs de l'itSMF. Elle a été basée sur une publication de l'itSMF des Pays Bas, développée comme une introduction à la Gestion des Services Informatiques (ITSM), d'abord éditée en avril 1999. Le livre a été à l'origine lancé par Georges Kemmerling (Quint Wellington Redwood) et élaboré par une équipe de projet hollandaise de l'itSMF, sous les conseils du rédacteur en chef Jan van Bon (Inform-IT). Depuis 1999, cette équipe de projet composée de critiques et de co-auteurs a développé et amélioré cet ouvrage, par une suite de nouvelles éditions. Les experts suivants des Pays-Bas ont contribué au projet :

Rolf Akker (BHVB)
Jan Bakx (IT's ME Management Solutions)
Koos Berg (Capgemini)
Aad Brinkman (Aranea Consult)
Bob Driessen (Achmea Active)
Lex Hendriks (EXIN)
Jan Heunks (Multitasking Competence Services)
Ton van den Hoogen (TotZ)
Georges Kemmerling (Quint Wellington Redwood)
Louk Peters (Getronics PinkRoccade)
Dick Pondman (ISES International)
Bart van Rooijen (IBM Global Services)

En mai 2002 la première traduction a été éditée, en anglais. Cette première édition globale a été bientôt suivie d'une seconde version améliorée, apurée par les membres choisis au sein de l'itSMF, coopérant au sein du Sous-Comité exécutif des publications internationales de l'itSMF, chacun représentant un secteur de l'itSMF. De plus, cette édition globale a été révisée par plusieurs experts issus d'organismes de fournisseurs et d'utilisateurs, et par des représentants de l'OGC. Ceci a eu pour conséquence la toute première publication internationalement approuvée par l'itSMF, soutenue par la communauté entière de l'itSMF, et admise comme introduction standard de grande qualité à l'ITIL. Cet ouvrage a rendu d'excellents services en tant qu'aide à la préparation de l'examen de l'ITIL, principalement pour l'examen Fondamental, dans beaucoup de pays.

Depuis 2002, plusieurs autres traductions sont apparues. Chacune de ces traductions a été développée et apurée par une équipe d'experts originaires de la région concernée par la langue, si possible sous les conseils d'un membre référant de l'itSMF. Dans tous les cas, une table de traduction terminologique a été déterminée, avant de traduire le texte. Les traductions ont été fournies en allemand, français, espagnol, russe, chinois et japonais, et plusieurs autres langues suivront.
Maintenant, en 2005, cet ouvrage a été publié pour – et par - l'itSMF comme étant le meilleur guide de préparation à l'examen Fondamental de l'ITIL. L'édition en anglais a été révisée par une équipe impressionnante d'experts. Elle sera employée comme source pour toutes les traductions.

Les experts suivants ont contribué à l'édition anglaise :

Jan Bakx (IT's ME Management Solutions, Pays-bas)
Ivo Barros (itSMF Portugal)
Klaus Berghoffer (itSMF Roumanie)
Aad Brinkman (Aranea Consult, Pays-bas)
Bernd Broksch (itSMF Allemagne)
Hal Dally (Fujitsu Consulting, Canada)
Vincent Douhairie (itSMF France)
Bob Driessen (Achmea Active, Pays-bas)
Martin Erb (Capital One, USA)
Karen Ferris (ProActive, Australie)
John Gibert (Southcourt, UK)
John Groom (UK)
Peter Haberl (itSMF Autriche)
Mark Haddad (Directions, UK)
Ashley Hanna (HP, UK)
John Ib Hansen (itSMF Danemark)
Lex Hendriks (EXIN)
Signe Marie Hernes (itSMF Norvège)
Klaas Hofkamp (IBM, Canada)
Ton van den Hoogen (TotZ, Pays-bas)
Brian Johnson (CA, USA)
Chris Jones (itSMF Australie)
Georges Kemmerling (Quint Wellington Redwood, Pays-bas)
Graham Kennedy (ProActive, Australie)
Glenn LeClair (Fujitsu Consulting, Canada)
Chris Littlewood (Parity Training, UK)
Ivor Macfarlane (itSMF International)
Steve Mann (itSMF Belgique)
Jürgen Müller (itSMF Afrique du Sud)
Christian Nissen (ITILLIGENCE, Danemark)
Dave Pultorak (Fox IT LLC,USA)
Barclay Rae (e2e, UK)
Mart Rovers (InterProm, USA)
Colin Rudd (itSMF UK)
Philip Stubbs (Sheridan College, Ontario Canada)
Sharon Taylor (itSMF Canada)
Walter Vogt (itSMF Suisse)
Wilfred Wah (itSMF Hong Kong)
Ken Wendle (itSMF USA)
Takashi Yagi (itSMF Japon)

La traduction de cet ouvrage dans plusieurs langues a été le test final : beaucoup de gens ont lu le texte attentivement, et ont enlevé tous les passages qui n'étaient pas très clairs dans le texte de départ. Ceci a fortement contribué à la qualité de l'édition finale. Cette publication a été réalisée en étroite collaboration avec l'itSMF-France. Les vérificateurs qualité et les co-auteurs suivants ont contribué à l'édition française de cette publication :
Richard Christen – Triangle TI inc, itSMF Québec
Didier Dervieux – Fujitsu Consulting, itSMF Montréal
Vincent Douhairie - Synopse, itSMF France
Vincent Guiheneuc – Synopse, itSMF France
Vincent Haenecour – VHA Consulting, itSMF Belgique
Olivier Hoet – Quint Wellington Redwood, Belgique
Ivan Kristo – Tallic, itSMF Belgique
Johanne L'Heureux – IBM, itSMF Canada
Mathieu Noteris – Serco Facilities Management, itSMF Luxembourg
Sylvie Prime – CRP Henri Tudor, itSMF Luxembourg
Patricia Speltincx – Opsys, itSMF Belgique

Etant donné le désir d'un large consensus dans le domaine de l'ITIL, les nouveaux développements, le matériel et les contributions supplémentaires des professionnels de l'ITIL sont les bienvenus. Ils seront discutés par les rédacteurs et le cas échéant incorporés à de nouvelles éditions. Tous les commentaires peuvent être envoyés au rédacteur en chef, email : jan.van.bon@itsmf.nl.

Table des matières

1 Introduction

Au cours des dernières décennies, les développements de l'informatique ont eu un impact majeur sur les processus business. Le PC, les réseaux locaux, la technologie client/serveur et Internet ont permis aux organisations de commercialiser plus rapidement leurs produits et services. Ces développements ont marqué le passage de l'ère industrielle à l'ère de l'information. Depuis l'avènement de l'ère de l'information, tout est devenu plus rapide et plus dynamique. Les organisations hiérarchiques traditionnelles ont souvent éprouvé des difficultés à s'adapter aux changements rapides des marchés, ce qui a conduit à des organisations moins hiérarchisées et plus souples. De même, au sein des organisations, on est passé des fonctions verticales ou départements verticaux à des processus horizontaux impliquant toute l'organisation. Les décisions sont de plus en plus souvent prises par du personnel se situant à un niveau plus bas. Les processus d'exploitation de la gestion des services informatiques ont été mis au point en tenant compte de cette situation.

Au cours des années 80, la qualité des services informatiques offerts au Gouvernement britannique était telle que la CCTA (Central Computer and Telecommunications Agency, devenue maintenant l'Office of Government Commerce, OGC) a été chargée de mettre au point une approche d'utilisation efficace et rentable des ressources informatiques pour les ministères et autres organismes du secteur public britannique. L'objectif était de développer une approche indépendante de tout fournisseur. Le résultat a été **l'Information Technology Infrastructure Library®** (bibliothèque d'infrastructure des technologies de l'information) (**ITIL**). L'ITIL[1] a été développé à partir d'un ensemble de meilleures pratiques observées par l'ensemble de l'industrie des services informatiques.

L'ITIL comprend une description détaillée d'un certain nombre de pratiques informatiques importantes, avec des listes de vérification complètes, des tâches, des procédures et des responsabilités pouvant être adaptées à toute organisation informatique. Dans la mesure du possible, ces pratiques ont été définies sous forme de processus couvrant les principales activités des fournisseurs de services informatiques. La grande gamme de sujets couverts par les publications de l'ITIL rend utile leur consultation régulière ainsi que leur utilisation afin de fixer de nouveaux objectifs d'amélioration à l'organisation informatique. L'organisation peut grandir et mûrir avec eux.

D'autres cadres de travail de gestion des services informatiques ont été mis au point sur la base de l'ITIL, généralement par des entités commerciales, comme, par exemple, Hewlett & Packard (Modèle de référence HP ITSM), IBM (Modèle de processus TI - ITPM – IT Process Model), Microsoft (MOF), etc. C'est une des raisons pour lesquelles l'ITIL est devenue la norme de facto pour décrire un certain nombre de processus essentiels de gestion des services informatiques. Cette adoption et l'adaptation directe de l'ITIL reflètent la philosophie de l'ITIL et constituent

1 ITIL est une marque de commerce déposée de la CCTA/OGC.

une évolution bienvenue étant donné que l'ITIL est devenue une référence pour la profession, absolument nécessaire dans l'environnement hétérogène et réparti actuel de l'informatique.

Cette publication, développée et approuvée par l'itSMF, est destinée à toute personne impliquée dans la Gestion des Services Informatiques ou intéressée par ce sujet. Etant donnée l'étendue du ciblage, l'IT Service Management Forum (itSMF) fournit un canal parfait en tant qu'organisation industrielle à but non-lucratif. Les objectifs de ce livre sont de créer un ouvrage de référence accessible et pratique sur la Gestion des Services Informatiques, couvrant les publications ITIL essentielles, publications faisant partie de l'examen Fondamentaux de l'ITIL. Pour une référence complète à tous les ouvrages de l'ITIL, le livre officiel «Introduction à ITIL» peut être employé.

L'ITIL est principalement une collection des meilleures pratiques développées dans l'industrie, or la théorie et la pratique ne sont pas toujours d'accord. Etant donné les développements rapides dans ce domaine, les conseils génériques mentionnés dans les ouvrages de base ITIL peuvent ne pas toujours correspondre aux tout-derniers développements. Pour cette raison l'ensemble des ouvrages de base est accompagné d'une brochure «complémentaire» de titres abordant des sujets plus détaillés. Le premier titre de cette brochure complémentaire était Software Asset Management (Gestion des actifs logiciels). Associé à ces titres complémentaires, fournis par d'autres éditeurs et issus de divers secteurs de l'itSMF, l'ITIL fournit la source permettant l'adoption des meilleures pratiques dans la Gestion des Services Informatiques, tout en tenant compte des dernières normes du marché. De cette façon le présent ouvrage, «Fondations de la Gestion des Services Informatiques – d'après l'ITIL», peut servir de guide autodidacte, mais aussi d'introduction générale au plus vaste sujet qu'est la Gestion des Services Informatiques, tout en étant axé sur l'ITIL. Chacun des processus ITIL, mentionnés dans les ouvrages essentiels sur la Gestion des Services, est décrit en un ou plusieurs chapitres séparés. Dans le chapitre 2 «Gestion des Services Informatiques (ITSM) - Principes de base», l'ouvrage aborde d'une manière plus générale les sujets concernant la Gestion des Services Informatiques, en termes de qualité, de processus et de politiques.

2 Gestion des services informatiques – Principes

Ce chapitre traite des sujets tels que la gestion des services, de la qualité, de l'organisation, des politiques et des processus. Ces concepts constituent la toile de fond du développement d'une approche systématique des services informatiques.

Les processus de gestion des services informatiques (ou gestion informatique) décrits dans ce livre sont plus faciles à comprendre si l'on connaît bien les concepts relatifs aux organisations, à la qualité et aux services qui ont influencé le développement de cette science. Une bonne connaissance de ces termes facilitera également la compréhension des liens existants entre les éléments de la bibliothèque d'infrastructure des technologies de l'information (ITIL). L'ITIL est de loin la description la mieux connue de la gestion des services informatiques et est, par conséquent, utilisée comme base de ce livre.

Ce chapitre présente les sujets suivants :

- **Services et qualité** : Cette section traite, d'une part, des relations entre la qualité perçue par l'organisation du client et les utilisateurs et, d'autre part, de la gestion de la qualité par le fournisseur de services informatiques.
- **Organisation et politiques** : Cette section traite des concepts tels que la perception, les objectifs et les politiques et des sujets tels que la planification, la culture de l'entreprise et la gestion des ressources humaines. Elle traite également de la coordination entre les processus business d'une organisation et les activités informatiques.
- **Gestion des processus** : Cette section traite du contrôle des processus du gestion des services informatiques.

2.1 Services et qualité

Les organisations dépendent souvent dans une grande mesure de leurs services informatiques et attendent de ces derniers non seulement une aide à l'organisation, mais également de nouvelles options pour réaliser les objectifs de l'organisation. De plus, les attentes élevées des clients quant aux services informatiques ont tendance à évoluer beaucoup avec le temps et nécessitent des révisions constantes.

Les fournisseurs de services informatiques ne peuvent plus se contenter de s'occuper de la technologie et de leur organisation interne mais doivent à présent tenir compte de la qualité des services qu'ils offrent et mettre l'accent sur les relations avec leurs clients.

> *La fourniture des services informatiques concerne la gestion totale – maintenance et exploitation – de l'infrastructure informatique.*

Avant d'acheter un **produit** dans un magasin, nous en évaluons normalement la qualité comme son apparence, son utilité et sa robustesse. Dans un magasin, le client n'a pas beaucoup de possibilités de changer la qualité du produit car ce produit est fabriqué dans une usine. En contrôlant efficacement l'usine de production, le fabricant essaie d'offrir une qualité constante. Dans cet exemple, la fabrication, la vente et la consommation du produit sont totalement séparées.

Les **services** sont fournis via une interaction avec le client. Les services ne peuvent pas être évalués à l'avance, mais seulement lorsqu'ils sont fournis. La qualité d'un service dépend dans une certaine mesure de la façon dont interagissent le fournisseur de services et le client. Contrairement au processus de fabrication, le client et le fournisseur peuvent toujours apporter des modifications pendant la livraison des services. La perception du service par le client et l'idée que le fournisseur a du service qu'il offre dépendent largement de leurs expériences et attentes personnelles.

Le processus de fourniture d'un service est une combinaison de production et d'utilisation à laquelle le fournisseur et le client participent de façon simultanée.

La perception du client est essentielle dans la prestation de services. Le client se pose généralement les questions suivantes pour évaluer la qualité du service :

- Le service répond-il à mes attentes?
- Puis-je espérer obtenir un service similaire la prochaine fois?
- Le service est-il fourni à un coût raisonnable?

L'accord sur le service conclu au cours d'un entretien avec le client détermine en majeure partie le fait que le service réponde ou non aux **attentes**, plus que la façon dont le fournisseur offre le service.

Un **dialogue continu** avec le client est essentiel pour améliorer les services et s'assurer que le client comme le fournisseur savent ce qu'ils attendent du service. Dans un restaurant, le serveur commence par expliquer le menu et demande au client s'il est satisfait lorsqu'il sert le plat suivant. Le serveur coordonne activement l'offre et la demande tout au long du repas et utilise cette expérience avec le client pour améliorer le contact avec les futurs clients.

On mesure la **qualité** d'un service en évaluant comment ce service répond aux exigences et attentes du client. Pour offrir de la qualité, le fournisseur doit évaluer de façon continue la perception du service et ce que le client attend dans l'avenir. Ce qu'un client considère comme normal sera considéré comme une exigence spéciale par un autre client et, éventuellement, le client s'habituera à quelque chose qui était considéré comme spécial au départ. On peut utiliser les résultats d'une évaluation pour déterminer s'il faut modifier le service, fournir plus d'informations au client ou adapter le prix.

La qualité est l'ensemble des caractéristiques d'un produit ou service qui lui confèrent l'aptitude à satisfaire des besoins exprimés ou implicites (ISO 8402).

Des **coûts raisonnables** peuvent être considérés comme une exigence dérivée. Une fois qu'on est arrivé à un accord sur l'étendue du service, l'étape suivante consiste à convenir du coût. Le coût peut être également considéré comme un attribut de qualité qui doit pris en compte en même temps que d'autres attributs de qualité, pour atteindre un équilibre global pour lequel le client sera largement satisfait. À ce moment-là, le fournisseur de services doit connaître les coûts qu'il devra supporter et les tarifs actuels du marché pour des services comparables.

Un client sera mécontent d'un fournisseur de services qui dépasse occasionnellement ses attentes mais le déçoit en d'autres occasions. La prestation d'une **qualité constante** est un des aspects les plus importants, mais aussi les plus difficiles, de l'industrie des services.

Par exemple, un restaurant doit acheter des ingrédients frais, les chefs doivent collaborer pour fournir des résultats constants et il est à espérer qu'il n'existe pas de différences importantes de style parmi le personnel de service. Un restaurant n'obtiendra 3 étoiles que s'il est capable d'offrir la même qualité élevée sur une période de temps prolongée, ce qui n'est pas toujours possible : il peut y avoir des changements dans le personnel chargé du service, une formule couronnée de succès peut ne pas durer ou il arrive que des chefs quittent l'établissement pour ouvrir leur propre restaurant. L'offre constante d'une haute qualité requiert également la coordination de l'ensemble des activités : plus la cuisine fonctionne de façon efficace, plus les clients sont servis rapidement.

Ainsi, lorsque l'on fournit un service, la qualité globale est le résultat de la qualité d'un certain nombre d'éléments du processus qui forment ensemble le service. Ces éléments du processus constituent une chaîne dont les maillons interagissent les uns avec les autres et influent sur la qualité du service. Une coordination efficace des éléments du processus nécessite non seulement une qualité conforme lors de l'exécution de chaque processus mais également une qualité constante.

2.1.1 Assurance de la qualité

La fourniture de produits ou services nécessite un certain nombre d'activités. La qualité du produit ou du service dépend beaucoup de la façon dont ces activités sont organisées. Le Cercle de Qualité de Deming (Figure 2.1) offre un modèle simple et efficace de contrôle de la qualité. Le modèle se base sur l'hypothèse que, pour offrir une qualité appropriée, les différentes étapes suivantes doivent être respectées de façon répétée :

- **Planifier** : déterminer ce qui doit être fait, quand, par qui, comment et avec quels moyens ;
- **Faire** : mettre en œuvre les activités planifiées ;
- **Vérifier** : déterminer si les activités ont produit les résultats escomptés ;
- **Agir** : modifier les plans sur la base des informations collectées lors de la vérification.

Une intervention efficace et opportune signifie que les activités sont divisées en processus ayant leurs propres plans et possibilités de vérification. Il convient d'établir clairement, au sein de l'organisation, les différents responsables et leur niveau d'autorité en termes de modification des plans et procédures, non seulement pour chacune des activités mais également pour chacun des processus.

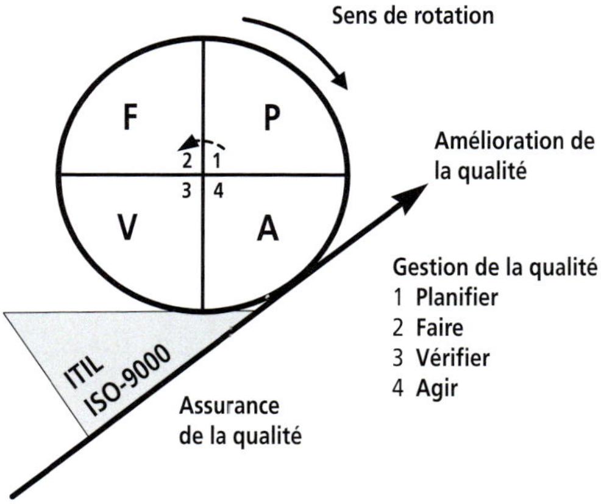

Figure 2.1 Cercle de Qualité de Deming

Le Dr Edward Deming est un statisticien américain qui a accompagné le Général Douglas MacArthur au Japon après la seconde guerre mondiale pour aider à reconstruire l'économie détruite. Il a mis au point des théories visant à optimiser l'utilisation de l'expertise et de la créativité dans les organisations implantées aux États-Unis dans les années 1930. Ses idées n'ont pas été adoptées dans son pays à cause de la récession économique mais ses méthodes d'optimisation ont été appliquées avec succès au Japon.

Quelques déclarations de Deming :
- *« Le client représente la partie la plus importante de la ligne de production. »*
- *« Il n'est pas suffisant d'avoir des clients satisfaits; les bénéfices proviennent des clients qui reviennent et de ceux qui font l'éloge de votre produit ou service auprès de leurs amis et relations. »*
- *« La clé de la qualité réside dans la diminution des différences. »*
- *« Supprimez les barrières entre les départements. »*
- *« Les dirigeants doivent apprendre à assumer leurs responsabilités et faire preuve de vraies qualités de chef. »*
- *« Améliorez constamment. »*
- *« Élaborez un programme musclé de formation et d'amélioration personnelle. »*
- *« Mettez en place des programmes de formation sur les lieux de travail. »*
- *« La transformation est le travail de chacun. »*

La gestion de la qualité est la responsabilité de chaque personne travaillant au sein de l'organisation fournissant un service. Chaque employé doit savoir de quelle façon sa participation à l'organisation influence la qualité du travail fourni par ses collègues et, éventuellement, les services fournis par l'organisation dans son ensemble. La gestion de la qualité consiste dans la recherche permanente de possibilités d'amélioration de l'organisation et dans la mise en place des activités d'amélioration.

L'assurance qualité est une question de politique à l'intérieur de l'organisation. C'est un ensemble complet de mesures et de procédures utilisées par l'organisation pour s'assurer que les services offerts continuent de répondre aux attentes des clients et aux accords connexes. L'assurance qualité vérifie que les améliorations résultant de la gestion de la qualité sont maintenues. Le **système de qualité** est une structure organisationnelle relative aux responsabilités, procédures et ressources nécessaires pour la mise en place de la gestion de la qualité.

La série de normes ISO 9000 – ISO 9000 2000 met encore plus l'accent que la série précédente sur la capacité d'une organisation à apprendre à partir de l'expérience et à mettre en place une amélioration continue de la qualité.

Norme de qualité ISO 9000 :

Certaines organisations exigent de leurs fournisseurs qu'ils détiennent un certificat ISO 9001 ou ISO 9002. Un tel certificat prouve que le fournisseur dispose d'un système de qualité adéquat dont l'efficacité est régulièrement évaluée par un contrôleur indépendant.

ISO est l'acronyme anglais de l'Organisation Internationale de Normalisation (International Standards Organisation). Un système de qualité conforme aux normes ISO certifie que :
- *le fournisseur a pris les mesures nécessaires pour fournir la qualité convenue avec les clients;*
- *la direction évalue régulièrement le fonctionnement du système de qualité et utilise les résultats des vérifications internes pour mettre en place des mesures d'amélioration le cas échéant;*
- *les procédures du fournisseur sont documentées et communiquées aux personnes concernées;*
- *les réclamations des clients sont enregistrées, traitées dans un délai raisonnable et utilisées pour améliorer les services dans la mesure du possible;*
- *le fournisseur contrôle les processus de production et peut les améliorer.*

Un certificat ISO n'offre pas de garantie absolue en ce qui concerne la qualité du service fourni. Cependant, il indique que le fournisseur prend au sérieux l'assurance qualité et est prêt à en discuter.

La série de normes ISO 9000 est souvent utilisée pour développer, définir, évaluer et améliorer les systèmes de qualité.

2.1.2 Maturité organisationnelle

L'expérience en matière d'amélioration de la qualité des services informatiques a démontré qu'il est rarement suffisant de structurer et de définir les pratiques actuelles. Les causes de discordance entre les services fournis et les exigences du client sont souvent liées à la façon dont est gérée l'organisation informatique. Une amélioration permanente de la qualité exige un certain degré de maturité de l'organisation.

La European Foundation for Quality Management (EFQM) a été créée en 1988 par 14 grandes entreprises européennes avec le soutien de la Commission Européenne.

L'objectif de l'EFQM est de promouvoir la gestion de la qualité totale; elle a comme but l'amélioration de la satisfaction de la clientèle, de la satisfaction des employés, de l'appréciation par la société et des résultats. Le « Model of Business Excellence » de l'EFQM, généralement appelé modèle EFQM, est largement accepté en tant que cadre stratégique majeur de gestion d'une organisation visant à une amélioration continue et équilibrée de tous les aspects de l'entreprise. Plus de 600 entreprises européennes et organismes de recherche font maintenant partie de l'EFQM. Pour plus d'informations, veuillez consulter le site http://www.efqm.org

Le modèle de l'European Foundation for Quality Management (EFQM) (Figure 2.2) peut être utile pour déterminer la maturité d'une organisation. Il identifie les principaux secteurs à prendre en considération pour la gestion d'une organisation.

Le cercle de qualité de Deming est intégré au modèle de l'EFQM. Sur la base des résultats provenant de différents domaines, des actions sont prises (stratégie, politiques). Ces actions servent à soutenir la planification (par exemple la structure des processus) qui doit ensuite aboutir aux résultats souhaités. L'EFQM identifie 9 secteurs.

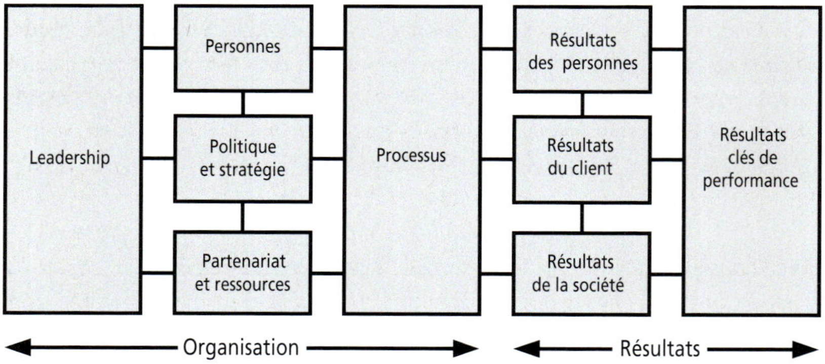

Figure 2.2 Modèle EFQM (Le Modèle d'Excellence EFQM est une marque déposée)

Comme outil supplémentaire, l'organisation de la qualité hollandaise INK a divisé le modèle EFQM en plusieurs stades indiquant la mesure dans laquelle une organisation a mise en place une gestion de la qualité totale dans un domaine particulier ou en général.

Il y a cinq stades :

- **Un stade centré sur le produit** – également connue sous le nom de stade ad hoc, centrée sur le résultat; tout le monde dans l'organisation travaille dur (mais les efforts semblent être mal dirigés);
- **Un stade centré sur le processus** – également connue sous le nom de « nous connaissons notre domaine business »; les performances de l'organisation sont planifiées et reproductibles;
- **Un stade centré sur le système** – ou « coopération entre services »;

- **Un stade centré sur la chaîne** – également connue sous le nom de « partenariat externe »; l'organisation est centrée sur la valeur qu'elle ajoute à la chaîne fournisseur-client dont elle fait partie;
- **Un stade centré sur la qualité totale** – également connue sous le nom de « paradis sur terre »; l'organisation a atteint le stade à laquelle les méthodes continues et équilibrées d'amélioration sont devenues une seconde nature.

Les secteurs couverts par le modèle EFQM peuvent être combinés avec les niveaux de maturité organisationnelle. Des questionnaires peuvent être utilisés afin de déterminer la maturité de l'organisation dans chacun de ces secteurs. Des contrôleurs internes ou externes peuvent effectuer une évaluation.

Quand une organisation détermine sa maturité, elle peut mettre au point une stratégie d'amélioration qui peut encore être développée à un stade ultérieur en un plan. Ce plan, qui est basé sur le modèle et qui couvre une période d'une année, décrit les améliorations à apporter aux aspects particuliers de chaque secteur et la manière de procéder à ces améliorations. En répétant chaque année ce processus d'auto-évaluation et de planification, l'organisation comprend mieux son évolution. Cette approche présente plusieurs avantages importants : la qualité peut être améliorée stade par stade, les résultats intermédiaires sont visibles et la direction peut orienter l'organisation sur la base de sa stratégie.

Il existe beaucoup d'autres vérifications de santé et auto-évaluations à côté du modèle EFQM. Certaines portent principalement sur l'organisation interne. Il convient de ne pas oublier que les améliorations apportées à certains aspects de l'organisation interne risquent de n'avoir qu'un effet limité sur les résultats. C'est le cas, par exemple, quand il n'y a pas d'amélioration au niveau des relations avec les clients, de la satisfaction des employés et du leadership ou si la stratégie et les politiques de l'organisation n'ont pas été définies clairement.

Dans l'industrie informatique, la procédure d'amélioration de la maturité des processus est mieux connue dans le contexte du modèle de maturité de la capacité (Capability Maturity Model - CMM). Ce modèle d'amélioration des processus a été développé par le Software Engineering Institute (SEI) de l'Université Carnegie Mellon. Le modèle CMM traite de l'amélioration de la maturité des processus de création de logiciels. Le CMM fournit un modèle de progression, comprenant les niveaux suivants :

- **Initial** - les processus sont réalisés de façon ad hoc;
- **Reproductible** – les processus ont été conçus de façon à ce que la qualité du service soit reproductible;
- **Défini** – les processus ont été documentés, normalisés et intégrés;
- **Maîtrisé** – l'organisation mesure les résultats et les utilise consciemment pour améliorer la qualité des services;
- **Optimisant** – l'organisation optimise consciemment la conception de ses processus afin d'améliorer la qualité de ses services ou de développer de nouvelles technologies et de nouveaux services.

Depuis 2002 ce modèle de progression a été suivi par le CMMI : c'est le CMM intégré. Ce nouveau modèle est toujours basé sur l'approche bien connue du CMM, mais il comprend désormais un modèle de maturité continu plus souple. Des modèles de maturité basés sur les niveaux de maturité du CMM ont également été développés pour la gestion des services informatiques.

Le développement et la maintenance d'un système de qualité conforme aux exigences des normes de la série ISO 9000 (ISO 9000 2000) peuvent être considérés comme un outil permettant à l'organisation d'atteindre et de maintenir le **niveau de maturité** centré sur le système (ou géré dans le modèle CMM de services informatiques). Ces normes ISO mettent l'accent sur la définition, la description et la conception des processus.

Lors de l'évaluation de la maturité d'une organisation, il convient de ne pas se limiter au fournisseur de services. Le **niveau de maturité** du client (Figure 2.3) est également important. Quand il existe de grandes différences de maturité entre le fournisseur et le client, il y a lieu de tenir compte de ces différences pour éviter tout désaccord au niveau de l'approche, des méthodes et des attentes mutuelles. Cela concerne particulièrement les communications entre le client et le fournisseur.

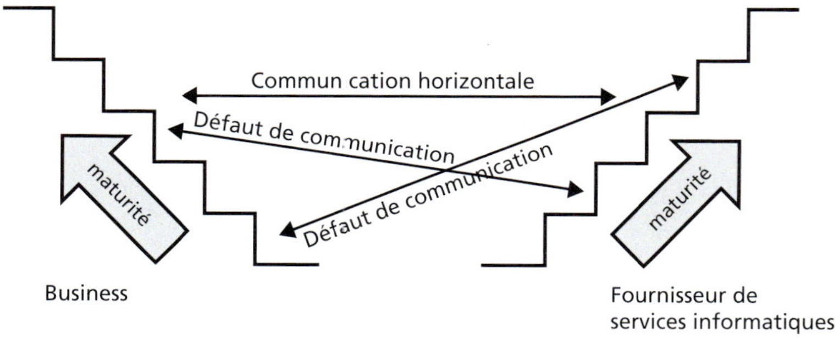

Figure 2.3 Niveaux de maturité et de communication : client et fournisseur. (source : itSMF)

2.2 Organisation et politiques

Les sections précédentes ont montré clairement que la qualité du service est étroitement liée à la qualité d'une organisation et de ses politiques. Cette section traite de plusieurs aspects importants de l'organisation et des politiques liés à la gestion des processus.

2.2.1 Vision, objectifs et politiques

Une organisation est une forme de coopération entre des personnes. Toute organisation, qu'il s'agisse d'un club de joueurs de football ou d'une société multinationale, repose sur un concept partagé expliquant pourquoi la coopération est importante au sein de l'organisation. Cette **vision** peut, par exemple, être le fait que la vente d'ordinateurs peut générer un profit. Cependant, pour être attrayante pour les intervenants (clients, investisseurs, personnel, par exemple), une organisation doit indiquer pourquoi elle souhaite traiter avec vous : par exemple, parce que vous êtes le meilleur, le moins cher ou le plus amusant. Il importe ainsi de veiller à avoir une bonne image. On peut songer à des slogans tels que « Essayons d'améliorer les choses » ou « Vous ne serez plus jamais seul ».

Pour communiquer sa vision, l'organisation peut être définie sous la forme d'un **énoncé de mission** (Figure 2.4). L'énoncé de mission est une description courte et claire des objectifs de l'organisation et des valeurs auxquelles elle adhère.

Les **objectifs** de l'organisation décrivent plus en détails ce qu'elle souhaite accomplir. De bons objectifs présentent cinq caractéristiques essentielles : ils doivent être **S**pécifiques, **M**esurables, **A**ppropriés, **R**éalistes et liés au **T**emps (SMART).

Les **politiques** de l'organisation sont la combinaison de toutes les décisions et mesures prises pour définir et réaliser les objectifs. Dans ses politiques, l'organisation doit accorder une priorité aux objectifs et décider comment les objectifs seront atteints. Il est évident que les priorités peuvent changer avec le temps, en fonction des circonstances. Plus les politiques de l'organisation sont claires pour tous les intervenants, moins il y aura d'éléments à définir sur la façon dont le personnel doit accomplir son travail. Au lieu de procédures détaillées, le personnel peut utiliser, de manière autonome, les politiques comme directives. Des politiques clairement formulées contribuent à une organisation souple étant donné que tous les niveaux de l'organisation peuvent réagir plus rapidement aux changements.

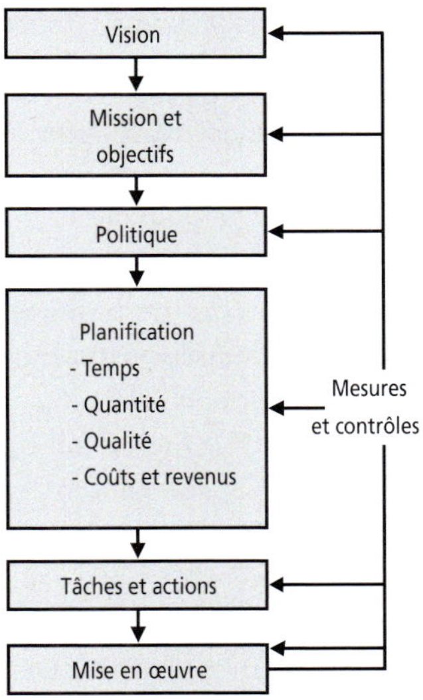

Figure 2.4 Vision, objectifs et politiques

La mise en œuvre des politiques sous forme d'activités spécifiques nécessite une **planification**. Les plans sont habituellement divisés en phases afin de fournir des jalons où les progrès peuvent être surveillés. Les politiques peuvent être utilisées, par exemple, pour définir un plan annuel qui sert à son tour de base à l'établissement des budgets. Un plan annuel peut être développé plus en détails dans des plans par service, des plans trimestriels ou des plans de projets. Chacun de ces plans contient un certain nombre d'éléments : un calendrier d'activités, les ressources requises et les accords relatifs à la qualité et à la quantité de produits ou services à livrer.

La réalisation des activités planifiées nécessite une **action**. Les actions sont attribuées au personnel sous forme de **tâches** ou sous-traitées à des organisations externes.

Lorsqu'on traduit la mission de l'organisation en objectifs, politiques, planification et tâches, on risque d'oublier au bout d'un certain temps la mission, les objectifs ou les politiques. Par conséquent, il est important de **vérifier à chaque phase** si l'organisation évolue toujours dans la bonne direction et de prendre des mesures correctives si nécessaire.

Il faut mesurer ainsi si l'organisation ou les processus répondent aux objectifs. Il existe différentes méthodes pour ce faire. Un des outils les plus communs dans le monde business est le **BSC** (Balanced Score Card). Cet outil utilise les objectifs de l'organisation ou les processus pour définir les **facteurs critiques de succès** (CSF). Les CSF sont définis pour un certain nombre de domaines d'intérêts ou de perspectives : client/marché, processus business, personnel/innovation et finance. Les paramètres servant à vérifier si les CSF répondent à la norme s'appellent les **indicateurs clés de performance** (KPI). Si nécessaire, ceux-ci peuvent être subdivisés en indicateurs de performance (PI).

Les indicateurs clés de performance ou KPI sont des paramètres de mesure du progrès par rapport aux objectifs clés ou facteurs critiques de succès (CSF) dans l'organisation.

Le résultat des mesures et des changements survenus peut conduire à une **modification** des processus, des tâches, des plans et des politiques et même à un changement des objectifs, de la mission et de la vision de l'organisation. Plus une organisation atteint une certaine maturité, mieux elle accepte de tels changements.

Si le département informatique soutient les intérêts du business, les objectifs du département découleront des objectifs business. Le département informatique peut ainsi avoir l'objectif suivant : « Contribuer à la position concurrentielle du business. » Les objectifs spécifiques du département informatique seront ensuite développés sur la base de cet objectif général. En fonction de la nature du business, on définira les objectifs du département informatique dans le domaine de la sécurité, de l'accessibilité, de la vitesse de réponse, de la complexité technologique, et cetera.

2.2.2 Horizon de planification

Lorsqu'on considère les politiques et la planification d'un département informatique, il importe d'être toujours conscient des liens existant entre la planification de l'organisation dans son ensemble, les systèmes d'application et l'infrastructure technique. Lors de la planification du réseau et des applications du business, le département informatique doit participer à la planification globale afin de s'assurer que l'organisation dispose d'une infrastructure informatique dans laquelle il peut se développer. La figure 2.5 illustre les liens entre les divers plans.

L'infrastructure technique a l'horizon de planification le plus long et entretient, dans son rôle de soutien, moins de liens clairs avec les activités essentielles de l'organisation. Il faut du temps pour développer une infrastructure technique. Le fait que les systèmes d'information et l'organisation dépendent de l'infrastructure technique ralentit la mise en œuvre des changements. De plus, le développement des infrastructures techniques exige un investissement important et on doit prendre en considération la période de dépréciation.

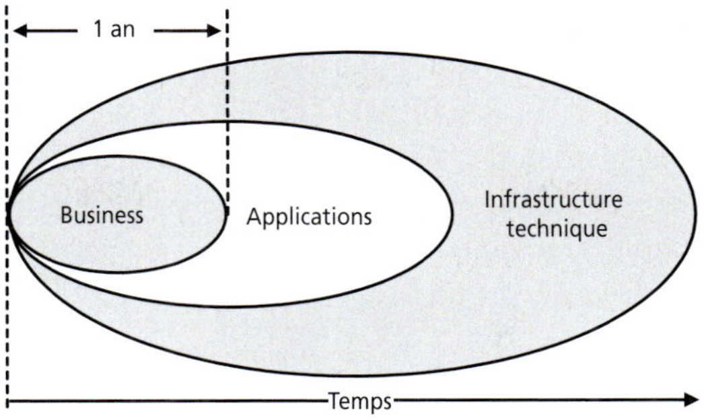

Figure 2.5 Horizons de planification

L'horizon de planification est plus court pour les **applications** car elles sont conçues pour les besoins particuliers de l'organisation. La planification du cycle de vie des applications est basée principalement sur les fonctions business à fournir par le système, après quoi on s'occupe de la technologie sous-jacente.

Les plans business, basés sur la stratégie de l'organisation, couvrent normalement une année civile ou financière. Les budgets, les rapports de planification et d'avancement s'inscrivent tous dans cette période. Sur certains marchés, le cycle de planification est devenu encore plus court étant donné que la durée du cycle de développement du produit est également écourtée.

La planification doit tenir compte de quatre éléments :
- **Temps** – c'est le facteur le plus facile à déterminer. Il est défini par une date de début et une date de fin et est souvent subdivisé en phases.
- **Quantité** – les objectifs doivent pouvoir être mesurés afin de contrôler l'avancement. Les commentaires du type « amélioré » et « plus rapide » sont insuffisants pour la planification.
- **Qualité** – la qualité des produits à livrer (résultats) doit correspondre à l'objectif.
- **Coûts et revenus** – les produits doivent être proportionnels aux coûts, aux efforts et aux revenus prévus.

Les différences entre les horizons de planification se produisent non seulement entre les domaines mais aussi entre les différents niveaux d'activités et de processus (stratégiques, tactiques et opérationnels).

2.2.3 Culture

Les organisations qui souhaitent changer, par exemple pour améliorer la qualité de leurs services, sont parfois confrontées à leur culture organisationnelle. Cette culture organisationnelle, ou culture d'entreprise, concerne les relations entre les personnes au sein de l'organisation, la façon dont les décisions sont prises et mises en œuvre et l'attitude des employés vis-à-vis de leur travail, des clients, des fournisseurs, des supérieurs et des collègues.

La culture, qui dépend des normes et des valeurs des membres de l'organisation, ne peut pas être contrôlée mais il est possible de l'influencer. Pour influencer la culture d'une organisation, on a besoin d'une autorité sous la forme d'une politique claire et homogène et d'une politique de soutien du personnel.

La culture d'entreprise peut avoir une influence majeure sur la prestation de services informatiques. Les organisations évaluent l'innovation de différentes façons. Dans une organisation stable, où la culture attache peu de valeur à l'innovation, il est difficile d'aligner les services informatiques avec les changements de l'organisation du client. Quand le département informatique est instable, une culture qui attache une grande valeur au changement peut présenter une grave menace pour la qualité des services informatiques. Une telle situation peut déboucher sur un véritable chaos où de nombreux changements non contrôlés risquent d'entraîner un nombre important de défaillances.

2.2.4 Gestion des ressources humaines

La gestion des ressources humaines joue un rôle important et stratégique en répondant aux objectifs à long terme d'une organisation (voir également le modèle EFQM). Elle peut aussi être utilisée comme instrument pour modifier la culture de l'entreprise. L'objectif d'une gestion moderne des ressources humaines est d'améliorer les performances de tout le personnel à travers l'organisation et d'utiliser pour ce faire des instruments comme le recrutement et la sélection, la formation et le développement de carrière, la motivation et les récompenses.

La gestion des ressources humaines (GRH) est la forme principale de gestion moderne du personnel. Elle repose sur deux principes :

- La gestion des ressources humaines doit contribuer aux objectifs de l'organisation. Le fait que les organisations doivent réagir mieux et plus vite dans un environnement en évolution encore plus rapide a des répercussions sur le déploiement, la qualité et la quantité de personnel.
- Le fait de donner aux employés de l'organisation la possibilité de développer et d'utiliser leurs compétences profite à l'organisation.

Il existe trois approches de la GRH :

- **L'approche dure** – considère les ressources humaines comme des moyens de production qui doivent être organisés de la manière la plus efficace possible. Étant donné que la stratégie de l'organisation est déterminée par des facteurs économiques, techniques et de marché, il en va de même pour la politique du personnel. Cette approche place des valeurs différentes sur les employés. Certains employés de base sont stratégiquement plus importants que les employés périphériques qui sont facilement remplaçables. Une entreprise peut, par exemple, choisir d'employer de façon permanente seulement le personnel de base et d'utiliser pour le reste du personnel sous contrat.
- **L'approche douce** – met l'accent sur le fait que l'utilisation optimale du potentiel humain et de la capacité profite à l'entreprise. Les employés modernes ont reçu une bonne formation, sont ambitieux et prêts à s'investir dans leur travail. Leur potentiel doit donc être identifié très vite et développé de façon continue (développement de carrière, politique de formation). Lorsqu'il adopte sa stratégie et sa politique, le business doit baser ses choix sur le talent et le potentiel de ses employés.
- **L'approche intégrée** – étudie les intérêts communs du personnel et de la direction dans une organisation. Pour atteindre les objectifs de l'organisation, les entrées, mouvements et sorties du personnel doivent être adaptés. Les changements qui interviennent sur le marché et dans l'organisation (par exemple, développements de la technologie) impliquent des changements constants en matière de besoins en compétences.

Tous les aspects de la politique du personnel doivent être coordonnés soigneusement. Les mouvements des employés à l'intérieur de l'organisation, la détermination et le développement des compétences et la promotion de la mobilité sur le marché du travail interne jouent un rôle de plus en plus important dans les organisations.

La qualité du service fourni par une organisation s'améliore si elle utilise le potentiel de ses employés de manière optimale, ce qui favorise l'amélioration continue. Les instruments de gestion de la qualité en matière de politique du personnel sont les suivants :

- **Déploiement de la politique** – dire à chaque employé comment et dans quelle mesure ses tâches contribuent à la réalisation des objectifs de l'organisation. Une condition importante du succès du déploiement de la politique est qu'elle doit s'étendre à tous les niveaux de direction.
- **Autonomie** – donner aux employés la possibilité d'organiser et de mettre en œuvre leurs tâches en consultation avec l'organisation. Le degré d'autonomisation détermine le degré de responsabilité des employés quant à la qualité du travail qu'ils fournissent.
- **Responsabilité** – en tant que résultat du déploiement de la politique et de l'autonomisation. Quand un employé sait ce qu'on attend de lui et a la possibilité d'organiser et d'exécuter ses tâches comme il le souhaite, on peut lui demander de rendre compte, ce qui peut être utilisé comme base d'évaluation et de récompense des employés. La récompense peut être tangible (salaire) ou intangible, par exemple appréciation, nouvelles possibilités de développement et de carrière, et cetera.
- **Gestion des compétences** – ceci est un moyen d'utiliser, de la manière la plus efficace possible, les compétences disponibles dans une organisation mais aussi un moyen de développer systématiquement les compétences dont l'organisation a besoin. Cette approche permet de représenter sous forme graphique les compétences requises par les processus et les projets ainsi que les compétences des employés. Pour l'affectation des employés, l'accent doit être mis non seulement sur l'obtention d'une bonne adéquation entre les compétences requises et disponibles mais aussi sur les possibilités de développer les compétences, de transférer l'expertise et d'acquérir des qualifications professionnelles. Des conseillers ou formateurs peuvent aider les employés. La formation de groupes de compétences peut également améliorer l'échange d'expériences et encourager le développement de nouvelles compétences.

2.2.5 Gestion des relations avec la clientèle

La qualité des services informatiques dépend dans une grande mesure des bonnes relations existant avec les clients de l'organisation informatique. Ces relations constituent la base de l'établissement et de la mise à jour des accords ou arrangements. La gestion des relations avec la clientèle consiste à maintenir la relation avec les clients et assurer la coordination avec les organisations des clients, aux niveaux stratégique, tactique et opérationnel. Le schéma des relations avec la clientèle de la figure 2.6 illustre la communication horizontale entre les clients et l'organisation informatique sur le plan de l'assistance et de la coordination. La communication verticale concerne les politiques, le contrôle et le rattachement.

La principale difficulté de la gestion des relations avec la clientèle informatique est de s'assurer que les relations entre l'organisation informatique et l'organisation du client sont bonnes et efficaces à tous les niveaux. Cependant, la portée de la gestion des relations avec la clientèle peut être différente à chaque niveau. La plupart des centres de services agissent à un niveau opérationnel alors que le contrôle des niveaux de service est une tâche réservée à la gestion des niveaux de service

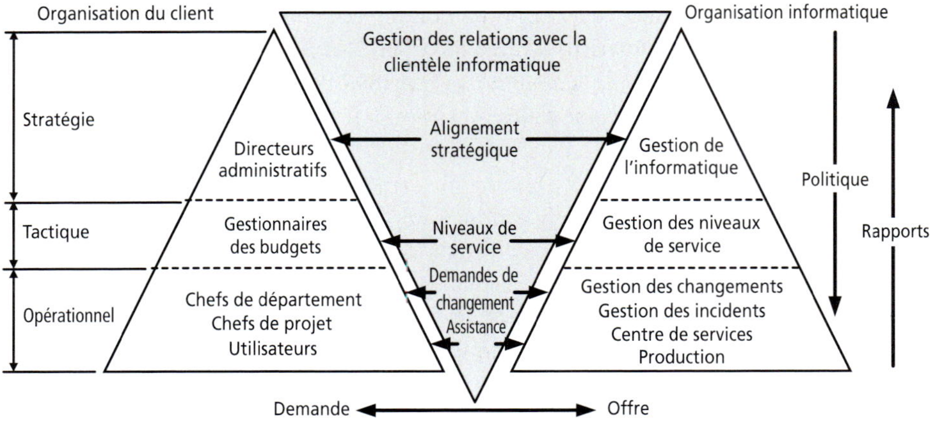

Figure 2.6 Gestion des relations avec la clientèle informatique

à un niveau plus tactique de l'organisation. La gestion des relations avec la clientèle informatique peut aussi jouer un rôle de soutien, par exemple, en organisant des enquêtes auprès des clients et des utilisateurs, en fournissant des renseignements, et cetera.

*L'**utilisateur** est la personne qui a les « mains sur le clavier », l'employé qui utilise les services informatiques pour ses activités quotidiennes.*

*Le **client** est celui qui « paie la facture », la personne qui est autorisée à signer un contrat avec l'organisation informatique portant sur la fourniture de services informatiques (par exemple, un accord sur les niveaux de service ou SLA) et qui est responsable de s'assurer que les services informatiques sont payés.*

Il est évident que le client qui « paie les factures » peut également, dans de nombreux cas, avoir le rôle de l'utilisateur qui a « les mains sur le clavier ».

La gestion des relations avec la clientèle informatique joue un rôle important dans le développement d'un équilibre stratégique entre l'organisation informatique et l'organisation achetant les services informatiques. En pratique, cela consiste principalement à rester en contact avec l'organisation du client et à explorer les possibilités d'établir des liens entre les objectifs stratégiques des deux organisations. Cela peut fournir la base d'une relation à long terme dans le cadre de laquelle l'organisation informatique se concentre sur le client et propose des solutions informatiques pour l'aider à atteindre ses objectifs business. En raison de la nature dynamique de l'organisation du client et de l'organisation informatique, il convient également de coordonner la vitesse de changement dans les deux organisations.

Les accords avec le client sur les services à fournir sont ensuite mis au point dans les propositions de niveau de service par l'intermédiaire de la gestion des niveaux de service. Si le client souhaite créer un réseau Intranet, par exemple, il est nécessaire de convenir de la disponibilité, de l'assistance fournie à l'utilisateur, de la mise en place des mécanismes de demandes de changements et des coûts. Ces dispositions figurent dans un accord sur les niveaux de service (SLA).

Quand l'organisation du client souhaite apporter des changements (expansion ou modification) aux services informatiques figurant dans l'accord sur les niveaux de service, une **demande de changement** doit être soumise. La gestion des changements traite ensuite la demande. Les changements externes aux accords en cours sont introduits dans le processus de gestion des niveaux de service.

Dans la plupart des cas, les utilisateurs peuvent contacter **un centre de services** pour introduire de telles demandes opérationnelles, poser leurs questions et signaler les problèmes.

La figure 2.6 fournit non seulement des informations sur les communications verticales et horizontales mais aussi sur **l'horizon de planification** des processus. La coordination à un niveau stratégique présente un horizon de planification de plusieurs années. La gestion des niveaux de service concerne les accords au niveau tactique, avec un horizon de planification de l'ordre d'un an. La gestion des changements, le centre de services et la gestion des incidents concernent le niveau opérationnel avec un horizon de planification exprimé en mois, semaines, jours, voire heures.

2.3 Gestion des processus

Chaque organisation souhaite réaliser sa vision, sa mission, ses objectifs et ses politiques, ce qui signifie que des activités appropriées doivent être entreprises. Pour revenir à l'exemple du restaurant, les activités appropriées en question incluent l'achat des légumes, la tenue des livres, les commandes de matériel publicitaire, l'accueil des clients, le nettoyage des tables, le nettoyage des légumes et la préparation du café.

Une telle liste non structurée risque d'entraîner des oublis et de semer la confusion. Il vaut donc mieux structurer les activités. Elles doivent, de préférence, être organisées de façon à indiquer comment chaque groupe d'activités contribue aux objectifs business et comment ces groupes d'activités sont reliés entre eux.

De tels groupes d'activités portent le nom de **processus**. Une description claire de la structure des processus d'une organisation indique :

- Ce qui doit être fait,
- Quel est le résultat visé,
- Comment mesurer si les processus produisent les résultats visés,
- Comment les résultats d'un processus influencent ceux des autres processus.

Les questions de la figure 2.7 doivent être posées constamment dans les modèles d'amélioration des processus. Les outils permettant de répondre à ces questions sont illustrés à droite.

2.3.1 Processus

Lorsque nous organisons les activités en processus, nous n'utilisons pas l'attribution des tâches existante ni la répartition par département existante. Il s'agit d'un choix conscient. L'application d'une structure à processus permet souvent d'identifier les activités de l'organisation qui ne sont pas coordonnées et celles qui sont redondantes, négligées ou inutiles.

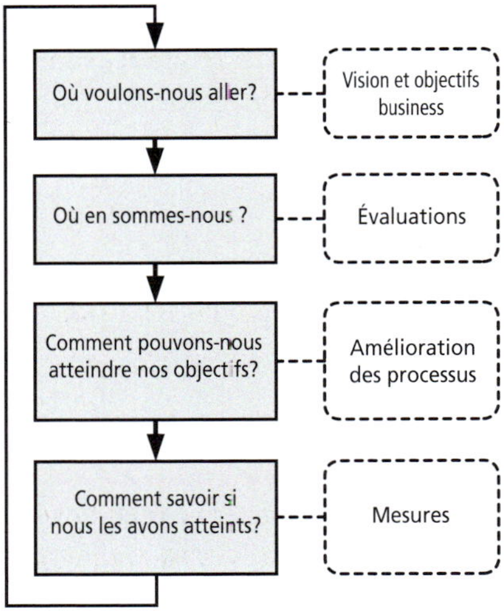

Figure 2.7 Modèle d'amélioration des processus

*Un **processus** est une suite d'activités liées de façon logique et poursuivant un objectif défini.*

Au lieu de cela, nous considérons l'objectif du processus et les **relations** avec d'autres processus. Un processus est une série d'activités exécutées pour transformer une **entrée** en une **sortie** (Figure 2.8). Il est possible d'associer l'entrée et la sortie de chacun des processus à des **caractéristiques et normes de qualité** pour fournir des informations concernant les résultats à obtenir par le processus. On obtient des chaînes de processus qui montrent ce qui entre dans l'organisation et ce qui en sort ainsi que les points de surveillance dans les chaînes destinés à vérifier la qualité des produits et services fournis par l'organisation.

Les normes de sortie de chaque processus doivent être définies de façon à ce que la chaîne complète de processus réponde à l'objectif de l'entreprise, si chaque processus est conforme à sa norme de processus. Si le résultat d'un processus répond à une norme définie, le processus est **efficace**. Si les activités du processus sont exécutées à un coût et avec un effort minimum, le processus est **efficient**. L'objectif de la gestion des processus est d'utiliser la planification et le contrôle afin de s'assurer que les processus soient efficaces et efficients.

Nous pouvons étudier chaque processus séparément pour optimiser sa qualité. Le **propriétaire de processus** est responsable des résultats du processus. Le **gestionnaire de processus** est responsable de la réalisation et de la structure du processus et dépend du propriétaire du processus. Les **opérateurs du processus** sont responsables d'activités définies et ces activités font l'objet d'un rapport au gestionnaire de processus.

La combinaison logique des activités a comme résultat des points de transfert clés où l'on peut surveiller la qualité des processus. Dans le restaurant, par exemple, nous pouvons séparer les responsabilités des achats et de la préparation de façon à ce que les chefs n'aient rien à acheter et ne dépensent éventuellement pas trop en ingrédients frais qui n'ajoutent aucune valeur.

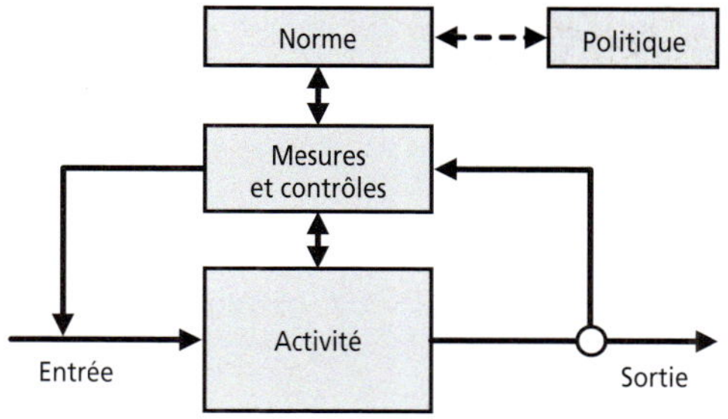

Figure 2.8 Schéma du processus

La gestion de l'organisation peut permettre de contrôler la base de la qualité du processus démontrée par les données issues des résultats de chaque processus. Dans la plupart des cas, des **indicateurs de performance** et normes pertinents ont déjà été adoptés. Le contrôle quotidien des processus peut ensuite être confié au gestionnaire du processus. Le propriétaire du processus évalue les résultats en se basant sur un rapport des indicateurs de performance et sur leur conformité à la norme fixée. Sans indicateurs clairs, il est difficile pour un propriétaire de processus de déterminer si le processus est sous contrôle et si les améliorations planifiées sont mises en œuvre.

Les processus sont souvent décrits au moyen de **procédures** et d'**instructions de travail**.

*Une **procédure** décrit des activités présentant un lien logique entre elles et les personnes qui les exécutent. Une procédure peut comprendre des étapes de différents processus. Une procédure définit les activités de chacun et varie en fonction de l'organisation.*

*Un ensemble **d'instructions de travail** définit comment une ou plusieurs activités d'une procédure doivent être exécutées.*

La figure 2.9 illustre le modèle de processus basé sur le modèle ITIL qui constitue le fondement des processus de gestion des services informatiques décrits dans ce livre.

2.3.2 Processus et départements

La plupart des entreprises sont organisées hiérarchiquement. Elles se composent de départements qui sont responsables d'un groupe d'employés. Il existe plusieurs façons de structurer les départements, par exemple, par client, produit, région ou par discipline. Les services informatiques relèvent généralement de plusieurs départements, clients ou disciplines. Par exemple, un service informatique destiné à offrir aux utilisateurs un accès à un programme de comptabilité sur un ordinateur central implique plusieurs disciplines. Le centre informatique doit donner accès au programme et à la base de données; le département des données et télécommunications doit rendre le centre informatique accessible et le département de soutien informatique doit fournir aux utilisateurs une interface d'accès à l'application.

Les processus qui relèvent de plusieurs départements peuvent surveiller la qualité d'un service en contrôlant certains aspects de la qualité tels que la disponibilité, la capacité, le coût et la stabilité. L'organisation qui fournit les services s'efforce ensuite d'adapter ces aspects qualitatifs aux exigences des clients. La structure de tels processus contribue à assurer que les données requises sont disponibles pour la fourniture des services de façon à améliorer la planification et le contrôle des services.

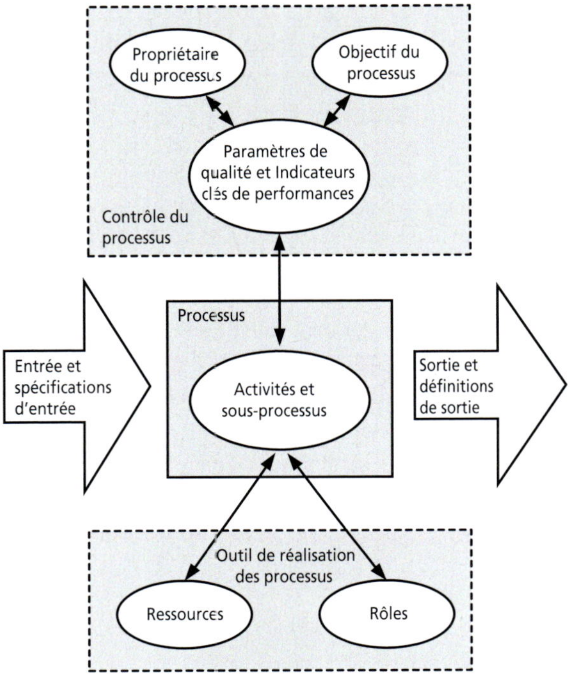

Figure 2.9 Modèle générique de processus ITIL

La figure 2.10 représente un exemple simple de combinaisons d'activités dans un processus (indiquées par les lignes en pointillé).

2.3.3 Gestion des services informatiques

La gestion des services informatiques est surtout connue en tant que processus et approche orientés vers le service de ce qui a été appelé la gestion informatique. Dans ce chapitre, nous avons démontré que les processus doivent toujours avoir un objectif défini. L'objectif des processus de gestion des services informatiques est de contribuer à la qualité des services informatiques. La gestion de la qualité et le contrôle des processus font partie de l'organisation et de ses politiques.

Avec une approche orientée vers les processus, il convient également de considérer la situation d'une organisation (politiques, culture, taille, et cetera).

L'ITIL, le meilleur modèle de gestion des services informatiques connu à ce jour, ne réglemente pas le type d'organisation. Il décrit les **relations** entre les activités dans les processus au sein d'une organisation. Il fournit un cadre d'échange d'expériences entre les organisations. Ce modèle offre également un cadre d'apprentissage basé sur l'expérience des organisations dynamiques.

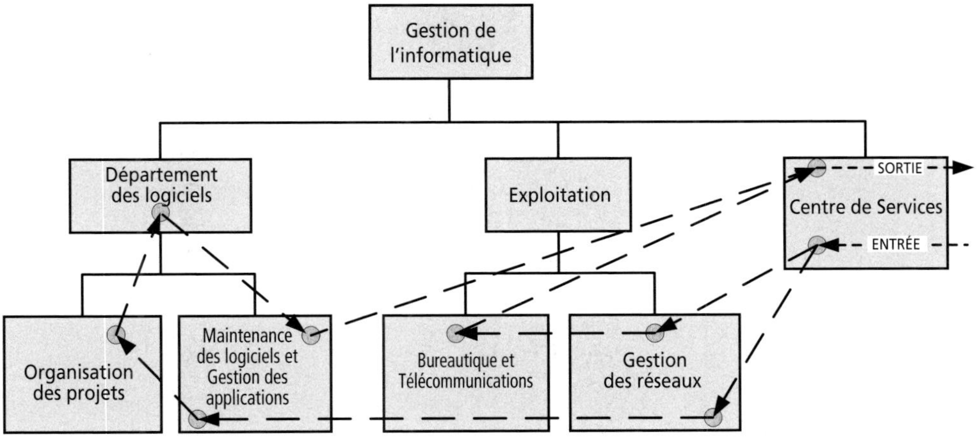

Figure 2.10 Processus et départements (exemple)

3 Introduction à l'ITIL

Ce chapitre décrit la structure et les objectifs de la bibliothèque d'infrastructure des technologies de l'information (IT Infrastructure Library - ITIL) et des organisations qui contribuent à maintenir l'ITIL en tant que meilleur modèle pratique de gestion des services informatiques.

3.1 Historique

L'ITIL a été développée en tenant compte du fait que les organisations dépendent de plus en plus de l'informatique pour atteindre leurs objectifs généraux. Cette dépendance croissante a entraîné un besoin grandissant en services informatiques dont la qualité correspond aux objectifs business et qui répondent aux exigences et attentes des clients. Au cours des années, on a accordé moins d'importance au développement des applications informatiques qu'à la gestion des services informatiques. Une application informatique (appelée parfois système d'information) ne fait que contribuer à la réalisation des objectifs de l'entreprise si le système est disponible pour les utilisateurs et, dans le cas d'une défaillance ou de modifications nécessaires, elle reçoit le soutien de la maintenance et de la gestion de l'exploitation.

Dans le cycle de vie global des produits informatiques, la phase d'exploitation représente jusqu'à 70 à 80% du temps et du coût, le reste étant consacré au développement (ou à l'approvisionnement) des produits. Ainsi, des processus de gestion des services informatiques efficaces et efficients sont essentiels au succès de l'informatique. Cela s'applique à tout type d'organisation, grande ou petite, publique ou privée, avec des services informatiques centralisés ou décentralisés et des services informatiques internes ou confiés à des tiers. Dans tous les cas, le service doit être fiable, homogène, de haute qualité et d'un coût acceptable.

La gestion des services informatiques concerne la fourniture et le soutien de services informatiques adaptés aux besoins de l'organisation. L'ITIL a été développée afin de diffuser de façon systématique et homogène les meilleures pratiques éprouvées de gestion des services informatiques. Ce modèle est basé sur la qualité du service et le développement de processus efficaces et efficients.

L'ITIL offre un cadre commun pour toutes les activités du département informatique, dans le cadre de la prestation de services, basé sur l'infrastructure informatique. Ces activités sont divisées en processus qui, lorsqu'ils sont utilisés conjointement, forment un cadre efficace afin d'aider la gestion des services informatiques à mûrir. Chacun de ces processus couvre une ou plusieurs tâches du département informatique, telles que le développement des services, la gestion des infrastructures et la fourniture et le soutien des services. Cette approche par processus permet de décrire les meilleures pratiques de gestion des services informatiques indépendamment de la structure de l'organisation.

Beaucoup de ces meilleures pratiques sont clairement identifiables et sont en fait utilisées dans une certaine mesure dans la plupart des organisations informatiques. L'ITIL présente ces meilleures pratiques de façon cohérente. Les livres de l'ITIL décrivent comment améliorer ces processus, qui ont parfois déjà été identifiés, et comment en améliorer la coordination. Les livres de l'ITIL expliquent aussi comment formaliser les processus au sein d'une organisation. Finalement, les livres de l'ITIL fournissent une infrastructure de référence pour une terminologie commune au sein de l'organisation. Ils contribuent à définir les objectifs et à déterminer l'effort nécessaire.

En utilisant une approche par processus, l'ITIL décrit avant tout ce qui doit être inclus dans la gestion des services informatiques pour offrir la qualité requise. La structure et l'attribution des tâches et responsabilités entre les fonctions et les départements dépendent du type d'organisation. Ces structures varient beaucoup d'un département informatique à l'autre et changent souvent.

La description de la structure des processus offre un point de référence commun qui change moins rapidement, ce qui peut aider à maintenir la qualité des services informatiques pendant et après la réorganisation ainsi qu'entre les fournisseurs et les associés à mesure qu'ils changent.

La liste ci-dessous identifie certains bénéfices et problèmes possibles de l'usage des meilleures pratiques de l'ITIL. Cette liste n'est pas exhaustive mais elle peut servir de base d'étude sur les bénéfices qui peuvent être obtenus et les erreurs qui peuvent être commises en employant les méthodes de l'ITIL.

Bénéfices de l'ITIL pour le client/utilisateur :

- La fourniture de services informatiques est plus orientée vers le client et les accords relatifs à la qualité des services améliorent les relations.
- Les services sont mieux décrits, dans le langage du client, avec plus de détails.
- La qualité, la disponibilité, la fiabilité et le coût des services sont mieux gérés.
- La communication avec l'organisation informatique est améliorée du fait qu'on convient de points de contact.

Bénéfices de l'ITIL pour l'organisation informatique :

- L'organisation informatique développe une structure plus claire, devient plus efficace et est mieux orientée vers les objectifs de l'entreprise.
- L'organisation informatique est mieux contrôlée par l'infrastructure et les services dont elle a la responsabilité, et les changements sont plus faciles à gérer.
- Une structure de processus efficace fournit un cadre pour l'externalisation efficace d'éléments des services informatiques.
- L'application des meilleures pratiques de l'ITIL encourage un changement culturel vers la fourniture d'un service et l'introduction de systèmes de gestion dont la qualité est basé sur les normes de la série ISO 9000 ou ISO 20000.
- L'ITIL offre un cadre de référence cohérent pour la communication interne et la communication avec les fournisseurs ainsi que pour la normalisation et l'identification des procédures.

Problèmes potentiels/erreurs dûs à l'usage de l'ITIL :

- L'introduction peut exiger beaucoup de temps et nécessiter des efforts considérables pouvant impliquer un changement de culture dans l'organisation. Une introduction trop ambitieuse peut conduire à une certaine frustration étant donné que les objectifs ne sont jamais atteints.
- Si les structures de processus deviennent elles-mêmes des objectifs, cela peut nuire à la qualité du service. Dans ce cas de figure, les procédures superflues ou sur-dimensionnées sont considérées comme des obstacles bureaucratiques qui doivent être évités quand cela est possible.

- Il ne se produit aucune amélioration des services informatiques à cause d'un manque de compréhension fondamental de ce que doivent offrir les processus concernés, de ce que sont les indicateurs de performance appropriés et de la façon de contrôler les processus.
- L'amélioration en matière de fourniture de services et de réduction des coûts n'est pas assez visible, car aucune donnée directrice de base n'était disponible pour permettre une comparaison et/ou de faux objectifs ont été définis.
- Une mise en place réussie nécessite l'implication et l'engagement du personnel à tous les niveaux de l'organisation. Le fait de réserver le développement des structures de processus à un département spécialisé peut isoler ce département au sein de l'organisation et donner une orientation qui ne soit pas acceptée par les autres départements.
- Si l'investissement dans une formation appropriée et en outils de soutien est insuffisant, les processus ne recevront pas l'accueil qu'ils méritent et le service ne sera pas amélioré. Des ressources et du personnel supplémentaires peuvent être nécessaires à court terme si l'organisation est déjà surchargée par les activités quotidiennes de gestion des services informatiques, qui n'utilisent peut-être pas les "meilleures pratiques".

Ces problèmes potentiels et ces erreurs peuvent bien sûr être évités en comprenant et en utilisant les meilleures pratiques de l'ITIL en corrélation avec les exigences du business que l'organisation informatique est là pour soutenir.

3.2 Organisations

3.2.1 OGC (CCTA)

L'ITIL est protégé par les lois de la Couronne Britannique et a été créé à l'origine par la CCTA. La CCTA était la Central Computer and Telecommunications Agency (Agence centrale d'informatique et de télécommunications) du gouvernement anglais. Le 1er avril 2001, la CCTA a cessé d'être un organisme à part entière et a fusionné avec l'OGC (Office of Government Commerce) qui dépend du Ministère des Finances britannique et est devenu propriétaire de l'ITIL L'objectif de l'OGC est d'aider le gouvernement à avoir des relations commerciales les plus avantageuses possibles, grâce à l'usage de meilleures pratiques. « Le but de l'OGC est de moderniser les approvisionnements dans le gouvernement et d'offrir une valeur substantielle pour les économies réalisées. » L'OGC encourage l'utilisation des meilleures pratiques dans de nombreux domaines (par exemple, gestion de projets, approvisionnement et gestion des services informatiques). L'OGC a publié plusieurs séries de documents sur les meilleures pratiques rédigés par des experts anglais et internationaux issus de sociétés et d'organisations publiques et privées.

L'ITIL de l'OGC est un ensemble clair et cohérent des meilleures pratiques ayant fait leurs preuves, permettant de fournir des services informatiques efficients et efficaces.

3.2.2 L'itSMF

Le Forum de gestion des services informatiques (Information Technology Service Management Forum - itSMF), appelé à l'origine Forum de gestion de l'Infrastructure des technologies de l'information (Information Technology Infrastructure Management Forum - ITIMF), est le seul groupe d'utilisateurs indépendant reconnu internationalement qui se consacre à la gestion des services informatiques. Il appartient à ses membres et est géré exclusivement par ces derniers.

L'itSMF a une influence majeure et contribue pour une grande part aux meilleures pratiques et aux normes de l'industrie dans le monde entier.

La première section de l'itSMF a été créée au Royaume-Uni en 1991. L'itSMF The Netherlands (Pays-Bas), dont la création remonte au mois de novembre 1993, est la deuxième section. Il existe maintenant des sections de l'itSMF dans plus de 30 pays du monde entier qui coopèrent au sein de l'itSMF International. Et de nouvelles sections de l'itSMF émergent chaque année.

Les sections de l'itSMF encouragent l'échange d'informations et d'expériences dans le but d'aider les organisations informatiques à améliorer leurs services. Elles organisent des séminaires, des conférences, des soirées à thème et d'autres événements concernant la gestion des services informatiques. Elles publient également des bulletins d'information et gèrent un site Internet pour le partage des informations. Les groupes de travail contribuent également au développement de l'ITIL.

3.2.3 EXIN et ISEB

La fondation néerlandaise "Exameninstituut voor Informatica" (EXIN) et le "Information Systems Examination Board" (ISEB) anglais ont uni leurs efforts pour développer un système de certification professionnelle pour la Gestion des Services Informatiques (ITSM) en étroite collaboration avec l'OGC et l'itSMF. L'EXIN et l'ISEB coopèrent pour offrir une gamme complète de certifications ITIL à trois niveaux :

- Certificat de base en gestion des services informatiques
- Certificat de praticien en gestion des services informatiques
- Certificat de gestionnaire des services informatiques

Le système de certification est fondé sur les exigences d'exécution efficace d'un rôle au sein d'une organisation informatique. A ce jour, des certificats de base ont été attribués à plus de 250 000 professionnels dans plus de 100 pays.

Le certificat de base s'adresse à toutes les personnes qui doivent connaître les principales activités de soutien et de fourniture des services informatiques et les relations entre ces tâches. Le certificat de praticien couvre, d'un point de vue pratique, la façon d'effectuer un processus spécifique de l'ITIL et les diverses tâches de ce processus.

Le certificat de directeur s'adresse à ceux qui ont pour tâche de contrôler tous les processus de l'ITSM, de donner un avis sur la structure et l'optimisation des processus, et de les mettre en application d'une manière satisfaisant les besoins commerciaux de l'organisation. Aujourd'hui, l'ITIL est identifié comme le standard global de facto pour la gestion des services informatiques et représente beaucoup plus qu'une série de publications utiles.

Le cadre des meilleures pratiques de gestion des services informatiques de l'ITIL est un ensemble complet d'organisations d'utilisateurs et de vendeurs, de fournisseurs de formations, d'outils et de services de consulting. Vous trouverez d'autres détails sur les certifications ITIL dans le chapitre 16.

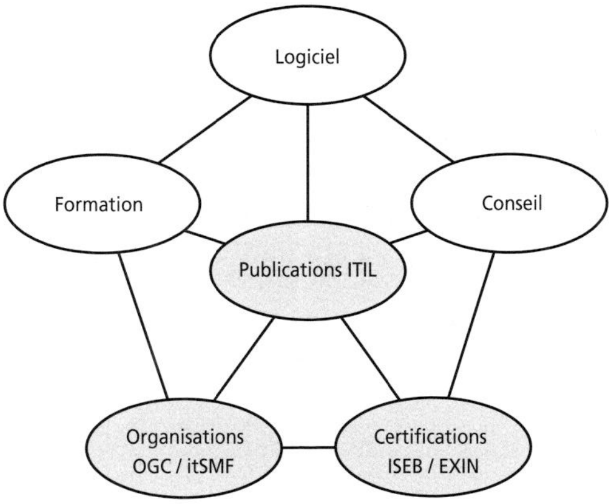

Figure 3.1 Environnement de l'ITIL

La figure 3.1, l'environnement de l'ITIL, montre que les organisations concernées assurent également une amélioration continue de l'ITIL grâce à l'échange constant de l'information entre la pratique courante (ovales blancs) et la théorie (ovales gris). De plus, des extensions et des alternatives ont été élaborées. Certaines d'entre elles peuvent être considérées, en quelque sorte, comme des méthodes de gestion des services informatiques. Ces alternatives répondent souvent aux besoins de certains groupes ou organisations dont les problèmes spécifiques ne sont pas couverts de manière appropriée par l'ITIL.

L'aspect unique de l'ITIL est qu'elle offre une structure générique basée sur l'expérience pratique d'un regroupement international de professionnels.

3.3 Les publications de l'ITIL

Chacune des publications de l'ITIL traite d'une partie de la structure. Chacune fournit :

- une description, dans les grandes lignes, des éléments nécessaires pour organiser la gestion des services informatiques ;
- une définition des objectifs et activités ainsi que l'entrée et la sortie de chacun des processus nécessaires à une organisation informatique.

Cependant, l'ITIL n'indique pas comment mettre en œuvre ces activités, étant donné que cet aspect diffère d'une organisation à l'autre. Elle met l'accent sur des pratiques éprouvées qui, en fonction des circonstances, peuvent être mises en œuvre d'un certain nombre de façons. L'ITIL n'est pas une méthode mais plutôt un cadre de planification des processus, rôles et activités essentiels indiquant les liens entre eux ainsi que les lignes de communication nécessaires.

L'ITIL est fondée sur le besoin d'offrir des services de haute qualité en mettant l'accent sur les relations avec la clientèle. L'organisation informatique doit être conforme aux accords avec le client, ce qui se traduit par le maintien de bonnes relations avec les clients et les partenaires tels que les fournisseurs.

Une partie de la philosophie de l'ITIL est basée sur les systèmes de qualité, comme la série de normes ISO 9000, et les structures de qualité totale, comme l'EFQM. L'ITIL soutient ces systèmes de qualité en fournissant une description claire des processus et des meilleures pratiques de gestion des services informatiques permettant de réduire sensiblement le délai d'obtention de la certification ISO.

À l'origine, l'ITIL se composait d'un grand nombre de livres dont chacun décrivait un domaine particulier de la maintenance et de l'exploitation de l'infrastructure informatique. Les dix livres consacrés au soutien des services et à la fourniture des services étaient considérés comme le noyau de l'ITIL. Une quarantaine d'autres livres ont été publiés sur des sujets complémentaires relatifs à la gestion des services informatiques, allant du câblage à la gestion des relations avec la clientèle. Cependant, la série originale de livres de l'ITIL traitait principalement de la gestion des services informatiques dans la perspective informatique. L'ensemble consacré à la Perspective Business (Business Perspective), comportant trois titres différents, a été publié pour faire le pont entre les fonctions business et l'organisation informatique.

De plus, l'approche de certains aspects de l'ITIL était légèrement dépassée. Toutes les anciennes publications ont été remplacées par des éditions plus récentes. La Figure 3.2 illustre l'ensemble actuel de publications de l'ITIL sur les meilleures pratiques. Les processus de gestion des services, au centre du cadre de l'ITIL, sont divisés en deux secteurs clé, le soutien et la fourniture de services.

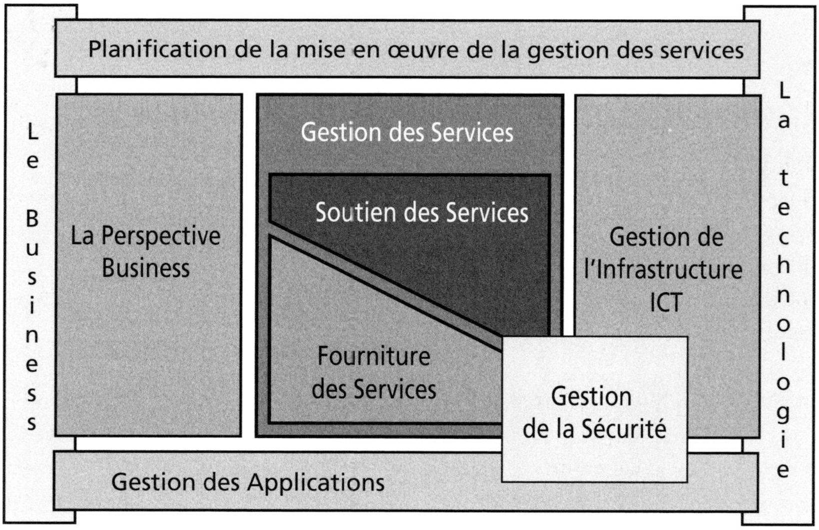

Figure 3.2 Cadre des publications de l'ITIL (source : OGC)

L'ensemble actuel des sept publications sera mis à jour dans une nouvelle version de l'ITIL (v3), dont la parution est prévue pour la fin 2006.

3.3.1 Fourniture des services (Service Delivery)

Comme indiqué ci-dessus, le soutien des services et la fourniture des services sont au cœur de la structure de l'ITIL pour la gestion des services informatiques. Le livre de l'ITIL sur la fourniture de services décrit les services dont a besoin le client pour soutenir son business et l'infrastructure nécessaire pour fournir ces services.

Les sujets suivants sont traités dans le livre Fourniture des services :
- Gestion des niveaux de service
- Gestion financière des services informatiques
- Gestion de la capacité
- Gestion de la continuité des services informatiques
- Gestion de la disponibilité

Il est quasiment impossible de représenter dans un schéma la relation complexe entre les processus décrits dans les livres sur le soutien des services et la fourniture des services. Le schéma simplifié de la figure 3.2 en illustre les principaux éléments.

Gestion des niveaux de service (Service Level Management)

L'objectif de la gestion des niveaux de service est de conclure des accords clairs avec le client sur le type et la qualité des services informatiques à livrer et de mettre en œuvre ces accords. Par conséquent, la gestion des niveaux de service a besoin d'informations sur les besoins des clients, les installations fournies par l'organisation informatique et les ressources financières disponibles.

La gestion des niveaux de service traite du service fourni au client (besoin du client). L'organisation informatique peut améliorer la satisfaction des clients en créant des services basés sur les besoins du client (pression de la demande) plutôt qu'uniquement sur les possibilités techniques (poussée de l'offre). Le chapitre consacré à la gestion des niveaux de service dans le livre Fourniture des services explique :
- Comment une définition claire des termes d'un accord sur les niveaux de service contribue à optimiser les services informatiques à un coût justifiable vis-à-vis du client.
- Comment surveiller et traiter le service.
- Comment soutenir le service par des contrats de sous-traitance avec des fournisseurs de l'organisation informatique.

Gestion financière des services informatiques (Financial Management of IT Services)

La gestion financière étudie si les coûts liés à la fourniture des services informatiques sont acceptables. La gestion financière fournit ainsi des informations sur les coûts liés à la fourniture des services informatiques. Ces informations donnent une idée des coûts et des avantages (prix et performance) en cas de décision de changement de l'infrastructure ou des services informatiques. L'identification, l'attribution, la prévision et la surveillance des coûts, qui sont traitées dans le chapitre consacré à la gestion financière du livre Fourniture des services, sont couvertes par la notion « établissement des coûts de revient » qui, dans l'édition actuelle de l'ITIL, s'applique à la budgétisation et à la comptabilisation. Ces activités permettent de connaître les coûts (quels sont les coûts engagés et où sont-ils engagés?) et peuvent également être utilisées pour l'établissement des budgets. En ce qui concerne les revenus de l'organisation informatique, la gestion financière des services informatiques décrit plusieurs approches de la facturation, y compris la définition d'objectifs pour la facturation et la tarification, ainsi que les aspects de la budgétisation.

Gestion de la capacité (Capacity Management)

La gestion de la capacité est le processus visant à optimiser le coût, le choix du moment d'acquisition et la mise en œuvre des ressources informatiques afin d'observer les accords conclus avec le client. La gestion de la capacité traite de la gestion des aspects suivants : ressources, performances, demande, modélisation, charge, planification de la capacité et évaluation des applications. La gestion de la capacité met l'accent sur la planification afin de s'assurer que les niveaux de service convenus seront également observés dans l'avenir.

Gestion de la disponibilité (Availability Management)

La gestion de la disponibilité est le processus veillant à la mise en place appropriée des ressources, des moyens et des techniques nécessaires pour garantir la disponibilité des services informatiques convenue avec le client. La gestion de la disponibilité traite de problèmes tels que l'amélioration de la maintenance et des mesures de conception destinées à minimiser le nombre d'incidents.

Gestion de la continuité des services informatiques (IT Service Continuity Management)

Ce processus consiste en la préparation et la planification des mesures de reprise après un sinistre pour les services informatiques dans le cas d'une interruption du business. Ce processus, appelé également planification des contingences dans la révision précédente de l'ITIL, met l'accent sur les corrélations entre toutes les mesures nécessaires pour assurer la continuité de l'organisation du client en cas de sinistre (gestion de la continuité du business) ainsi que les mesures destinées à éviter de tels sinistres. La gestion de la continuité des services informatiques est le processus de planification et de coordination des ressources techniques et financières nécessaires pour assurer la continuité des services après un sinistre, de la manière convenue avec le client.

3.3.2 Soutien des services (Service Support)

Le livre de l'ITIL consacré au soutien des services décrit comment les clients et les utilisateurs peuvent accéder aux services appropriés pour soutenir leur business et comment ces services sont soutenus.

Ce livre couvre les sujets suivants :

- Centre de services
- Gestion des incidents
- Gestion des problèmes
- Gestion des configurations
- Gestion des changements
- Gestion des mises en production

Centre de services (Service Desk)

Le centre de services est le premier point de contact des utilisateurs avec l'organisation informatique. Auparavant, les livres de l'ITIL faisaient référence à un centre d'assistance. La tâche principale du centre d'assistance était d'enregistrer et de résoudre les incidents et d'en assurer le suivi. Un centre de services a un rôle plus large (par exemple, réception des demandes de changements) et peut accomplir des activités relevant de plusieurs processus. C'est le point de contact initial avec le fournisseur de services informatiques pour les utilisateurs.

Gestion des incidents (Incident Management)

La distinction entre les incidents et les problèmes est sans doute la contribution la mieux connue, mais pas toujours la plus populaire, de l'ITIL à la gestion des services informatiques. Bien que cette distinction prête quelquefois à confusion, elle comporte un avantage majeur dans la mesure où elle établit une distinction entre le retour rapide du service et l'identification et la résolution de la cause d'un incident.

Le processus de gestion des incidents a pour but de résoudre l'incident et de reprendre rapidement la fourniture des services. Les incidents sont enregistrés et la qualité de ces enregistrements détermine l'efficacité d'un certain nombre d'autres processus.

Gestion des problèmes (Problem Management)

La gestion des problèmes a pour but d'identifier la cause d'un problème dont la présence est suspectée à l'intérieur de l'infrastructure informatique. La suspicion de présence d'un problème peut être induite par des incidents mais il est évident que l'objectif est d'éviter toute perturbation dans la mesure du possible.

Une fois les causes identifiées et une solution de contournement identifiée, une décision business est requise pour déterminer si une correction permanente doit être apportée afin d'éviter de nouveaux incidents. La mise en œuvre d'une correction permanente passe par une demande de changement. Le problème reste considéré comme une erreur connue si une correction ne se justifie pas d'un point de vue business mais qu'une solution de contournement provisoire ou une autre solution permanente a été identifiée.

Gestion des configurations (Configuration Management)

La gestion des configurations traite du contrôle des changements d'une infrastructure informatique (normalisation et contrôle de l'état), en identifiant tous les éléments de configuration de l'infrastructure, en collectant, en enregistrant et en gérant les informations et détails relatifs à ces composants et en échangeant ces informations avec tous les autres processus.

Gestion des changements (Change Management)

La gestion des changements traite de la mise en œuvre approuvée et contrôlée des changements apportés à l'infrastructure informatique. L'objectif du processus est de déterminer les changements requis et d'étudier comment ils peuvent être mis en œuvre en minimisant les effets négatifs sur les services informatiques, tout en assurant la traçabilité des changements, par une consultation et une coordination efficaces de toute l'organisation. Les changements sont effectués en fonction des activités de surveillance de l'état de la gestion des configurations, suite à une demande de changement, avec la gestion des problèmes et plusieurs autres processus. Les changements sont mis en œuvre en suivant un cheminement particulier passant par la définition, la planification, la construction et les tests, l'acceptation, la mise en œuvre et l'évaluation.

Gestion des mises en production (Release Management)
Une mise en production est un ensemble d'éléments de configuration qui sont testés et introduits collectivement dans l'environnement de production. Le principal objectif de la gestion des mises en production est de garantir le succès du déploiement des mises en production, y compris l'intégration, les tests et le stockage. La gestion des mises en production s'assure que seules les versions testées et correctes des logiciels et du matériel autorisés sont fournies. La gestion des mises en production est étroitement liée aux activités de gestion des configurations et de gestion des changements. La mise en œuvre réelle des changements est souvent exécutée dans le cadre des activités de gestion des mises en production.

3.3.3 Gestion de la sécurité (Security Management)
L'objectif de la gestion de la sécurité est de protéger la valeur des informations, en termes de confidentialité, d'intégrité et de disponibilité. Elle est basée sur les conditions de sécurité établies dans les accords sur les niveaux de service, eux-mêmes reliés aux conditions contractuelles, à la législation et à la politique
de l'organisation. La gestion de la sécurité vise à fournir un niveau de sécurité fondamental, indépendant des conditions externes.

3.3.4 Gestion de l'infrastructure ICT (ICT Infrastructure Management)
La gestion de l'infrastructure ICT traite des processus, de l'organisation et des outils nécessaires pour assurer une infrastructure informatique et de communications stable, qui soit alignée sur les exigences business, à un coût acceptable. La gestion de l'infrastructure ICT est concernée par le flux du travail, la définition des conditions business à travers le déploiement et la livraison de solutions business finales. La gestion de l'infrastructure ICT est axée sur la technologie.

Les processus incluent la gestion et l'administration des ressources, du personnel, des qualifications et des niveaux de formation exigés. Le livre couvre la conception, la planification, la mise en place, l'exploitation et l'assistance technique.

3.3.5 Gestion des applications (Applications Management)
Le livre sur la gestion des applications fournit une vue d'ensemble du cycle de vie de la gestion des applications et constitue un guide pour les utilisateurs business, les développeurs et gestionnaires des services sur la façon dont les applications peuvent être gérées du point de vue de la gestion des services.

Ce livre place la gestion des services au cœur de la fourniture des services informatiques au business. Dans cette perspective, les applications doivent être gérées tout au long de leur cycle de vie en donnant la priorité aux objectifs business.

3.3.6 Perspective Business (Business Perspective)
Les sujets traités comprennent la gestion de la continuité des affaires, les partenariats et l'externalisation, le changement pour survivre et la transformation radicale des procédures de gestion.

3.3.7 Planification de la mise en œuvre de la gestion des services (Planning to implement Service Management)

Actuellement, nous disposons d'une grande expérience au niveau mondial dans le domaine de la planification et de la mise en œuvre de programmes destinés à améliorer la gestion des services informatiques. Ce livre poursuit deux objectifs principaux : donner des conseils pratiques sur les problèmes clés qui doivent être pris en considération lors de toute planification pour la mise en œuvre d'une gestion des services informatiques ; expliquer les étapes essentielles requises pour mettre en place ou améliorer la fourniture des services.

On indique comment évaluer la correspondance entre les besoins du business et les services fournis et comment mettre en place un programme de changements qui conduira à des améliorations mesurables et continues.

L'analyse des besoins actuels et futurs de l'organisation et la mise en œuvre de la solution doivent être considérées comme un projet ou comme une série de projets d'un programme d'amélioration. Un avantage clé de cette approche est qu'elle fournit à l'organisation des points de décision clairs où elle peut décider de mettre fin au projet/programme, de le poursuivre ou de le modifier. Dans ce contexte, les livres de l'ITIL recommandent l'adoption d'une méthode de gestion de projet formelle, comme PRINCE2 (Projects IN Controled Environments, 2ème version).

Chaque projet est basé sur une analyse de la situation actuelle, sur la situation souhaitée et sur les écarts entre ces deux situations. Dans la plupart des cas, les solutions sont comparées sur la base des critères suivants :

- Bénéfices pour l'organisation
- Risques, obstacles et problèmes potentiels
- Coûts de transition et coûts à long terme
- Coûts en cas de poursuite de l'approche actuelle

L'identification des solutions potentielles peut même constituer un projet en soi. L'expérience montre qu'il faut savoir que l'ITIL n'est pas une formule magique.

Il convient d'adopter la plus grande prudence face à des projets de mise en œuvre soi-disant conformes au cadre de l'ITIL mais qui poursuivent des buts cachés comme une réorganisation ou une fusion, par exemple. L'ITIL décrit les meilleures pratiques d'amélioration de la gestion des services informatiques mais n'est pas un livre de recettes organisationnelles. L'ITIL fournit principalement un cadre de référence pour les structures des processus, les rôles et responsabilités dans l'organisation informatique et, dans une bien moindre mesure, des directives pour la structure de cette organisation. Si un projet a pour but d'améliorer l'organisation en tant que telle, il est conseillé de faire appel à des experts dans ce domaine.

Une mesure de base de référence ou un bilan de santé peuvent représenter un bon point de départ pour l'amélioration des processus. Une telle évaluation des processus de gestion des services informatiques peut aider à identifier les points forts et les points faibles de l'organisation et à définir clairement les objectifs d'un projet d'amélioration. La mesure peut être renouvelée à un stade ultérieur pour montrer l'évolution du programme ou du projet.

4 Gestion des incidents

4.1 Introduction

La gestion des incidents a une tâche réactive, à savoir la réduction ou l'élimination des effets des perturbations, réelles ou potentielles, dans les services informatiques afin de permettre aux utilisateurs de reprendre leur travail dans les plus brefs délais. À cette fin, les incidents sont enregistrés, classés et confiés aux spécialistes appropriés ; la progression des incidents est surveillée ; les incidents sont résolus et ensuite clos.

Étant donné que cette façon de procéder exige des contacts étroits avec les utilisateurs, le point le plus important du processus de gestion des incidents est habituellement concentré sur la fonction de centre de services qui sert de bureau d'accueil aux « administratifs » des départements spécialisés sous-jacents et aux fournisseurs. La gestion des incidents est essentielle pour les autres processus de l'ITIL car elle fournit des informations précieuses sur les erreurs d'infrastructure.

La figure 4.1 ci-dessous illustre un exemple de gestion des incidents en tant que processus horizontal dans l'organisation qui fournit une gestion efficace et contrôle le flux de travail relié à l'incident.

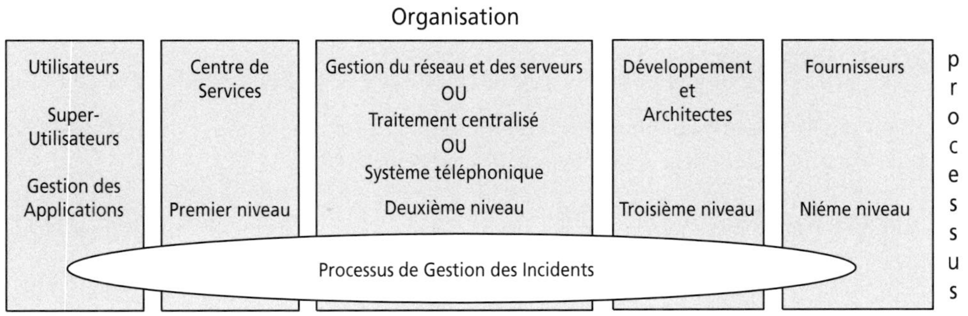

Figure 4.1 Position du processus de gestion des incidents par rapport aux fonctions ou départements d'une organisation informatique. (source : itSMF)

4.1.1 Terminologie

Incident

Le livre consacré au soutien des services de l'ITIL définit un incident comme suit :

Incident - Tout événement qui ne fait pas partie du fonctionnement normal d'un service et qui provoque ou peut provoquer une interruption ou une diminution de la qualité de ce service.

Conformément à l'usage général, l'ITIL élargit l'interprétation de cette définition de l'incident de façon à ce que presque tous les appels adressés au centre de services soient enregistrés et surveillés comme des incidents.

Dans ce contexte, les « incidents » comprennent non seulement les erreurs du matériel ou des logiciels mais également les demandes de service car elles sont traitées de façon similaire au sens où la gestion des incidents gère leurs cycles de vie complets.

Les demandes de service peuvent être adressées pour des « services standard » devant être fournis conformément aux SLA, par l'intermédiaire de procédures assorties de vérifications et contrôles appropriés et consignés dans la base de données de gestion des configurations (CMDB), par exemple.

Exemples de demandes de service :
- Question fonctionnelle ou demande d'information
- Demande d'état
- Réinitialisation de mot de passe
- Demande de travaux en lots, remise à l'état initial et autorisation de mot de passe
- Extraction de base de données
- Demande de nouvel employé avec fonctions et services informatiques appropriés

Une demande de service peut être un changement standard qui, s'il n'est pas couvert par un « service standard », est traité par la gestion des incidents et n'est pas soumis au processus de demande de changement.

Quand un service non défini comme un « service standard » est demandé et qu'il modifie l'état de l'infrastructure, il déclenche une demande de changement (RFC).

Une RFC n'est pas traitée par la gestion des incidents mais, en principe, par la gestion des changements.

Impact, urgence et priorité

Lorsque plusieurs incidents doivent être traités en même temps, il est nécessaire d'établir des priorités. Ces priorités sont basées sur le degré de gravité de l'erreur pour le business et pour l'utilisateur. Après avoir consulté l'utilisateur et conformément aux conditions de l'accord sur les niveaux de service, le centre de services attribue la priorité qui détermine l'ordre dans lequel les incidents sont traités. Lorsque les incidents passent au deuxième niveau d'assistance, au troisième niveau d'assistance ou à un niveau d'assistance plus élevé, leur priorité est maintenue ou peut être changée après consultation du centre de services.

Il est évident que chaque utilisateur pense que son incident doit bénéficier de la plus haute priorité mais les exigences des utilisateurs sont souvent subjectives. Pour permettre une évaluation objective, les critères suivants sont discutés avec l'utilisateur :
- **Impact de l'incident** : importance de l'écart par rapport au niveau normal de service, en termes de nombre d'utilisateurs ou de processus business touchés. Les *incidents majeurs* sont ceux pour lesquels le degré d'impact sur la communauté des utilisateurs est extrême. Des incidents pour

lesquels la durée d'interruption - même pour un pourcentage relativement faible d'utilisateurs - devient excessive devraient également être considérés comme majeurs.

- **Urgence de l'incident** : délai acceptable pour l'utilisateur ou pour les processus business pour résoudre l'incident.

La priorité est tout d'abord déterminée en fonction de l'urgence et de l'impact. Pour les incidents d'un même degré de priorité, l'effort nécessaire pour les résoudre peut déterminer l'ordre de leur traitement. Par exemple, un incident avec un impact faible pouvant être facilement résolu peut ainsi être traité avant un incident ayant un impact plus important mais demandant un effort plus conséquent.

Demande de Service *–demande provenant d'un utilisateur pour soutenir, fournir, informer, conseiller ou documenter, n'est pas une défaillance de l'infrastructure informatique.*

Demande de Changement *- partie formelle du processus de Gestion des Changements, servant à enregistrer les détails d'une demande de changement pour tout élément de Configuration (CI) au sein d'une infrastructure, ou pour des services, procédures et éléments associés à l'infrastructure.*

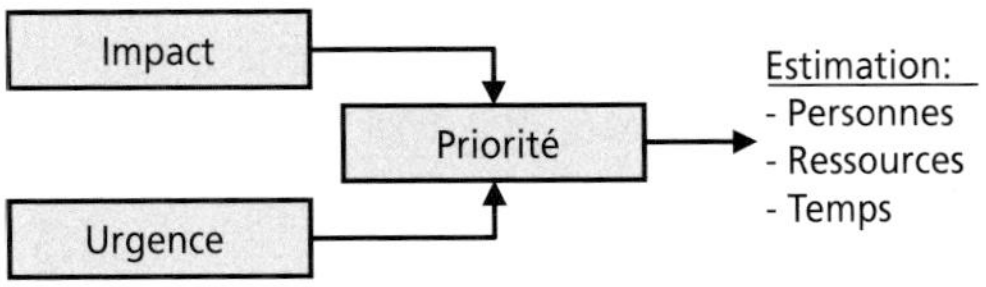

Figure 4.2 Détermination de l'impact, de l'urgence et de la priorité (source : itSMF)

La gestion des incidents offre des options permettant de réduire l'impact ou l'urgence tels qu'un échange de matériel ou l'attribution d'une autre file d'attente d'impression. L'impact et l'urgence peuvent également changer pendant le cycle de vie d'un incident, par exemple lorsque l'incident touche un plus grand nombre d'utilisateurs ou pendant des périodes critiques.

L'impact et l'urgence peuvent être combinés dans une matrice, comme dans le tableau 4.1.

		IMPACT		
	Priorité / *délai de résolution*	Haute	Moyenne	Faible
URGENCE	Haute	*Critique* / *< 1 heure*	*Haute* / *< 8 heures*	*Moyenne* / *< 24 heures*
	Moyenne	*Haute* / *< 8 heures*	*Moyenne* / *< 24 heures*	*Faible* / *< 48 heures*
	Faible	*Moyenne* / *< 24 heures*	*Faible* / *< 48 heures*	*Planification* / *planifié*

Tableau 4.1 Exemple d'un système de codification de la priorité (source : itSMF)

Escalade
Si un incident ne peut pas être résolu par le premier niveau d'assistance dans les délais prévus, il faudra faire intervenir un niveau d'expertise ou d'autorité plus élevé. On parle alors d'escalade. L'escalade peut intervenir à tout moment et à tout niveau de soutien du processus de résolution.

Nous établissons une distinction entre l'escalade fonctionnelle et l'escalade hiérarchique.
- **Escalade fonctionnelle (horizontale)** – L'escalade fonctionnelle exige l'implication de personnel plus spécialisé ou requiert davantage de temps ou de privilèges d'accès (niveaux d'autorité technique) pour résoudre l'incident. Avec ce type d'escalade, les limites des départements peuvent être dépassées et peuvent éventuellement inclure des fournisseurs externes.
- **Escalade hiérarchique (verticale)** – L'escalade hiérarchique signifie l'implication de niveaux plus élevés dans l'autorité organisationnelle, quand il s'avère que le niveau actuel d'autorité est insuffisant pour assurer que l'incident sera résolu à temps et/ou d'une manière satisfaisante.

Le gestionnaire des incidents, qui a la responsabilité totale du processus de Gestion des Incidents doit avoir réservé une capacité suffisante afin de pourvoir à l'escalade fonctionnelle d'un incident de façon à ce que l'escalade hiérarchique régulière puisse être évitée.

Premier, deuxième et Nème niveaux d'assistance
Le cheminement de l'incident, ou l'escalade fonctionnelle, a été présenté ci-dessus. Le cheminement est déterminé par l'expertise, l'urgence et le niveau d'autorité. L'assistance de premier niveau est fournie normalement par le centre de services, l'assistance de deuxième niveau par les départements de gestion, l'assistance de troisième niveau par les développeurs de logiciels et architectes et l'assistance de quatrième niveau est assuré par les fournisseurs. Plus l'organisation est petite, moins il y de niveaux d'escalade. Dans les grandes organisations, le gestionnaire des incidents peut nommer, pour se faire aider, des coordinateurs d'incidents dans les départements concernés. Les coordinateurs peuvent ainsi jouer le rôle d'interface entre le processus et la structure hiérarchique. Chacun coordonne ses propres équipes d'assistance. La figure 4.3 illustre le processus d'escalade.

4.2 Objectif

L'objectif de la gestion des incidents est de rétablir dès que possible le niveau de service normal, défini dans l'accord sur les niveaux de service, en minimisant l'impact sur l'activité de l'organisation et sur l'utilisateur. La gestion des incidents a besoin de conserver également des enregistrements pertinents des incidents afin de pouvoir mesurer et améliorer le processus, fournir les informations adéquates aux autres processus de gestion des services et faire des rapports sur le processus en cours.

4.2.1 Avantages

- **Pour le business dans son ensemble :**
  - Résolution plus efficace des incidents limitant l'impact sur les affaires.
  - Amélioration de la productivité de l'utilisateur.
  - Surveillance indépendante des incidents centrée sur le client.
  - Disponibilité des informations de gestion business relatives aux accords sur les niveaux de service.

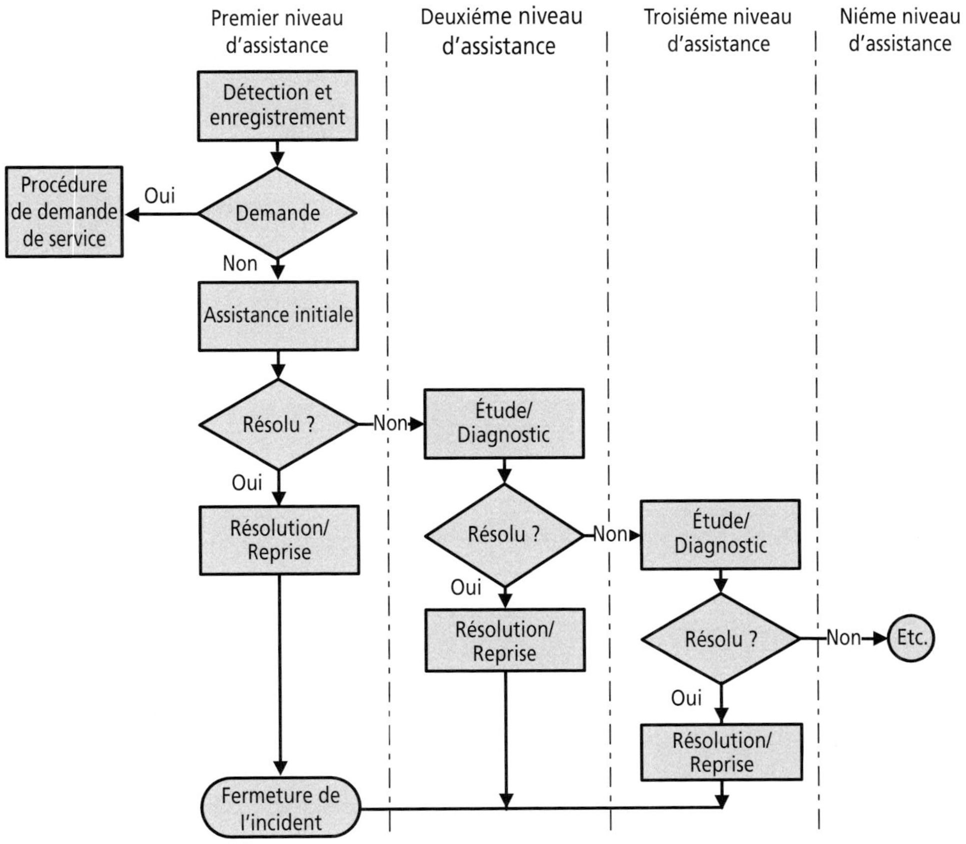

Figure 4.3 Escalade d'incident (source : OGC)

- **Pour l'organisation informatique :**
  - Meilleure surveillance permettant de mieux mesurer les performances par rapport à l'accord sur les niveaux de service.
  - Production de rapports concernant la qualité du service, utiles à la gestion et aux accords sur les niveaux de service.
  - Utilisation meilleure et plus efficace du personnel.
  - Pas d'incidents ni de demandes de service perdus ou mal inscrits.
  - Base de données de gestion des configurations plus précise car elle est essentiellement vérifiée pendant que les incidents sont enregistrés en relation avec les éléments de configuration.
  - Amélioration du niveau de satisfaction des clients et des utilisateurs.

Ne pas mettre en œuvre la gestion des incidents peut provoquer les effets indésirables suivants :
- Si personne n'est responsable de la surveillance et de l'escalade des incidents, les incidents risquent de s'aggraver inutilement et de réduire le niveau de service; les utilisateurs sont sans cesse renvoyés vers d'autres groupes, sans que l'incident soit résolu.
- Les spécialistes sont constamment dérangés par des appels téléphoniques des utilisateurs, ce qui signifie qu'ils ne peuvent pas accomplir leur travail correctement. En conséquence, il se peut

que plusieurs personnes travaillent au même incident, d'où une perte de temps inutile, voire élaborent des solutions contradictoires.

- Manque d'informations de gestion en ce qui concerne le domaine utilisateurs et les services.
- À cause des problèmes mentionnés ci-dessus, les frais engagés par le client et l'organisation informatique sont plus élevés que nécessaire.

4.3 Processus

4.3.1 Activités de Gestion des incidents

La figure 4.4 représente l'entrée et la sortie du processus ainsi que ses activités.

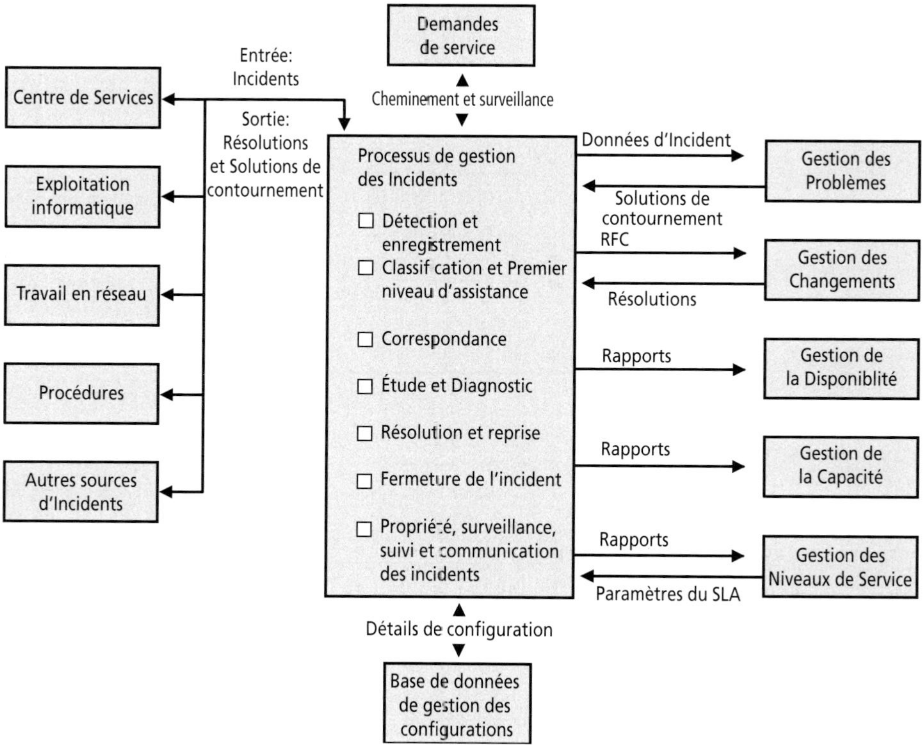

Figure 4.4 Position du processus de gestion des incidents (source itSMF)

Les incidents peuvent se produire dans toute partie de l'infrastructure et ils sont souvent signalés par les utilisateurs. Cependant, les incidents peuvent également être détectés par d'autres départements informatiques ou business, au sein de l'organisation, et repérés automatiquement par les systèmes de détection mis en place pour réagir aux événements des applications et de l'infrastructure technique.

4.3.2 Relations avec les autres processus

Gestion des configurations

La CMDB joue un rôle important dans la gestion des incidents car elle définit les relations entre les ressources, les services, les utilisateurs et les niveaux de service. La gestion des configurations indique ainsi qui est responsable d'un élément de configuration afin que les incidents relatifs à un composant particulier puissent être acheminés plus efficacement. Elle intervient également au niveau du choix d'une solution de contournement appropriée, par exemple pour dérouter une file d'attente d'impression et déplacer les utilisateurs vers un serveur différent. Les détails de la configuration sont liés à l'enregistrement de l'incident afin de fournir de meilleures informations sur l'erreur. Si nécessaire, il est possible de mettre à jour l'état des éléments appropriés dans la base de données de gestion des configurations.

Gestion des problèmes

La gestion des problèmes a des exigences en matière de qualité de l'enregistrement des incidents afin de faciliter l'identification des erreurs sous-jacentes. La gestion des problèmes soutient la gestion des incidents en lui fournissant des informations sur les problèmes, les erreurs connues, les solutions de contournement et les corrections provisoires.

Gestion des changements

Les incidents peuvent être résolus en mettant en œuvre des changements, par exemple en remplaçant un écran. La gestion des changements fournit à la gestion des incidents des informations sur les changements prévus et leur état. Les changements peuvent provoquer des incidents s'ils ne sont pas correctement mis en œuvre ou contiennent des erreurs. La gestion des incidents fournit en retour, à la gestion des changements des informations concernant ces incidents.

Gestion des niveaux de service

La gestion des niveaux de service surveille les contrats avec le client en ce qui concerne l'assistance à fournir. La gestion des incidents doit bien connaître l'accord sur les niveaux de service (SLA) pour que cette information puisse être utilisée lors des communications avec les utilisateurs. Les enregistrements des incidents peuvent être utilisés pour la production de rapports afin de déterminer si le niveau de service convenu est fourni effectivement au client.

Gestion de la disponibilité

Pour mesurer les aspects de la disponibilité des services, la gestion de la disponibilité utilise les rapports d'incidents et la surveillance d'état fournis par la gestion des configurations. On peut attribuer à un service le statut « indisponible » tout comme un élément de configuration dans la base de données de gestion des configurations. Cette information peut être utilisée pour déterminer la disponibilité réelle d'un service et le temps de réponse du fournisseur de service. Cette capacité nécessite l'horodatage des actions prises pendant le déroulement des incidents, depuis leur détection initiale jusqu'à leur clôture.

Gestion de la capacité

La gestion de la capacité traite les incidents relatifs à ses attributions, comme les incidents causés par un manque d'espace disque ou par un temps de réponse trop long. Ces incidents peuvent être signalés au processus de gestion des incidents par un directeur, un gestionnaire de système ou par le système lui-même.

4.4 Activités

La figure 4.5 illustre les différentes étapes du processus :

- **Acceptation et enregistrement de l'incident** – l'incident est détecté et rapporté, puis un enregistrement d'incident est créé.
- **Classification et assistance initiale** – l'incident est codé par type, état, impact, urgence, priorité, accord sur les niveaux de service, et cetera. L'utilisateur peut recevoir des suggestions pour résoudre ou contourner l'incident, ne serait-ce que provisoirement.
- Si l'appel concerne une **demande de service**, la procédure correspondante est lancée.
- **Correspondance** – On vérifie si l'incident est connu ou s'il est lié à un incident existant, à un problème ou à une erreur connue et s'il existe une solution définitive ou de contournement.
- **Étude et diagnostic** – s'il n'y a pas de solution connue, on étudie l'incident.
- **Résolution et reprise** – une fois la solution trouvée, l'incident peut être résolu.
- **Clôture** - on demande à l'utilisateur s'il est satisfait de la solution et l'incident est clos.
- **Suivi et surveillance de l'avancement** – tout le cycle de l'incident est surveillé. S'il apparaît que l'incident ne peut pas être résolu dans les délais ou avec le niveau d'expertise actuel, on procède à l'escalade.

4.4.1 Acceptation et enregistrement

Dans la plupart des cas, les incidents sont enregistrés par le centre de services. Tous les incidents doivent être enregistrés immédiatement pour les raisons suivantes :

- Il est rare que l'on puisse rattraper correctement les retards d'enregistrement.
- On ne peut surveiller l'avancement d'un incident que s'il a été enregistré.
- L'enregistrement des incidents facilite le diagnostic des nouveaux incidents.
- La gestion des problèmes peut utiliser les incidents enregistrés pour en découvrir les causes.
- Il est plus facile de déterminer l'impact si tous les appels ont été enregistrés.
- Sans enregistrement, il est impossible de surveiller la conformité aux niveaux de service convenus.
- L'enregistrement immédiat des incidents peut éviter des situations où plusieurs personnes travaillent sur le même problème ou personne ne travaille à la résolution de l'incident.

L'endroit où l'incident a été détecté détermine qui le signale. Les incidents peuvent être détectés de plusieurs manières indiquées ci-après :

- **Par un utilisateur** : qui rapporte l'incident au centre de services.
- **Par un système** : lorsqu'un événement d'application ou d'infrastructure technique est détecté, par exemple quand un seuil critique est dépassé, l'événement est enregistré comme un incident dans le système d'enregistrement des incidents et acheminé, si nécessaire, vers un groupe d'assistance.
- **Par un agent du centre de services** : qui s'assure de l'enregistrement de l'incident.
- **Par une personne appartenant à un autre département informatique** : qui enregistre l'incident dans le système d'enregistrement des incidents ou le signale au centre de services.

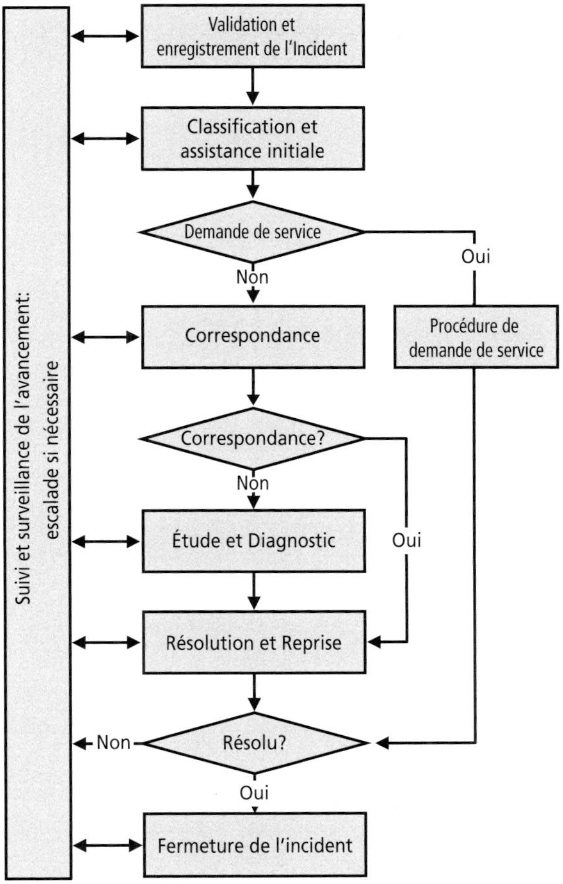

Figure 4.5 Processus de gestion des incidents

On doit éviter d'enregistrer deux fois le même incident. Ainsi, lors de l'enregistrement d'un incident, il est nécessaire de vérifier s'il existe des incidents similaires non résolus :

- **S'il y en a (et s'il s'agit bien du même incident)**, l'information sur l'incident est mise à jour ou l'incident est enregistré séparément et lié à l'incident principal; l'impact et la priorité peuvent être modifiés si nécessaire et les informations concernant le nouvel utilisateur sont rajoutées.
- **S'il n'y en a pas**, le nouvel incident est enregistré.

Dans les deux cas, le reste du processus d'enregistrement de l'incident est le même, bien que le premier cas soit plus simple que le second.

- **Attribution d'un numéro de référence d'incident** : dans la plupart des cas, le système attribue automatiquement un numéro de référence d'incident unique. L'utilisateur est habituellement informé du numéro d'incident auquel il peut se référer lors de communications ultérieures.
- **Enregistrement des informations de diagnostic de base** : heure, symptômes, utilisateur, personne en charge de l'incident, emplacement et informations relatives au service ou matériel touché.

- **Complément d'information sur l'incident** : autres informations pertinentes relatives à l'incident (provenant par exemple d'un script, d'une procédure d'entrevue ou de la CMDB, généralement sur les bases de la relation définie dans la base de données).
- **Alerte** : si un incident ayant un impact élevé se produit, comme une défaillance d'un serveur important, les autres utilisateurs et les départements de gestion sont avertis.

4.4.2 Classification

La classification des incidents a pour but de déterminer la catégorie de l'incident afin d'en faciliter la surveillance et la signalisation. Plus le nombre de catégories de classification est élevé, mieux c'est mais cela exige une forte participation du personnel. Il arrive que différents aspects de la classification soient combinés dans une liste unique (par exemple type, groupe d'assistance et cause) ,mais comme cela prête souvent à confusion, il est préférable d'utiliser plusieurs listes courtes. La présente section traite des problèmes relatifs à la classification.

Catégorie

On commence par attribuer aux incidents une catégorie et une sous-catégorie basées, par exemple, sur la cause suspectée de l'incident ou sur le groupe d'assistance concerné :

- **Traitement central** – accès, système, application.
- **Réseau** – routeur, segment, concentrateur et adresse Internet.
- **Poste de travail** – moniteur, carte de réseau, unité de disque, clavier.
- **Utilisation et fonctionnalité** – service, capacité, disponibilité, sauvegarde, manuel.
- **Organisation et procédures** – ordre, demande, assistance, communication.
- **Demande de service** – demande adressée par l'utilisateur au centre de services en matière d'assistance, de livraison, d'information, de conseil ou de documentation. Une telle demande est couverte par une procédure distincte ou est traitée de la même façon que les autres incidents.

Priorité

Ensuite, on attribue la priorité afin de s'assurer que les groupes d'assistance accorderont l'attention nécessaire à l'incident. La priorité est souvent indiquée par un numéro basé sur le degré d'urgence (avec quelle rapidité l'incident doit-il être résolu ?) et sur l'impact (importance des dommages possibles, si l'incident n'est pas résolu rapidement). Priorité = Urgence * Impact.

Service

Pour identifier les services liés à l'incident, on peut utiliser une liste faisant référence à l'accord sur les niveaux de service correspondant. Cette liste indique également les temps d'escalade déterminés dans l'accord pour le service en question.

Groupe d'assistance

Si le centre de services n'est pas en mesure de résoudre l'incident dans les délais prévus, on détermine le groupe d'assistance qui le traitera. Ce cheminement, également décrit sous la forme d'une escalade fonctionnelle, est souvent basé sur la catégorie à laquelle l'incident a été assigné. La définition des catégories peut reposer sur la structure des groupes d'assistance. Un acheminement approprié des incidents est essentiel pour une gestion efficace. Par conséquent, un des indicateurs clés de performance en matière de qualité des processus de gestion des incidents doit être le « nombre d'incidents correctement acheminés ».

Délais
Sur la base de la priorité et de l'accord sur les niveaux de service, le ou les utilisateur(s) concerné(s) est (ou sont) informé(s) du délai maximal estimé pour la résolution de l'incident (durée du cycle) et du moment où il(s) pourra(ont) reprendre contact. Ces délais sont enregistrés dans le système.

Numéro de référence de l'incident
On indique à l'utilisateur le numéro de référence de l'incident.

Étape de flux (état)
L'état de l'incident indique sa position dans le flux des incidents. Voici des exemples d'états :
- Nouveau
- Accepté
- Planifié
- Attribué
- Actif
- Suspendu
- Résolu
- Clos

4.4.3 Correspondance
Après la classification, des vérifications sont effectuées pour savoir si un incident similaire s'est déjà produit dans le passé et dans ce cas, s'il existe une solution définitive ou de contournement. Si l'incident présente les mêmes symptômes qu'un problème ou une erreur connue, l'incident peut y être lié.

4.4.4 Étude et diagnostic
Le centre de services achemine les incidents pour lesquels aucune solution immédiate n'est disponible ou qui sortent de sa compétence vers une équipe d'assistance disposant de plus d'expérience et de compétence technique. Ce groupe d'assistance étudie et résout l'incident ou l'achemine vers un autre groupe d'assistance.

4.4.5 Résolution et reprise
Quand l'analyse se termine avec succès et que l'incident est résolu, l'équipe d'assistance ayant résolu l'incident enregistre la solution dans le système. Pour certaines solutions, une demande de changement doit être soumise à la gestion des changements. Dans le pire des cas, si aucune solution n'a été trouvée, l'incident demeure ouvert.

4.4.6 Clôture
Une fois qu'une solution a été mise en œuvre, le groupe d'assistance réachemine l'incident au centre de services. Le centre de services contacte la personne qui a signalé l'incident pour s'assurer que l'incident a été résolu de manière appropriée. L'incident peut alors être clos si l'utilisateur confirme qu'il a été résolu correctement. Sinon, le processus redémarre à l'endroit approprié.

Lors de la clôture, l'enregistrement de l'incident doit être mis à jour pour indiquer la catégorie finale, la priorité, les services/utilisateurs/clients touchés et les éléments de configuration identifiés comme étant la cause de l'incident.

4.4.7 Suivi et surveillance de l'avancement

Le centre de services, en tant que « propriétaire » de tous les incidents, est responsable de la surveillance de l'avancement et doit informer l'utilisateur de l'état de son incident. Il peut être judicieux de connaître la réaction de l'utilisateur après une modification de l'état, comme un nouvel acheminement ou un changement du temps de cycle prévu. Pendant le suivi et la surveillance de l'avancement, il peut se produire une escalade fonctionnelle vers d'autres groupes d'assistance ou une escalade hiérarchique pour forcer les décisions dans le sens de la résolution.

4.5 Contrôle des processus

Le contrôle des processus est basé sur les rapports fournis aux différents groupes-cibles. Le gestionnaire des incidents est responsable de ces rapports ainsi que de l'élaboration d'une liste de distribution et d'un calendrier de rapports. Les rapports peuvent être très détaillés et personnalisés pour les fonctions suivantes :

- **Gestionnaire des incidents** – rapport exigé pour :
  - Identification des liens manquants dans le processus
  - Identification des conflits avec les SLA
  - Sauvegarde du processus
  - Identification des tendances
- **Gestion pour la direction informatique** – rapport à l'intention de la direction du groupe d'assistance; pour faciliter le contrôle à l'intérieur de chaque groupe d'assistance. Cela exige des informations sur :
  - La progression de la résolution de l'incident
  - La durée du cycle de vie de l'incident dans les différents groupes d'assistance
- **Gestion des niveaux de service** – ce rapport contient principalement des informations sur la qualité des services fournis. Le gestionnaire des niveaux de service reçoit toutes les informations nécessaires pour fournir des rapports de niveaux de services aux clients. Les rapports aux clients doivent contenir des informations précisant si les accords en matière de niveaux de service dans le processus de gestion des incidents ont été satisfaits.
- **Gestionnaires de processus des autres processus de gestion des services** – les rapports aux gestionnaires des autres processus sont avant tout informatifs. La gestion des incidents peut, par exemple, fournir les informations suivantes basées sur les enregistrements d'incidents :
  - Nombre d'incidents signalés et enregistrés
  - Nombre d'incidents résolus divisé par le temps de résolution
  - Nombre d'incidents non résolus et leur état
  - Incidents par période, groupe de clients, groupe d'assistance et résolution conformément à l'accord sur les niveaux de service
  - Incidents par catégorie et priorité, par groupe d'assistance

4.5.1 Facteurs critiques de succès

Une gestion des incidents réussie exige :

- Une base de données de gestion des configurations à jour pour estimer l'impact et l'urgence des incidents. Cette information peut également être obtenue auprès de l'utilisateur mais elle sera moins complète, peut aussi être très subjective et sa collecte prendra plus de temps.
- Une base de connaissances, par exemple, une base de données à jour des problèmes/erreurs connues pour permettre la comparaison avec des incidents reconnus et comportant les solutions définitives ou de contournement disponibles. Cette base de connaissances doit également comprendre les bases de données des fournisseurs et des autres tierces parties impliquées.
- Un système suffisamment automatisé pour l'enregistrement, le suivi et la surveillance des incidents.
- Des liens étroits avec la gestion des niveaux de service pour assurer les priorités appropriées et les temps de résolution.

4.5.2 Indicateurs de performance

L'évaluation des performances des processus nécessite des objectifs clairement définis et des cibles mesurables, souvent appelés indicateurs de performance. Ceux-ci font l'objet de rapports réguliers, (par ex. hebdomadaires) établis par le Gestionnaire des Incidents, contenant des données historiques qui peuvent être utilisées pour identifier les tendances. Exemples de tels paramètres :

- Nombre total d'incidents
- Temps moyen de résolution
- Temps moyen de résolution, par priorité
- Pourcentage des résolutions conformes aux cibles de l'accord sur les niveaux de service
- Pourcentage d'incidents résolus par le premier niveau d'assistance (sans acheminement)
- Coût moyen d'assistance par incident
- Incidents résolus par poste de travail du centre de services ou par membre de l'équipe du centre de services
- Incidents résolus sans visite à l'utilisateur
- Nombre (ou pourcentage) d'incidents ayant une classification initiale correcte
- Nombre (ou pourcentage) d'incidents correctement acheminés.

4.5.3 Fonctions et rôles

Les processus s'étendent sur toute la hiérarchie de l'organisation. Ça ne peut être réussit que si les responsabilités et les niveaux d'autorité associés aux activités devant être réalisées sont décrits clairement. Pour assouplir les processus, il peut être utile d'adopter une structure basée sur les rôles. Quand il s'agit d'une organisations de petite taille ou quand on veut réduire les coûts, les rôles peuvent être combinés. Par exemple beaucoup d'organisations combinent les rôles de la gestion des changements et de la gestion des configurations.

Gestionnaire des incidents

Dans de nombreuses organisations, le rôle de gestionnaire des incidents est attribué au responsable du centre de services. Le gestionnaire des incidents a les responsabilités suivantes :

- Surveillance de l'efficacité et de l'efficience du processus
- Contrôle du travail des groupes d'assistance
- Présentation des recommandations d'amélioration
- Développement et maintenance du système de gestion des incidents

Personnel des groupes d'assistance

- Le premier niveau d'assistance est responsable de l'enregistrement, du classement, de la correspondance, de l'acheminement, de la résolution (exceptés ceux affectés à d'autres groupes d'assistance) et de la clôture des incidents.
- Les autres groupes d'assistance sont essentiellement impliqués dans l'étude, le diagnostic et la reprise, le tout dans le cadre de priorités définies.

4.6 Coûts et problèmes possibles

4.6.1 Coûts

Les coûts liés à la gestion des incidents comprennent les coûts initiaux de mise en œuvre, comme la définition et la communication du processus et des procédures, la formation et l'instruction du personnel (les clients ainsi que l'équipe d'assistance), ainsi que la sélection et l'achat des outils nécessaires au processus. La sélection des outils peut exiger beaucoup de temps. Il existe également des frais d'exploitation liés au personnel et à l'utilisation des outils. Ces frais dépendent largement de la structure de la gestion des incidents, de l'importance de ses activités, de ses responsabilités et du nombre de sites impliqués.

4.6.2 Problèmes possibles

Il arrive que l'introduction et la mise en œuvre de la gestion des incidents soient confrontées aux problèmes suivants :

- **Les utilisateurs et le personnel informatiques « court-circuitent » les procédures de gestion des incidents** – si les utilisateurs résolvent eux-mêmes les erreurs ou contactent directement le personnel spécialisé sans suivre les procédures, les informations sur des incidents pouvant être critiques pour une gestion réussie des problèmes, des configurations, etc. seront alors incomplètes. De plus, l'organisation informatique n'obtient pas d'informations sur les niveaux de service et le nombre d'erreurs, ce qui produit des rapports de gestion ne décrivant pas convenablement la situation.
- **Surcharge d'incidents et retards** – S'il se produit un nombre important et inattendu d'incidents, chaque incident ne sera pas enregistré efficacement avant que l'incident suivant ne requiert l'attention. Ceci peut conduire à des incidents qui ne seront pas clairement décrits et à une défaillance des procédures d'attribution et d'acheminement. En conséquence, la résolution devient inefficace et la charge de travail augmente encore plus. Il est nécessaire d'avoir sous la main les bonnes qualifications et compétences ainsi qu'un approvisionnement suffisant en ressources. En outre, se préoccuper uniquement du « goulot d'étranglement » de l'entrée peut entraîner des problèmes descendants dans le déroulement des opérations.
- **Escalades** –les incidents qui ne sont pas résolus assez rapidement ou ceux nécessitant des ressources spécialisées pourront déclencher une escalade. Un nombre trop élevé d'escalades peut avoir un impact négatif sur les spécialistes en les écartant de leur travail normal.
- **Manque de définitions et d'accords clairs** – si les services et produits pris en charge, ainsi que les niveaux d'assistance ne sont pas clairement définis dans un catalogue des services et dans les accords sur les niveaux de service ainsi que dans des accords sur les niveaux opérationnels et des contrats de sous-traitance, il est difficile pour la gestion des incidents de gérer et de satisfaire les attentes des clients et des utilisateurs.

- **Manque d'engagement** – la résolution des incidents par des pratiques basées sur les processus exige un haut niveau d'engagement de la part de la direction et du personnel. Si l'introduction de cette approche dans une organisation exige un changement crucial des habitudes de travail, il peut y avoir une sérieuse résistance au sein de l'organisation.

5 Gestion des problèmes

5.1 Introduction

Comme vous l'avez constaté à la lecture du chapitre précédent, la gestion des incidents intervient dès qu'il y a un incident et cesse ses activités une fois que le service a été rétabli à ou aux utilisateurs affecté(s). En d'autres mots, la cause véritable de l'incident n'est pas toujours résolue et l'incident risque de se reproduire.

La gestion des problèmes étudie l'infrastructure et toutes les informations disponibles, y compris la base de données des incidents, pour identifier les causes sous-jacentes des défaillances réelles et potentielles dans la prestation de services. Ces études sont nécessaires parce que l'infrastructure est complexe et décentralisée et parce que les liens entre les incidents ne sont pas toujours évidents. Plusieurs erreurs peuvent ainsi être la cause d'un problème alors que plusieurs problèmes peuvent être associés à la même erreur. Il faut tout d'abord identifier une cause. Une fois la cause sous-jacente identifiée et qu'une solution de contournement acceptable a été produite, le problème devient une erreur connue. Ensuite, après qu'une solution définitive à la cause sous-jacente peut être produite, on peut soumettre une demande de changement pour éliminer l'erreur connue. Même après ce stade, la gestion des problèmes continue de rechercher et de surveiller les erreurs connues dans l'infrastructure. Ainsi, des informations sont enregistrées sur toutes les erreurs connues et identifiées, sur leurs symptômes et sur les solutions disponibles.

5.1.1 Définitions des termes « problème » et « erreur connue »

La figure 5.1 illustre la relation entre un problème, une erreur connue et une demande de changement et définit ces termes.

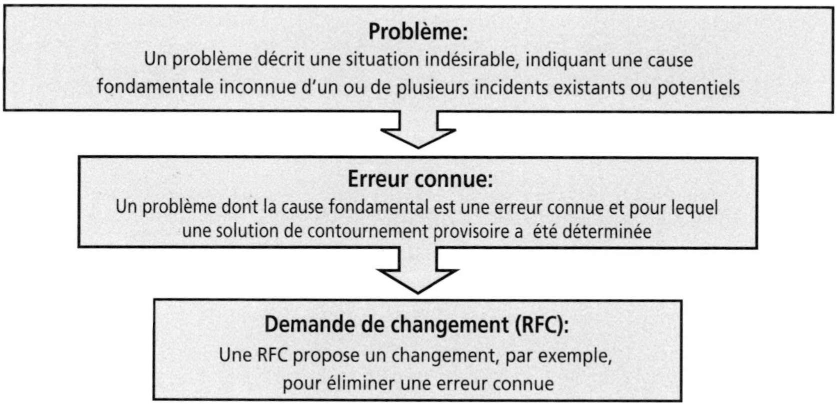

Figure 5.1 Relation entre problèmes et erreurs connues (source : OGC)

Dans l'ITIL le terme «erreur connue» est également employé pour indiquer l'état d'un incident. Dans ce chapitre Gestion des Problèmes nous emploierons le terme «erreur connue» seulement pour des problèmes : une erreur connue est l'état d'un problème qui a été diagnostiqué avec succès et pour lequel une solution de contournement a été trouvée.

5.1.2 Relation avec la gestion des incidents

La gestion des problèmes soutient la gestion des incidents en fournissant des solutions de contournement et des corrections provisoires mais elle n'est pas responsable de la résolution des incidents. La gestion des incidents a pour but de résoudre rapidement un incident par tous les moyens possibles, y compris les solutions de contournement, alors que la gestion des problèmes prend le temps d'identifier la cause fondamentale des incidents et des problèmes et de l'éliminer. Des enregistrements de problème sont créés en plus des enregistrements d'incident. Ainsi, l'étude d'un problème peut conduire à la résolution d'un certain nombre d'incidents s'ils ne sont pas encore résolus.

La figure 5.2 illustre les relations entre les incidents, les problèmes, les erreurs connues et les changements.

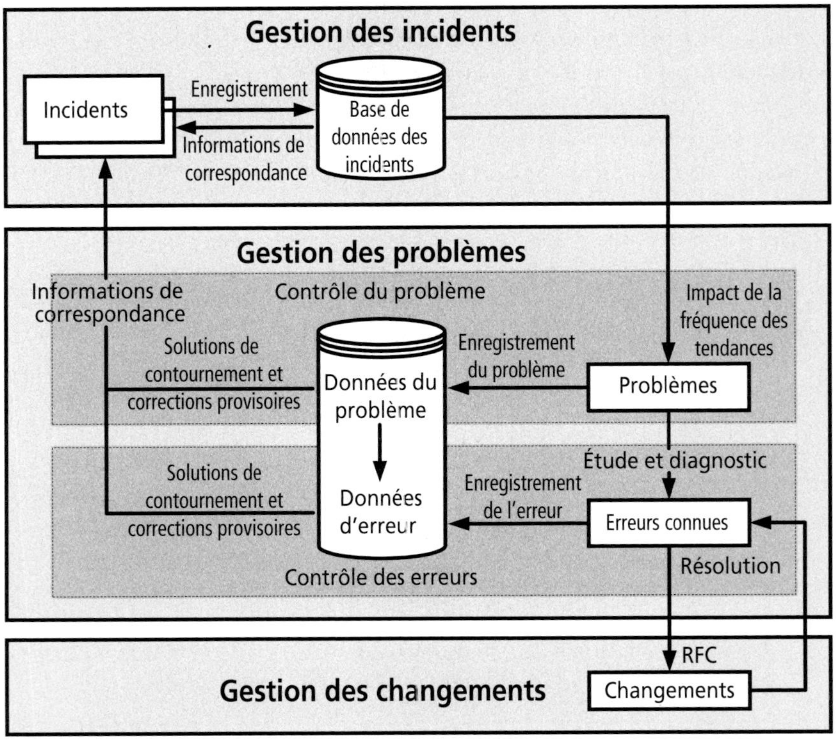

Figure 5.2 Relations entre la gestion des incidents, la gestion des problèmes et la gestion des changements

5.2 Objectif

L'objectif de la gestion des problèmes est de résoudre la cause sous-jacente des incidents et, par conséquent, d'empêcher les incidents de se répéter. La gestion des problèmes comprend des activités proactives et réactives. La gestion réactive des problèmes vise à identifier la cause fondamentale des incidents passés et présente des propositions d'amélioration ou de rectification. La gestion proactive des problèmes vise à empêcher les incidents de se répéter en identifiant les faiblesses de l'infrastructure et en émettant des propositions pour les éliminer.

5.2.1 Bénéfices

La gestion des problèmes vérifie que :

- Les défaillances sont identifiées, documentées, suivies et résolues.
- Les symptômes et les solutions permanentes ou de contournement des défaillances sont documentés.
- Des demandes de changement sont soumises afin de modifier l'infrastructure.
- Les incidents évitables sont évités.
- Des rapports sont établis sur la qualité de l'infrastructure informatique et le processus.

La gestion des problèmes peut améliorer la qualité du service en réduisant de façon importante le nombre d'incidents et la charge de travail de l'organisation informatique. Nous pouvons citer les bénéfices suivants :

- **Amélioration de la qualité et de la gestion des services informatiques** – au fur et à mesure que les erreurs sont documentées ou éliminées.
- **Augmentation de la productivité des utilisateurs** – en améliorant la qualité des services.
- **Augmentation de la productivité du personnel d'assistance** – lorsque les solutions sont documentées, les agents de la gestion des incidents peuvent résoudre les incidents plus rapidement et plus efficacement.
- **Amélioration de la réputation des services informatiques** – étant donné que la stabilité des services augmente, les clients sont plus enclins à confier de nouvelles activités business à l'organisation informatique.
- **Amélioration des connaissances et de l'apprentissage en matière de gestion et d'exploitation** - la gestion des problèmes conserve des données historiques pouvant être utilisées pour identifier les tendances et déboucher sur des mesures permettant d'éviter de nouveaux incidents. Les données historiques sont également utiles pour les études et les diagnostics ainsi que pour la préparation des demandes de changement.
- **Meilleur enregistrement des incidents** – la gestion des problèmes introduit des normes d'enregistrement et de classification des incidents pour identifier efficacement les problèmes et leurs symptômes, ce qui améliore également l'enregistrement des incidents.
- **Meilleur taux de résolution de premier niveau** – étant donné que la gestion des problèmes fournit, dans une base de connaissances, des solutions et des solutions de contournement aux incidents et aux problèmes, le premier niveau d'assistance a plus de chance de pouvoir résoudre les incidents.

5.3 Processus

5.3.1 Activités de Gestion des Problèmes

Les **entrées** de la gestion des problèmes sont les suivantes :

- Détails des incidents, dont les solutions de contournement.
- Détails de configuration provenant de la base de données de gestion des configurations.
- Détails des fournisseurs relatifs aux produits utilisés dans l'infrastructure, y compris les détails techniques et les erreurs connues à l'intérieur de ces produits.
- Le Catalogue des Services et les Accords sur les Niveaux de Service.
- Détails concernant l'infrastructure et la façon dont elle se comporte, tels qu'enregistrements de capacité, mesures de performance, rapports de niveau de service, et cetera.

Les principales **activités** de la gestion des problèmes sont les suivantes :

- **Contrôle des problèmes** : définition, étude et diagnostic : le contrôle des problèmes se concentre sur la transformation de problèmes en erreurs connues.
- **Contrôle des erreurs** : surveillance et contrôle des erreurs connues et lancement des demandes de changement; le contrôle des erreurs se focalise sur la résolution des erreurs connues de manière structurelle par le processus de la gestion des changements.
- **Gestion proactive des problèmes** : prévention des incidents évitables par une amélioration de l'infrastructure et le lancement des demandes de changement.
- **Fourniture d'informations** : rapports sur les résultats et les principaux problèmes.

Les **sorties** comprennent :

- Une base de données des erreurs connues, qui est en fait un sous-ensemble de la base de données des problèmes
- Demandes de changement
- Enregistrements à jour des problèmes (mis à jour avec les informations relatives aux erreurs connues, solutions définitives ou de contournement)
- Enregistrements des problèmes résolus une fois la cause fondamentale éliminée
- Information de gestion

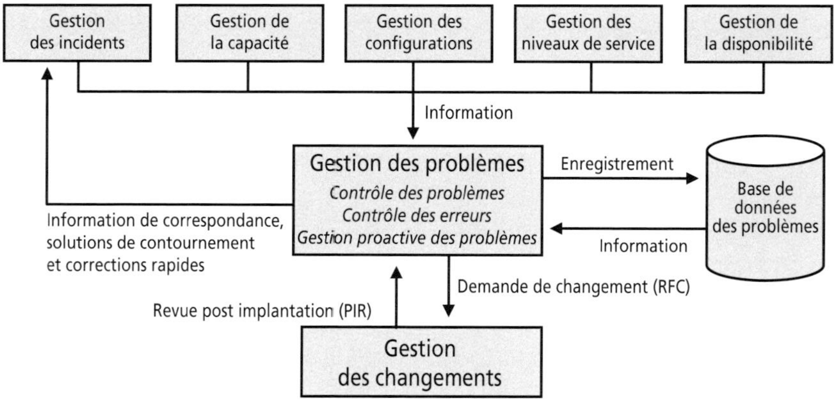

Figure 5.3 Position du processus de gestion des problèmes

5.3.2 Relations avec les autres processus

Les processus suivants sont liés à la gestion des problèmes :

Gestion des incidents

La gestion des incidents est un important fournisseur d'informations à la gestion des problèmes. L'enregistrement correct des incidents est essentiel au succès de la gestion des problèmes puisque ces informations sont utilisées pour identifier les problèmes.

La gestion des problèmes soutient le processus de gestion des incidents. La gestion des problèmes analyse le problème et fournit une solution de contournement (trouvée au cours de l'étude du problème) à la gestion des incidents pour traiter l'incident jusqu'à ce qu'une solution ait été trouvée au problème. Une fois la cause identifiée et une erreur connue définie, il peut être possible de fournir une correction qui évitera, temporairement, l'occurrence d'autres incidents ou qui réduira l'impact d'un incident. Dans l'idéal, la gestion des problèmes lance une demande de changement qui conduira à une résolution définitive.

Remarque : La gestion des incidents et la gestion des problèmes peuvent fournir des solutions de contournement.

Gestion des changements

La gestion des changements est responsable de la mise en œuvre contrôlée des changements, y compris les demandes de changement proposées par la gestion des problèmes afin d'éliminer les problèmes. La gestion des changements est responsable de l'évaluation de l'impact et des ressources nécessaires, de la planification, de la coordination et de l'évaluation des changements demandés. Elle doit aussi informer la gestion des problèmes des progrès et du résultat des changements correctifs. Ces progrès et ce résultat sont évalués en consultation avec la gestion des problèmes. Cela se traduit par une revue post implantation après quoi tous les enregistrements des incidents et des problèmes associés (erreurs connues) peuvent être clos, à condition que le changement ait été un succès.

Gestion des configurations

La gestion des configurations fournit des informations essentielles relatives aux composants de l'infrastructure, aux plans détaillés, aux configurations des matériels et des logiciels, et aux services. Le processus de gestion des configurations établit également des relations entre ces composants, pouvant se traduire par « en relation avec », « utilise » et « fait partie de ». Ces relations sont d'une importance vitale pour les études de la gestion des problèmes, car elles définissent les interactions concernant toute l'infrastructure informatique.

Gestion de la disponibilité

La gestion de la disponibilité a pour but de planifier et de réaliser les niveaux de disponibilité convenus et de fournir des informations à la gestion des problèmes. Cette dernière soutient la gestion de la disponibilité en identifiant les causes d'indisponibilité et en y remédiant. La gestion de la disponibilité traite de la conception et de l'architecture de l'infrastructure. Elle vise à éviter les problèmes et incidents en améliorant la conception, la planification et la surveillance de la disponibilité. La gestion des problèmes travaille souvent avec la gestion de la disponibilité pour analyser des défaillances du service (Analyse de l'interruption du service (SOA)).

Gestion de la capacité

La gestion de la capacité améliore l'utilisation des ressources informatiques. La gestion de la capacité fournit des informations essentielles à la gestion des problèmes qui peuvent être utilisées pour définir les problèmes. La gestion des problèmes soutient la gestion de la capacité en identifiant les causes de problèmes liés à la capacité et en les corrigeant.

Gestion des niveaux de service

La gestion des niveaux de service comprend la négociation et l'agrément des objectifs de qualité pour la fourniture des services informatiques. La gestion des niveaux de service fournit des informations à la gestion des problèmes qui sont utilisées pour définir les problèmes. Les procédures de la gestion des problèmes doivent aider à atteindre les niveaux de qualité de service convenus. La gestion des problèmes remplit également ce rôle pour la gestion financière et la gestion de la continuité des services informatiques.

5.4 Activités

5.4.1 Contrôle des problèmes

Cette activité est responsable de l'identification des problèmes et de la recherche de leurs causes. La tâche cruciale du contrôle des problèmes est de transformer les problèmes en erreurs connues en diagnostiquant la cause sous-jacente inconnue du problème. Les activités de contrôle des problèmes sont présentées à la figure 5.4.

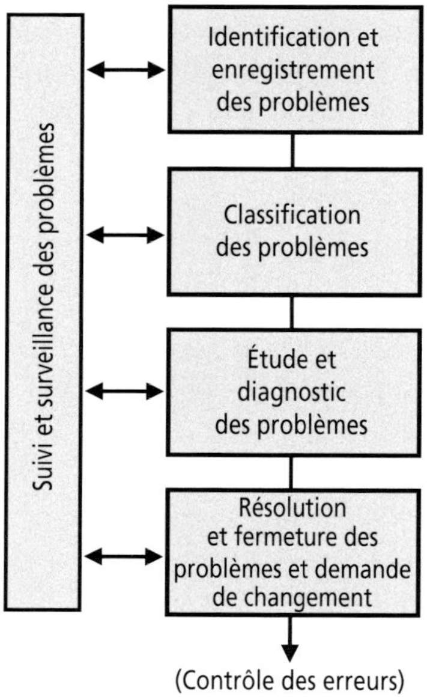

Figure 5.4 Contrôle des problèmes (source : OGC)

Identification et enregistrement des problèmes

En principe, tout incident ayant une cause inconnue doit être associé à un problème. Cependant, ceci n'a de la valeur qu'à condition que l'incident se produise de façon répétée ou qu'on s'attende à ce qu'il se reproduise ou s'il s'agit d'un incident isolé significatif.

L'activité « d'identification des problèmes » est souvent assignée aux analystes des problèmes. Cependant, d'autres personnes, comme le personnel de gestion de la capacité, peuvent également aider à l'identification des problèmes.

Les détails des problèmes sont similaires aux détails des incidents, mais il n'est pas nécessaire d'inclure des informations relatives à l'utilisateur, et cetera. Cependant, les incidents liés au problème doivent être identifiés et reliés au problème.

Exemples de circonstances dans lesquelles les problèmes sont identifiés :
- L'analyse d'un incident indique qu'un incident se reproduit et mène à un volume significatif ou à une tendance.
- L'analyse de l'infrastructure identifie des zones de faiblesse où de nouveaux incidents risquent de se produire (analyse également effectuée par la gestion de la disponibilité et la gestion de la capacité).
- Un incident grave se produit, exigeant une solution permanente, car il faut éviter qu'il ne se reproduise.
- Les niveaux de service sont menacés (capacité, performance, coûts, et cetera).
- Les incidents enregistrés ne peuvent pas être liés à un problème existant ni à une erreur connue.

L'analyse des tendances peut permettre de mettre en évidence des domaines nécessitant plus d'attention. Les efforts supplémentaires peuvent être exprimés en termes de coûts et d'avantages pour l'organisation. Par exemple, en identifiant les domaines nécessitant davantage de soutien et en déterminant la mesure dans laquelle ils sont en rapport avec les services fournis.

Cette évaluation peut être basée sur la gravité, l'aspect « douloureux » des incidents qui prend en compte les éléments suivants :
- L'impact causé par les incidents sur les activités business.
- Nombre d'incidents.
- Nombre d'utilisateurs ou de processus business touchés.
- Temps et coûts consacrés à la résolution des incidents.

Classification et attribution des problèmes

Les problèmes peuvent être classés par domaine (catégorie). L'identification indique les éléments de configuration de niveau le plus bas qui ont une incidence sur le problème. La classification est accompagnée d'une analyse d'impact qui établit la gravité du problème et son effet sur les services (urgence et impact). Ensuite, une priorité est attribuée, de la même façon que dans le processus de gestion des incidents. Le personnel et les ressources sont alors affectés en fonction de la classification du problème et du temps est libéré pour résoudre le problème.

La classification comprend :
- **Catégorie** : identification du domaine concerné, par exemple matériel ou logiciel
- **Impact** sur les processus business
- **Urgence** : mesure dans laquelle la résolution peut être reportée
- **Priorité** : combinaison de l'urgence, de l'impact, du risque et des ressources nécessaires
- **État** : par ex. problème, erreur connue, résolu, fermé en attendant une revue post implantation (PIR)

La classification n'est pas statique mais peut changer pendant le cycle de vie d'un problème. Ainsi, la disponibilité d'une solution de contournement ou d'une correction provisoire peut réduire l'urgence et l'impact du problème alors que de nouveaux incidents peuvent accroître son impact et son urgence.

Étude et diagnostic des problèmes

Cette phase est itérative – elle se répète plusieurs fois en se rapprochant chaque fois de la solution désirée. Souvent, on tente de reproduire l'incident dans un environnement de test. Un niveau d'expertise plus élevé est parfois nécessaire. Des spécialistes d'un groupe d'assistance peuvent ainsi participer à l'analyse et au diagnostic du problème.

Les problèmes ne sont pas uniquement causés par le matériel et les logiciels. Ils peuvent être occasionnés par une erreur de documentation, une erreur humaine ou une erreur de procédure comme, par exemple, la diffusion de la mauvaise version d'un logiciel. Par conséquent, il est utile d'inclure des procédures dans la base de données de gestion des configurations et de les soumettre au contrôle des versions. La plupart des erreurs peuvent être liées à des composants de l'infrastructure.

Une fois la cause du problème connue et l'élément de configuration (CI) ou la combinaison identifiée de CI responsables, un lien peut être établi entre le CI et les incidents et une erreur connue peut alors être définie, à condition qu'une solution de contournement acceptable ait été produite. Ensuite, la gestion des problèmes poursuit les activités de contrôle des erreurs et de contrôle des problèmes.

Corrections provisoires

Pendant le processus de résolution, il peut être nécessaire d'approuver une correction provisoire ou une correction de secours si le problème cause de sérieux incidents. Si une correction provisoire exige la modification de l'infrastructure, une demande de changement devra d'abord être soumise (avant que la cause fondamentale n'ait été déterminée). Si le sujet est très grave et que le délai est inacceptable, il faudra peut-être suivre la procédure de demande de changement d'urgence.

5.4.2 Contrôle des erreurs

Le contrôle des erreurs consiste à surveiller et gérer les erreurs connues jusqu'à ce qu'elles soient résolues pour autant que leur résolution soit possible et appropriée. Pour atteindre cet objectif, le contrôle des erreurs soumet une demande de changement à la gestion des changements et évalue les changements lors de la revue post implantation. Le contrôle des erreurs surveille toutes les erreurs connues depuis leur identification jusqu'à leur résolution. Il peut impliquer de nombreux départements et couvrir les environnements de production et de développement.

Identification et enregistrement des erreurs

Une fois la cause du problème identifiée et l'élément de configuration correspondant connu, et après qu'une solution de contournement a été produite, le problème devient, ou se voit relié à, une « erreur connue » et le processus de contrôle des erreurs démarre. Tout ceci peut alors être communiqué à la gestion des incidents, s'il reste des incidents ouverts. L'erreur connue et la solution de contournement peuvent ensuite être utilisées également dans le processus de correspondance des incidents afin d'améliorer la résolution des incidents.

Évaluation de l'erreur, recherche d'une solution

Le personnel impliqué dans la gestion des problèmes évalue ce qui est nécessaire pour résoudre les problèmes et - une fois la cause fondamentale déterminée - les erreurs connues. Il compare différentes solutions, tenant compte des accords sur les niveaux de service, des coûts et des

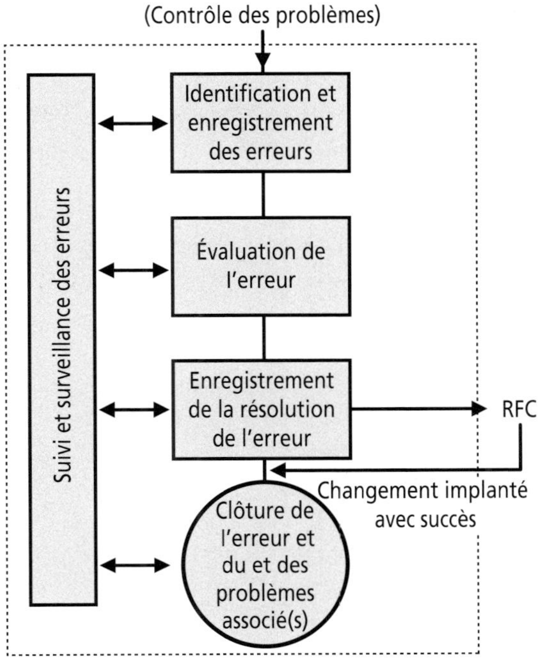

Figure 5.5 Contrôle des erreurs (source : OGC)

avantages, ainsi que de l'impact et de l'urgence de la demande de changement. Toutes les activités de résolution doivent être enregistrées et des installations doivent être prévues pour surveiller les problèmes (erreur connue) afin de déterminer leur état.

Détermination de la solution choisie, enregistrement de la résolution

La gestion des problèmes doit *déterminer* la solution business la plus appropriée à chaque problème. Ceci implique de choisir entre une correction provisoire ou une résolution définitive, ou si en fait les deux sont nécessaires. Sinon, il peut être décidé de *ne pas* corriger un problème, par exemple quand la correction ne se justifie pas d'un point de vue business. Ainsi, une société qui rencontre des défaillances de son système de procédure de reprise développé au sein de l'entreprise peut avoir déclaré un moratoire sur toutes les corrections de code du système existant suite à la décision stratégique de la société de passer à SAP à la fin de l'année. Dans ce cas ou dans des cas similaires, il se peut que le coût de la correction soit supérieur aux avantages. Dans la plupart des cas, le coût de la résolution est acceptable et l'incident est facilement clôt. Dans certains cas, il sera impossible de résoudre les problèmes et leurs incidents associés sans un effort disproportionné. Quelle que soit la décision prise, les informations concernant l'erreur connue doivent être enregistrées et mises à la disposition de la gestion des incidents.

Une fois qu'une solution appropriée a été identifiée, on dispose de suffisamment d'informations pour soumettre une demande de changement. La gestion des changements gère ensuite la mise en œuvre de la résolution réelle par le biais d'une demande de changement.

Sources de défaillances dans d'autres environnements

Dans la plupart des cas, les défaillances ne sont identifiées que dans l'environnement de production. Cependant, les produits de l'environnement de développement (fournisseur externe ou développeur interne) peuvent également contenir des défaillances et des erreurs connues (défauts). Remarque : Pour une organisation de développement, l'environnement de développement logiciel est son environnement de production. Normalement, l'environnement de développement et les fournisseurs devraient indiquer les défaillances (bogues) contenues dans une version indiquée. Les sites Web et les magazines spécialisés fournissent souvent des informations sur les défauts contenus dans les produits populaires. Certains fournisseurs proposent des bases de données de connaissances pour leurs produits contenant des erreurs connues.

Si l'erreur connue dans le produit fourni n'est pas trop grave et que la solution de contournement est acceptable, ou s'il y a un impératif business à poursuivre avec cette version en dépit de cette imperfection, il peut être décidé d'employer l'article développé dans l'environnement de production. Il est alors essentiel que les erreurs connues, ainsi que leurs solutions de contournement soient incluses dans le contrôle d'erreur. Un lien est fourni à la gestion des incidents pour qu'elle puisse s'assurer que des incidents résultant de la mise en œuvre pourront être rapidement identifiés. Avant de commencer la mise en œuvre, la gestion des changements devra décider si ces erreurs connues sont acceptables. Cette décision est souvent prise sous une pression considérable alors que les utilisateurs attendent avec impatience la nouvelle fonctionnalité.

Revue post implantation

Une fois mis en œuvre, les changements destinés à résoudre les problèmes, les erreurs connues et leurs incidents associés doivent être étudiés dans le cadre de la revue post implantation avant que les enregistrements associés puissent être fermés. Si le changement a réussi, alors tous les enregistrements des problèmes et des erreurs connues pourront être clos. Dans le cas de l'enregistrement d'un problème, son état passe à « résolu » dans la base de données des problèmes. La gestion des incidents est informée que les incidents associés au problème peuvent également être clos. Pour des problèmes majeurs une revue de problème majeur séparée doit également être entreprise pour comprendre :

- ce qui a été bien fait.
- ce qui a été fait mal.
- comment pouvons-nous faire mieux la prochaine fois.
- comment pouvons-nous empêcher la répétition de la défaillance.

Remarque : de nombreuses organisations mettent en œuvre un processus pour empêcher de clore le problème avant que les incidents connexes ne soient clos (et par conséquent vérifiés comme clos par le client). Dans le cas contraire, le problème doit être rouvert si les incidents connexes n'ont pu être clos.

Suivi et surveillance

Cette activité surveille le déroulement des problèmes et des erreurs connues durant toutes les étapes de leur cycle de vie. Ces actions sont effectuées à la fois par le contrôle des problèmes et par le contrôle des erreurs. Les objectifs sont les suivants :

- Déterminer les changements au niveau de l'impact ou de l'urgence du problème en modifiant le degré de priorité attribué, lorsque c'est nécessaire.

- Surveiller le déroulement du diagnostic et de la mise en œuvre de la solution et vérifier le succès de la demande de changement. Par conséquent, la gestion des changements informe régulièrement la gestion des problèmes de l'évolution des demandes de changements soumises.

5.4.3 Gestion proactive des problèmes

En général, la gestion proactive des problèmes se penche sur la qualité des services et de l'infrastructure. La gestion proactive des problèmes (c'est-à-dire la prévention des problèmes) se concentre sur l'analyse des tendances et sur l'identification des incidents potentiels avant qu'ils ne se produisent. Pour ce faire, elle examine les composants qui peuvent être faibles ou surchargés. S'il existe plusieurs domaines, on tente d'empêcher que les défaillances se produisant dans un domaine donné surviennent également dans d'autres domaines. Les faiblesses des composants de l'infrastructure peuvent être identifiées et examinées.

5.4.4 Fourniture d'informations

Durant le processus, les informations sur les solutions de contournement et les corrections provisoires sont fournies à la gestion des incidents. Tout utilisateur affecté peut ensuite être rapidement informé par le Centre de Service. La gestion des problèmes utilise la CMDB pour déterminer les informations à fournir et les destinataires. L'accord sur les niveaux de service peut également fournir des informations sur ce qui a été communiqué et sur les destinataires.

5.5 Contrôle des processus

5.5.1 Facteurs critiques de succès

Une gestion réussie des problèmes dépend des éléments suivants :

- Un cadre des processus et un ensemble d'objectifs des processus, d'interfaces et de ressources bien définis.
- Un ensemble complet et bien documenté de procédures.
- De bonnes données de gestion des incidents et une coopération efficace entre la gestion des incidents et la gestion des problèmes est essentielle. Lors de l'attribution des tâches et des activités, il y a lieu de tenir compte du conflit entre l'aspect « plan d'attaque » de la gestion des incidents et le travail de fond que représente l'identification des causes fondamentales par la gestion des problèmes.

5.5.2 Rapports de gestion et indicateurs de performance

Le succès de la gestion des problèmes est démontré par :

- La réduction du nombre d'incidents en gérant et en résolvant les problèmes.
- La réduction du temps nécessaire à la résolution des problèmes.
- La diminution des coûts liés à la résolution des défaillances.

Les paramètres de processus peuvent également faire l'objet de rapports destinés à la gestion interne pour évaluer et contrôler l'efficience de la gestion des problèmes.

Les rapports de gestion des problèmes peuvent être approfondis et couvrir les sujets suivants :

- **Rapports de temps** : divisés entre le contrôle des problèmes, le contrôle des erreurs et la gestion proactive des problèmes et par groupe d'assistance et fournisseur.
- **Qualité des composants** : les détails relatifs aux incidents, aux problèmes et aux erreurs connues peuvent servir à identifier les composants touchés par de fréquentes défaillances et à déterminer si les fournisseurs satisfont à leurs obligations contractuelles.
- **Efficacité de la gestion des problèmes** : détails relatifs au nombre d'incidents, avant et après la résolution d'un problème, aux problèmes enregistrés, aux erreurs connues enregistrées et au nombre de demandes de changement soumises et mise en œuvre avec succès.
- **Relations entre la gestion réactive et proactive des problèmes** : l'augmentation des interventions proactives en lieu et place de réactions aux incidents indique la maturité croissante du processus.
- **Développement de la qualité des services** : les services et les composants fournis par l'environnement de développement doivent être de haute qualité pour ne pas engendrer de nouvelles défaillances. Les rapports concernant les nouveaux services et composants ainsi que leurs erreurs connues sont applicables à la surveillance de la qualité.
- **États et plans d'action pour problèmes non résolus** : résumé de ce qui a été fait jusqu'à présent et de ce qui va être fait pour réduire l'impact des problèmes, y compris les demandes de changement planifiées ainsi que le temps et les ressources nécessaires.
- **Propositions d'amélioration de la gestion des problèmes** : si les informations relatives aux facteurs ci-dessus indiquent que le processus n'est pas conforme aux objectifs du processus de gestion des problèmes dans le plan de qualité des services, des propositions peuvent être émises pour l'amélioration du processus et l'identification des ressources supplémentaires nécessaires. Des audits réguliers peuvent être faits pour revoir, planifier et améliorer le processus.

Les rapports dépendent de l'étendue de la gestion des problèmes. Si la gestion des problèmes couvre les produits dans l'environnement de développement, les erreurs connues peuvent être définies et surveillées par la gestion des problèmes, même pendant le développement du logiciel.

5.5.3 Fonctions et rôles

Les processus traversent les fonctions ou les départements de l'organisation et de sa hiérarchie. Des processus efficaces exigent que les responsabilités et les niveaux d'autorité associés à leur mise en œuvre soient clairement définis. Pour assurer une certaine flexibilité, il peut être utile d'adopter une approche basée sur les rôles. Quand il s'agit d'une organisation de petite taille ou quand on veut réduire les coûts, les rôles peuvent être combinés, comme la gestion des problèmes et la gestion de la disponibilité, par exemple. Le dernier point du paragraphe 5.5.2 explique pourquoi de nombreuses organisations évitent la combinaison gestionnaire des incidents/du centre de services et gestionnaire des problèmes.

Gestionnaire des problèmes

Le gestionnaire des problèmes est responsable de toutes les activités de gestion des problèmes telles que :

- Développement et maintenance des procédures de contrôle des problèmes et du contrôle des erreurs
- Évaluation de l'efficacité et de l'efficience du contrôle des problèmes et du contrôle des erreurs

- Fourniture d'informations de gestion et leur usage pour éviter de façon proactive la répétition des incidents et des problèmes
- Administration du personnel de gestion des problèmes
- Acquisition de ressources pour les activités
- Développement et amélioration des systèmes de contrôle des problèmes et de contrôle des erreurs
- Conduite de revues 'Post Mortem' ou de Problème Majeur.
- Analyse et évaluation de l'efficacité de la gestion proactive des problèmes

Rôles de soutien
Les responsabilités du personnel ayant un rôle de soutien dans ce processus sont les suivantes :
- **Responsabilités réactives :**
  - Identification et enregistrement des problèmes en analysant les détails de l'incident
  - Étude et gestion des problèmes sur la base de leur priorité
  - Soumission des demandes de changement
  - Surveillance du déroulement de la progression des erreurs connues
  - Conseils à la gestion des incidents relatifs aux solutions de contournement et aux corrections provisoires
- **Responsabilités proactives :**
  - Identification des tendances
  - Soumissions des demandes de changement
  - Prévention de la propagation des problèmes à d'autres systèmes

5.6 Coûts et problèmes possibles

5.6.1 Coûts
En plus des coûts des outils de soutien et de diagnostic, il convient de tenir compte des coûts de personnel. Dans le passé, on réservait rarement du temps pour ces activités. En plus du personnel informatique interne impliqué dans la gestion des problèmes, il faut aussi tenir compte des coûts d'utilisation de compétences supplémentaires des fournisseurs externes et des organisations d'assistance. Les avantages offerts par ces activités doivent l'emporter largement sur les dépenses encourues.

5.6.2 Problèmes possibles
Dans la mesure du possible, les situations suivantes doivent être évitées lors de la mise en œuvre de la gestion des problèmes :
- **Lien de mauvaise qualité entre la gestion des incidents et la gestion des problèmes** : si l'interface entre les détails des incidents, des problèmes et des erreurs connues est de mauvaise qualité, la gestion des incidents n'est pas informée des solutions de contournement existant pour les problèmes et il est difficile pour la gestion des problèmes d'estimer et de surveiller l'impact des problèmes. Il y aura aussi moins de connaissances documentées concernant l'infrastructure informatique et moins de données historiques. Le succès de la gestion des problèmes dépend largement de l'établissement de ce lien entre les deux processus.
- **Mauvaise communication des erreurs connues entre l'environnement de développement et l'environnement réel de production** : le logiciel et l'infrastructure technique transférés

dans l'environnement de production doivent être accompagnés des détails de toutes les erreurs connues. Le transfert de la connaissance des erreurs connues au moment de la mise en place du système évite les pertes de temps résultant du diagnostic d'erreurs déjà connues. Ainsi, il doit y avoir un échange efficace de données entre les deux systèmes d'archivage ou il doit y avoir un système unifié.

- **Manque d'engagement** : si l'approche précédente était informelle, il peut y avoir une certaine résistance envers une approche formalisée de la gestion des problèmes, en particulier en ce qui concerne la documentation et le contrôle du temps. Par conséquent, le personnel impliqué dans les activités de gestion des problèmes doit être tenu bien informé du déroulement de la mise en œuvre du processus.

6 Gestion des configurations

6.1 Introduction

Chaque organisation informatique dispose d'informations concernant son infrastructure. De telles informations ont plus de chances d'être disponibles après le développement de projets importants. Il est essentiel toutefois de maintenir les informations à jour. La gestion des configurations a pour objectif de fournir des détails fiables et actualisés sur l'infrastructure informatique. Plus important encore, ces détails comprennent non seulement les détails relatifs à des éléments spécifiques de l'infrastructure (éléments de configuration, ou CI) mais aussi les relations entre ces CI. Ces relations forment la base de l'évaluation de l'impact.

La gestion des configurations vérifie si les changements de l'infrastructure informatique ont été enregistrés correctement, y compris les relations entre les CI. Elle surveille l'état des composants informatiques afin d'obtenir une image exacte des versions des éléments de configuration (CI) existants.

Si la gestion des configurations est mise en œuvre efficacement, elle peut fournir des informations sur les sujets suivants :

- **Politiques des produits :**
  - Quels composants informatiques utilisons-nous actuellement, combien en utilisons-nous de chaque modèle (version) et depuis quand les avons-nous?
  - Quelles sont les tendances dans les différents groupes de produits?
  - Quels composants informatiques peuvent être retirés progressivement et quels éléments nécessitent une mise à jour?
  - Quelles licences avons-nous et sont-elles appropriées?
  - Quels contrats de maintenance faut-il examiner?
  - Quel est le degré de normalisation de notre infrastructure informatique?
- **Information de dépannage et évaluation d'impact :**
  - De quels composants informatiques avons-nous besoin pour une procédure de reprise après sinistre?
  - Le plan de reprise après sinistre sera-t-il encore efficace si les configurations sont modifiées?
  - Quels composants informatiques sont touchés par un déploiement?
  - À quel réseau l'équipement est-il connecté?
  - Quels modules logiciels sont compris dans chaque suite?
  - Quels composants informatiques sont touchés par un changement?
  - Quelles demandes de changement sont à l'étude pour des composants informatiques spécifiques?
  - Quels incidents et problèmes se sont produits dans le passé et sont actuellement applicables?
  - Quels composants informatiques sont responsables des erreurs connues?
- **Fourniture de services et facturation :**
  - Quelles configurations de composants informatiques sont essentielles pour certains services?
  - Quels composants informatiques sont utilisés sur un site et qui les utilise?

- Quels sont les composants informatiques standard que les utilisateurs peuvent commander et pour lesquels nous offrons une assistance (catalogue de produits)?

6.1.1 Concepts de base

Éléments de configuration (CI)

Dans la terminologie de la gestion des configurations, les composants informatiques et les services fournis avec ces composants portent le nom d'éléments de configuration (CI). Comme l'illustre la figure 6.1, les CI peuvent comprendre le matériel PC, toutes sortes de logiciels, les composants actifs et passifs du réseau, les serveurs, les unités centrales, la documentation, les procédures, les services et tous les autres composants informatiques à contrôler par l'organisation informatique.

Si la gestion des configurations est appliquée aux systèmes d'information plutôt qu'à la seule technologie de l'information, la base de données de gestion des configurations (CMDB) peut également être utilisée pour stocker et contrôler les détails des utilisateurs informatiques, du personnel informatique et des unités d'affaires (Business Unit). Ces CI seront également soumis à la gestion des changements, par exemple dans les processus d'introduction et de départ du personnel.

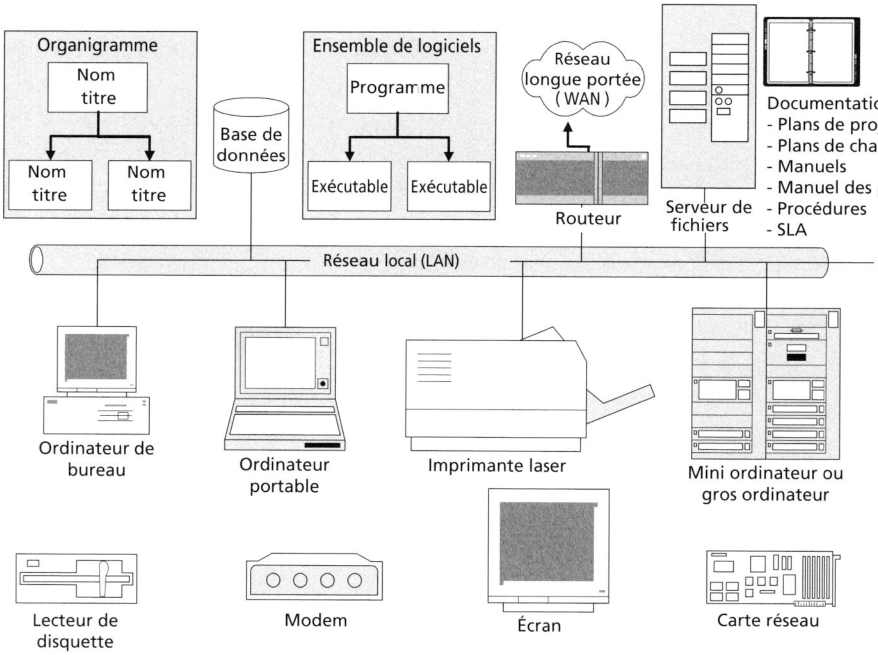

Figure 6.1 Éléments de configuration

Base de données de gestion des configurations (CMDB)

Tous les CI sont compris dans la CMDB. La CMDB assure un suivi de tous les composants informatiques, de leur version et de leur état, ainsi que des relations existant entre eux. Dans sa forme la plus simple, une CMDB pourrait être composée de formulaires papier ou d'un ensemble de feuilles de calcul électronique.

Les départements de développement utilisent souvent une sorte de CMDB pour le contrôle des versions de tous les modules de programme. Une CMDB pourrait être composée de plusieurs bases de données physiques formant une entité logique. Il est judicieux d'en optimiser l'intégration.

La gestion des configurations ne doit pas être confondue avec la gestion des actifs.
- **La gestion des actifs** - est un processus comptable destiné à surveiller la dépréciation des actifs dont le prix d'achat dépasse une limite définie, en enregistrant le prix d'achat, la dépréciation, les unités d'affaires (Business Units) et l'emplacement. Un système de gestion des actifs efficace peut fournir une base pour la mise en place d'un système de gestion des configurations.
- **La gestion des configurations** - va plus loin en conservant les informations relatives aux relations entre les CI (éléments de configuration) ainsi que la normalisation et l'autorisation des CI. La gestion des configurations surveille également les réactions aux informations en vigueur telles que l'état des composants informatiques, leurs emplacements et les changements qui leur ont été apportés.

6.2 Objectifs

La gestion des configurations a pour but de contribuer à gérer la valeur économique des services informatiques (une combinaison d'exigences des clients, de qualité et de coûts) en préservant un modèle logique de l'infrastructure et des services informatiques et en fournissant des informations les concernant aux autres processus business. Pour cela, la gestion des configurations identifie, surveille, contrôle et fournit des informations sur les éléments de configuration et leurs versions.

Les objectifs de la gestion des configurations sont les suivants :
- Conservation d'enregistrements fiables des détails des composants informatiques et des services fournis par l'organisation
- Fourniture d'informations précises et de documentation pour soutenir les autres processus de gestion des services

6.2.1 Avantages

La gestion des configurations contribue à la prestation rentable de services informatiques de haute qualité de la façon suivante :
- **Gestion des composants informatiques** - les composants informatiques sont essentiels pour la fourniture des services. Chaque élément des services comprend un ou plusieurs CI et la gestion des configurations vérifie ce qu'ils deviennent.
- **Services de grande qualité** – la gestion des configurations contribue au traitement des changements, à l'identification et à la résolution des problèmes et à l'assistance offerte aux utilisateurs. Elle permet ainsi de réduire le nombre d'erreurs et, par conséquent, les coûts en évitant la redondance inutile des efforts.
- **Résolution efficace des problèmes** – la gestion des configurations contribue à localiser les CI touchés et gère leur modification et leur remplacement. La gestion des configurations fournit également des informations sur les tendances en tant que données d'entrée de la gestion des problèmes.

- **Traitement plus rapide des changements** – la gestion des configurations facilite une analyse d'impact rapide et précise de façon à ce que les changements puissent être traités plus rapidement et plus efficacement.
- **Meilleur contrôle des logiciels et du matériel** – le déploiement des progiciels peut être combiné éventuellement avec celui du matériel de façon à ce que toute la combinaison puisse être testée à l'avance. La CMDB et les bases de référence (instantanés de l'infrastructure, positions enregistrées) peuvent être utilisées pour mettre au point des plans de test et de distribution pour des groupes spécifiques. La CMDB contient également des détails relatifs aux versions fiables des logiciels pour les annulations de changements.
- **Sécurité améliorée** – la gestion des versions utilisées fournit des informations sur les changements autorisés concernant les CI et sur l'utilisation de versions différentes des logiciels. Les informations de la CMDB peuvent aussi aider à la surveillance des licences.
- **Conformité aux exigences légales** – les copies illégales sont identifiées lorsque les résultats d'audit sont comparés à la CMDB, ce qui procure des avantages supplémentaires car les logiciels illégaux peuvent contenir des virus. De cette façon, la gestion des configurations peut empêcher l'introduction de virus dans l'organisation. L'introduction par le personnel, de logiciels illégaux et contaminés est parfois difficile à éviter dans certaines organisations. Toutefois, le fait que les membres du personnel *sachent* qu'ils seront découverts à cause de l'existence de la gestion des configurations, de la CMDB et des audits et le fait de savoir que des sanctions disciplinaires seront prises peut certainement décourager ces pratiques. On ne connaît jamais toutefois la raison qui pousse les membres du personnel à enfreindre les règlements sur les logiciels illégaux.
- **Planification plus précise des dépenses** – la CMDB peut fournir des informations concernant les coûts et les contrats de maintenance, les licences et les dates d'expiration.
- **Meilleur soutien pour la gestion de la disponibilité et la gestion de la capacité** – ces processus dépendent de détails de configuration corrects pour les services d'analyse et de planification.
- **Base solide pour la gestion de la continuité des services informatiques** – la CMDB peut jouer un rôle important lors du rétablissement des services après un sinistre pour autant qu'il en existe une copie de sauvegarde en lieu sûr. La CMDB est également essentielle pour l'identification des CI nécessaires pour la reprise après sinistre, y compris les procédures connexes et les manuels s'ils font partie de la CMDB.

6.3 Processus

6.3.1 Activités de la gestion des configurations

Ce qui suit est un résumé des processus de gestion des configurations. Les deux premiers secteurs, planifications et identifications, concernent l'établissement d'une discipline tandis que les autres ont à voir avec le respect de cette discipline :

- **Planification** : détermination de la stratégie, des politiques et des objectifs du processus, analyse des informations disponibles, identification des outils et ressources, création d'interfaces avec les autres processus, projets, fournisseurs, et cetera.
- **Identification** : configuration du processus pour tenir à jour la base de données. Les activités comprennent le développement d'un modèle de données pour l'enregistrement de tous les composants de l'infrastructure informatique, les relations entre eux et les informations

concernant leur propriétaire ou la personne qui en est responsable, l'état et la documentation disponible. Les procédures pour des nouveaux CI et pour leurs changements doivent également être développées. Étant donné que les exigences en matière d'informations changent en permanence, l'identification de données de configuration change également de façon continue.

- **Contrôle** : le contrôle vérifie que la CMDB est continuellement à jour en acceptant, enregistrant et surveillant uniquement les CI autorisés et identifiés. Le contrôle vérifie qu'il n'y a pas de CI ajoutés, modifiés, remplacés ou retirés sans la présence de documentation appropriée, comme une demande de changement approuvée ou une spécification mise à jour.
- **Surveillance de l'état** : sauvegarde des détails en vigueur et des détails historiques sur l'état des CI pendant leur cycle de vie. La surveillance de l'état peut être utilisée pour identifier les changements de l'état tels que : « en cours de développement », « en cours de test », « stock », « utilisation réelle » et « éliminé progressivement ».
- **Vérification** : vérification de la base de données de gestion des configurations au moyen d'audits de l'infrastructure informatique pour s'assurer de l'existence de CI enregistrés et pour vérifier l'exactitude des enregistrements.
- **Communication** : pour fournir des informations à d'autres processus et pour émettre des rapports sur les tendances et les développements dans l'utilisation des CI.

6.3.2 Relations avec les autres processus

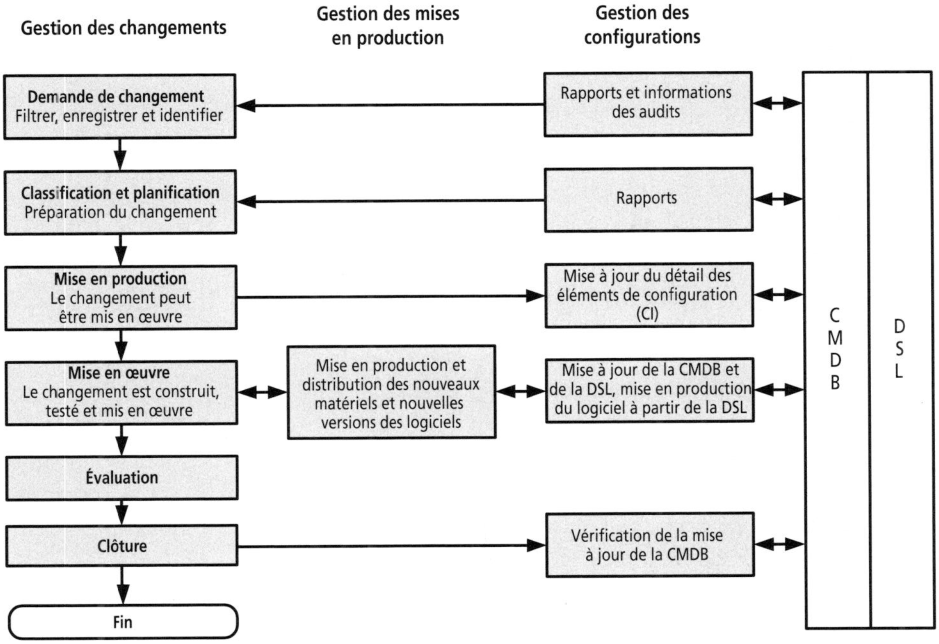

Figure 6.2 : Relations entre la CMDB et les autres processus (source : OGC)

La gestion des configurations est fortement dépendante d'un niveau élevé d'intégration avec la gestion des changements et la gestion des mises en production. Elle soutient également un certain nombre d'autres disciplines.

6.3.3 Gestion des incidents

La gestion des incidents a besoin d'informations provenant de toute l'infrastructure. Lors de l'enregistrement des incidents, la gestion des incidents a besoin d'accéder aux informations des CI, par exemple, pour déterminer l'emplacement et le propriétaire des CI, pour déterminer si une solution de contournement associée au CI cause un problème ou une erreur connue, pour identifier le client et le service auxquels elle est destinée et l'accord sur les niveaux de service correspondant.

6.3.4 Gestion des problèmes

La gestion des problèmes a besoin d'informations sur la complexité de l'infrastructure. La gestion des problèmes doit pouvoir lier les problèmes et les erreurs connues aux CI et utilise les données de la CMDB pour analyser les incidents et les problèmes. La comparaison entre la configuration réelle de l'infrastructure et la configuration autorisée dans la CMDB peut indiquer des écarts ou des défauts de l'infrastructure.

6.3.5 Gestion des changements

La gestion des changements utilise la CMDB pour estimer l'impact des changements à mettre en œuvre. La gestion des changements autorise les changements, lesquels doivent être associés aux CI correspondants. La gestion des changements est responsable de l'enregistrement des demandes de changement. Elle fournit ainsi la plus grande partie des données d'entrée pour la mise à jour de la CMDB.

La gestion des changements est essentielle à une mise en œuvre réussie de la gestion des configurations.

6.3.6 Gestion des mises en production

La gestion des mises en production fournit des informations relatives aux plans de mise en production et aux versions, telles que les dates prévues des mises en production majeures et mineures. Elle fournit des informations concernant les changements mis en œuvre. Avant de mettre en œuvre un changement, elle demande des informations sur les CI telles que l'état, l'emplacement, le code source, et son emplacement dans la DSL.

6.3.7 Gestion des niveaux de service

La gestion des niveaux de service (SLM) a besoin d'informations concernant les services ainsi que sur les relations entre les services et l'infrastructure sous-jacente des CI. Les données de gestion des niveaux de service peuvent également être stockées dans la CMDB en relation avec le CI approprié. Le niveau de service (par exemple, Or, Argent, Bronze) peut être enregistré avec le CI de service ou le CI composant matériel ou logiciel.

6.3.8 Gestion financière

La gestion financière a besoin d'informations concernant l'utilisation des services et des CI, par exemple : quel département utilise un service de calcul et les personnes ayant un PC. Elle combine ces informations avec celles des accords sur les niveaux de service pour déterminer les prix à facturer. Ce processus surveille également les composants informatiques et les investissements (gestion des actifs).

6.3.9 Gestion de la disponibilité

La gestion de la disponibilité utilise la CMDB pour identifier les CI qui contribuent à un service et pour l'analyse de l'impact de la panne d'un élément (CFIA). Elle planifie les changements et identifie les faiblesses. La disponibilité d'un service (chaîne de composants d'infrastructure) est égale à celle du plus faible de ses composants (maillon de la chaîne). La gestion des configurations fournit des informations sur la composition de la chaîne et sur chacun des éléments.

6.3.10 Gestion de la continuité des services informatiques

La gestion de la continuité des services informatiques utilise les configurations standard de la CMDB (bases de référence) pour spécifier les exigences de reprise après sinistre et vérifie que ces configurations sont disponibles sur le site de reprise après sinistre.

6.3.11 Gestion de la capacité

La gestion de la capacité utilise les données de la CMDB pour planifier l'amélioration de l'infrastructure informatique, pour attribuer la charge de travail et pour développer un plan de capacité.

6.4 Activités

6.4.1 Planification

Le but, les objectifs, la portée et les priorités de la gestion des configurations doivent être définis au sein de la gestion des services et devraient être alignés avec les objectifs business. L'étendue de la gestion des configurations est définie en détail dans l'étape d'identification. Les étapes de la mise en œuvre de la gestion des configurations ne sont pas abordées dans ce livre.

6.4.2 Identification

L'identification concerne la définition et la mise à jour des conventions d'attribution de noms et des numéros de version des composants physiques de l'infrastructure informatique avec leur documentation, des relations entre eux et des attributs correspondants. Les configurations de base de référence du matériel actuel et futur sont décrites sous la forme de grappes de CI.

La question générale portant sur l'identification des composants informatiques est la suivante :

> *« Quels services et quels composants liés à l'infrastructure informatique la gestion des services doit-elle contrôler et de quelles disciplines de gestion et informations avons-nous besoin pour ce faire? »*

Lors du développement d'un système d'identification, des décisions doivent être prises quant à l'étendue et au niveau de détails des informations à enregistrer. Il est nécessaire d'identifier un propriétaire ou un intervenant pour chaque propriété (caractéristique) à enregistrer. Plus il y a de propriétés enregistrées, plus la mise à jour de ces informations exige de travail. On peut détailler la question générale ci-dessus pour déterminer les informations à enregistrer. En voici quelques exemples :

- Quelles ressources sont disponibles pour la collecte et la mise à jour des informations?
- Quel est le degré de maturité des processus logistiques et administratifs?

- À quels niveaux les composants sont-ils installés, remplacés, développés ou répartis par l'organisation, indépendamment du composant principal?
- Quelles activités exécutées par des tiers doivent être mesurables et contrôlées?
- Quels composants ont un impact sur les services s'ils présentent un défaut et quelle information est importante lors du diagnostic de tels défauts?
- Pour quels éléments faut-il enregistrer l'état et l'historique des états?
- De quels composants utilise-t-on différentes versions ou variantes dans l'organisation?
- Quels composants peuvent avoir des répercussions sur la capacité et la disponibilité des services après un changement?
- Quels composants de prix élevé doivent être protégés contre la perte ou le vol?
- Quels sont les besoins en informations actuels et futurs des autres processus?
- Pour quels composants les informations telles que le numéro de série, la date d'achat et le fournisseur doivent-elles être disponibles et quelles informations ne sont pas nécessaires au service de comptabilité?
- Quelles exigences sont associées aux dispositions de l'accord sur les niveaux de service?
- De quelles informations avons-nous besoin pour la facturation?
- Nos ambitions sont-elles réalistes ou la résolution de certains problèmes doit-elle être différée?

Les réponses à ces questions fournissent les informations sur un certain nombre d'activités. Une décision doit être prise sur l'étendue de la CMDB, le niveau de décomposition (profondeur) et le niveau de détails. La profondeur peut être divisée en nombre de niveaux, relations à suivre, conventions d'attribution de noms et attributs. Ces sujets sont exposés plus bas.

Étude du détail de l'étendue de la CMDB (périmètre)

Lors de la mise en place d'une CMDB et de la mise à jour du modèle de données des entités et des relations, on doit définir la partie de l'infrastructure informatique qui doit être contrôlée par la gestion des configurations. Il faut décider, par exemple, si les assistants numériques, les copieurs en réseau et les télécopieurs, les claviers et le personnel informatique doivent être considérés. L'étendue de la gestion des configurations influence la portée des diagnostics par la gestion des problèmes, l'analyse des impacts par la gestion des changements, la vérification des accords sur les niveaux de service, l'analyse et la planification par la gestion de la disponibilité et la gestion des impacts, et cetera.

De plus, on peut également analyser les services informatiques sous l'angle de leur contribution ou leur impact sur les activités business des clients et les enregistrer dans la CMDB avec les accords signés avec les clients portant sur l'assistance et les services.

L'étendue peut être divisée en domaines ayant leurs propres exigences d'informations et approche de la mise en œuvre. Parmi ces domaines, citons les postes de travail, la communication des données, les services des fichiers, d'impression et d'applications, le traitement centralisé, les bases de données, les systèmes informatiques et les services téléphoniques. Pour développer chaque domaine, un projet séparé peut être mis en place dans l'environnement de gestion correspondant.

L'étendue de la CMDB peut aussi inclure la documentation, comme les accords sur les niveaux de service, les procédures, les manuels, les spécifications techniques, les organigrammes, le personnel et les plans de projets. Comme les autres CI, ces documents sont présents physiquement ailleurs mais sont saisis dans la CMDB avec leur numéro de version, leur date de publication, leur auteur et d'autres informations. Ainsi, les caractéristiques de ces documents peuvent être contrôlées par la gestion des configurations la gestion des changements et la gestion des mises en production.

La figure 6.3 illustre les relations entre un service et les composants de la CMDB. Les autres CI nécessaires au service sont indiqués en dessous. Le suivi de ces relations permet de déterminer plus facilement l'impact des incidents sur les services. Il est également possible de générer un rapport de tous les composants utilisés pour un service. Cette information peut être utilisée pour planifier les améliorations du service. Le CI « service » peut également avoir des relations avec d'autres CI tels que des contrats avec le client sous forme d'un accord sur les niveaux de service. Dans l'exemple, le service B se situe tout à fait en dehors de l'étendue de la CMDB, auquel cas tous les CI qui contribuent au Service A ne sont pas couverts par l'étendue de la CMDB, ce qui signifie que le Service A ne peut pas être pris en charge complètement.

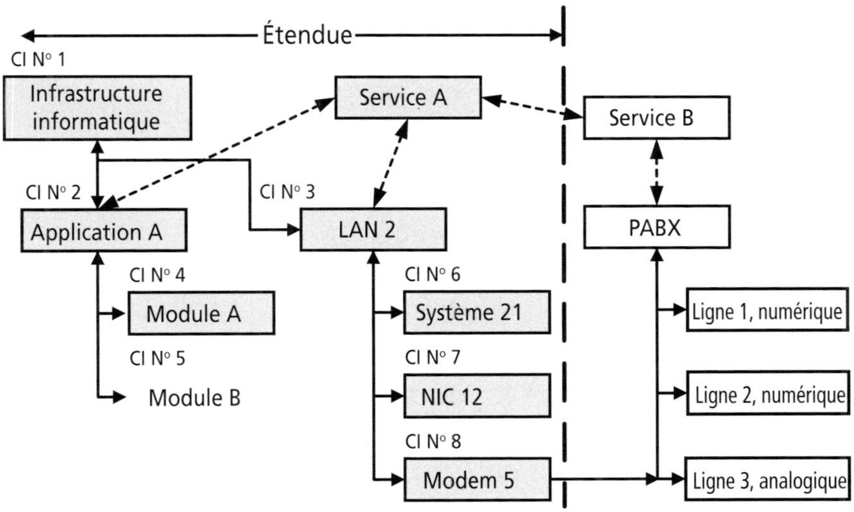

Figure 6.3 Étendue de la CMDB (source : OGC)

Après avoir déterminé le nombre de domaines de l'étendue, nous pouvons identifier les éléments du cycle de vie des CI à inclure dans l'étendue. Des questions doivent être résolues, telles que : les CI sont-ils inclus dans la CMDB alors que leur état est « en développement » ou « en commande » ou sont-ils seulement inclus une fois qu'ils ont été intégrés à l'infrastructure? L'avantage de comprendre les produits en développement est que leurs spécifications ne peuvent pas être modifiées sans consultation et que leur transfert vers l'environnement de gestion sera plus facile. L'activité de surveillance de l'état de la gestion des configurations sera influencée par ce choix mais elle peut aussi élargir l'étendue de la gestion des configurations en termes de cycle de vie du produit.

Niveau de détail (attributs)

La détermination du niveau de détail des attributs affectés à chaque type de CI représente un aspect important de la mise en œuvre de la gestion des configurations. L'existence d'un seul niveau n'est pas toujours appropriée. Le niveau de détail détermine les informations disponibles pour chacun des CI, ainsi que les noms et les attributs à traiter. Pour déterminer le niveau de détail, un plan est élaboré à partir des relations entre les CI en question et la profondeur de la CMDB Pour déterminer les détails à couvrir, il faut bien équilibrer les exigences des changements, incidents, problèmes et autres disciplines de gestion, avec la charge de travail correspondante et les ressources disponibles, nécessaires au soutien de la gestion des configurations.

Relations des CI

Les relations entre les CI sont utiles pour diagnostiquer les erreurs et prévoir la disponibilité des services. Il est possible d'enregistrer de nombreuses relations logiques et physiques différentes.

- **Relations physiques :**
  - Fait partie de : il s'agit d'une relation parent/enfant du CI, par exemple, un lecteur de disquette fait partie d'un PC, et un module logiciel fait partie d'un programme.
  - Est relié à : un PC relié à un segment de réseau local, par exemple.
  - Est nécessaire pour : matériel nécessaire pour exécuter une application, par exemple.
- **Relations logiques :**
  - Est une copie de : copie d'un modèle standard, d'une base de référence ou d'un programme.
  - Se rapporte à : une procédure, des manuels, une documentation, un accord sur les niveaux de service ou un domaine client.
  - Est utilisé par : un CI nécessaire pour la fourniture d'un service ou un module logiciel appelé par un certain nombre de programmes, par exemple.

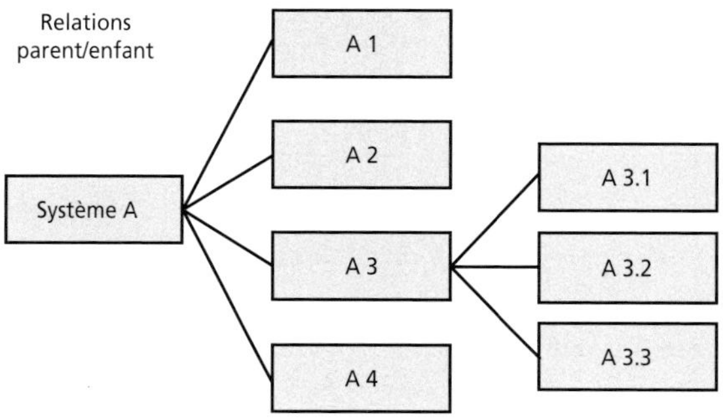

Figure 6.4 Relation parent/enfant du CI (source: OGC)

Profondeur (Niveau de décomposition)

Lors de la définition de la profondeur de la CMDB, des niveaux de décomposition du système, une hiérarchie de composants et d'éléments est créée. Les CI parents sont sélectionnés et le nombre de décomposition de niveaux de CI est défini. Le niveau le plus élevé est formé par l'ensemble de l'infrastructure informatique elle-même. Le niveau le plus bas est le niveau le plus détaillé sur lequel le contrôle doit être exercé. L'intégration d'un CI dans la CMDB est utile uniquement si le contrôle de ce CI et les informations connexes apportent quelque chose aux autres processus de l'ITIL.

La profondeur doit prendre en compte : le niveau auquel le changement est effectué, la signification du composant impliqué et le niveau de capacité à effectuer des évaluations de l'impact à ce niveau. Prenons le premier point, si des changements sont faits au niveau du programme et non pas au niveau du module alors le niveau programme est suffisant, cependant, s'ils sont faits au niveau du module et que des modules sont incorporés à un certain nombre de programmes, alors le niveau le plus bas devrait être le module. En ce qui concerne les deuxième et troisième points, enregistrer une souris de PC dans la CMDB est peu susceptible d'être approprié pour les évaluations d'impact et ne fournira pas d'aide significative dans la gestion des actifs.

Les mises en œuvre initiales commencent habituellement à un niveau élevé puis des niveaux de décomposition plus bas sont introduits de manière sélective, particulièrement là où intervient la gestion des mises en production.

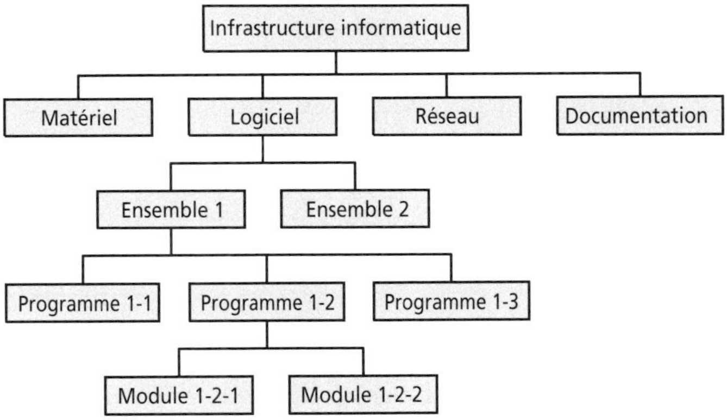

Figure 6.5 Décomposition de la CMDB (source : OGC)

Gestion des variantes d'un type de CI

Si la CMDB comporte trop peu de détails, les changements apportés aux composants sous-jacents ne peuvent pas être surveillés efficacement. Dans ce cas, tout changement apporté aux composants d'un CI parent engendrera la création d'une variante du CI parent. Par exemple, un PC disponible avec deux types de disque dur donnera une variante A et une variante B. Si de nombreux changements sont apportés aux composants enfants, la numérotation des variantes deviendra complexe et difficile à tenir à jour. Toutefois, si on augmente le nombre de niveaux sous-jacents, il est possible de maintenir les variantes au niveau approprié. Il est également possible d'enregistrer plus d'attributs pour les composants enfants et les erreurs connues peuvent leur être associées, ce qui fait que pendant le diagnostic on pourra poser des questions telles que : « quel pilote est nécessaire pour cette option matérielle? », « à quel segment est connectée la carte d'interface réseau? » et « quels programmes utilisent cette bibliothèque? ».

Gestion des variantes de CI

Les variantes sont utilisées si plusieurs formes du CI doivent coexister, c'est-à-dire quand il est question de relation parallèle. Les versions existent, par exemple, si une nouvelle et une ancienne version d'un CI sont utilisées en même temps, c'est-à-dire quand il s'agit d'une relation en série. L'utilisation efficace de ces deux concepts aide à planifier les changements. Si chaque variante est ensuite développée séparément, des systèmes de numérotation de version séparés doivent être introduits pour chaque variante, ce qui n'est pas souhaitable car cela accroît la complexité de l'infrastructure informatique et l'importance de l'effort de maintenance. Dans la plupart des cas, il est conseillé de continuer de développer la source de toutes les variantes et, dans la mesure du possible, d'utiliser la nouvelle version pour créer des variantes nécessaires.

Convention de nomenclature

Chaque CI doit avoir un nom unique, attribué systématiquement, afin de pouvoir le distinguer des autres CI. L'option la plus simple consiste à utiliser un système de numérotation, divisé au besoin en séries pour chaque domaine. De nouveaux numéros peuvent être générés lorsqu'un nouveau CI est créé. Les noms doivent avoir, si possible, une signification afin de simplifier la communication avec les utilisateurs.

Les conventions d'attribution de noms peuvent également être utilisées pour l'étiquetage physique des CI de manière à ce qu'ils soient facilement identifiables lors des audits, des opérations de maintenance et de l'enregistrement d'incidents. Voici quelques conventions d'attribution de noms recommandées par l'ITIL :

- Les étiquettes apposées sur les matériels doivent être facilement accessibles et lisibles pour les utilisateurs mais difficiles à retirer. Il est possible de convenir avec des fournisseurs de services indépendants que les contrats d'assistance fassent référence aux étiquettes. L'étiquette doit aussi être facile à lire pour l'utilisateur lorsqu'il signale un incident.
- Les documents contrôlés tels que les accords sur les niveaux de service, les procédures et les organigrammes de l'organisation doivent porter un numéro de CI, un numéro de version et une date de version.
- Les copies de logiciels doivent être stockées dans la bibliothèque des logiciels définitifs (voir le chapitre qui traite de la gestion des mises en production). Tout logiciel doit avoir un numéro de CI. Dans la mesure du possible, les logiciels installés doivent également avoir un numéro de version et un numéro de copie.

Attributs

Pour chaque type de CI, le développement détaillé de la CMDB de ses attributs et de ses relations doit être défini. Les attributs sont utilisés pour stocker des informations relatives au type de CI. Les attributs suivants peuvent être utilisés lors de la mise en œuvre d'une infrastructure des CI dans une CMDB.

L'outil de gestion des services détermine comment des événements, tels que des incidents, sont compris dans la CMDB en tant qu'attribut de l'élément de configuration ou d'une autre façon. En général, les numéros des CI concernés figurent dans l'enregistrement d'incident, l'enregistrement de problème ou l'enregistrement de changement. Quelle que soit l'approche choisie, il est nécessaire de tenir à jour les relations entre le CI et les enregistrements suivants :

Attribut	Description
Numéro/étiquette ou code barres CI	Identification unique du CI. Il s'agit souvent d'un numéro d'enregistrement attribué automatiquement par la banque de données. Bien que tous les CI ne peuvent être étiquetés matériellement, ils portent tous un numéro unique.
Numéro de licence ou de série	Numéro d'identification du fournisseur sous la forme d'un numéro de série ou d'un numéro de licence.
Numéro d'identification de l'outil de vérification	Les outils de vérification ont souvent leurs identificateurs propres, lesquels peuvent varier suivant l'endroit. Cet attribut fournit le lien vers cet environnement.
Numéro de modèle/ référence catalogue	Identification unique utilisée par le fournisseur dans le catalogue. Chaque version de modèle a un numéro différent. Ex. : PAT-NL-C366-4000-T.
Nom de modèle	Nom complet du modèle incluant généralement l'identificateur de la version. Ex. : 'PII MMX 400 MHz'.
Fabricant	Fabricant du CI.
Catégorie	Classification du CI (ex. : matériel, logiciel, documentation, etc.).
Type	Description du type de CI fournissant les détails sur la catégorie tels que configuration de matériel, programme ou module de programme.
Date d'échéance de la garantie	Date à laquelle la garantie vient à échéance.
Numéro de version	Numéro de version du CI.
Localisation	Localisation du CI comme la bibliothèque or les supports où se trouvent les CI logiciels ou l'endroit/la pièce où se trouvent les CI matériels.
Propriétaire responsable	Nom et/ou désignation du propriétaire ou de la personne responsable du CI.
Date de début de responsabilité	Date à laquelle la personne ci-dessus est devenue responsable du CI.
Source/fournisseur	Source du CI. Ex. : CI développé dans l'entreprise, CI acheté chez fournisseur X, etc.
Licence	Numéro de licence ou référence au contrat de licence.
Date de livraison	Date à laquelle le CI a été fourni à l'organisation.
Date d'acceptation	Date à laquelle le CI a été accepté et approuvé par l'organisation.
Etat (courant)	Etat courant du CI : 'en cours de test', 'actif', 'supprimé'.
Etat (prévu)	Prochain état prévu du CI accompagné de la date et de la mention de l'action requise.
Coûts	Coûts d'acquisition du CI.
Valeur résiduelle après amortissement	Valeur résiduelle du CI après amortissement.
Commentaire	Champ texte pour commentaires comme la description de la différence entre deux variantes.

Tableau 6.1 Exemples d'attributs.

Attribut	Description
Numéros de demande de changement (RFC)	Numéro(s) de RFC ouvert(s) actuellement ou précédemment pour le CI.
Numéros de changement	Numéro(s) de changement ouvert(s) actuellement ou précédemment pour le CI.
Numéros de problème	Numéro(s) de problème ouvert(s) actuellement ou précédemment pour le CI.
Numéros d'incident	Numéro(s) d'incident lié(s) au CI.

Tableau 6.2 Autres enregistrements liés aux CI.

La tenue à jour des relations entre les CI est un aspect important de la gestion des configurations. En fonction du type de base de données, ces relations peuvent faire partie des attributs des CI ou être séparées.

Attribut	Description
Relations parent	Clé ou numéro de CI des CI parents.
Relations enfant	Clé ou numéro de CI des CI enfants.
Autres relations	Autres relations entre le CI et d'autres CI que les relations parent et enfant indiquées ci-dessus Ex. : 'utilise' or 'est relié à'.

Tableau 6.3 Attributs de relation

Certaines bases de données disposent d'une méthode pour fournir un journal historique des attributs et des relations. Celle-ci peut être utile pour les champs d'affichage d'état afin d'obtenir des informations relatives aux périodes d'indisponibilité, aux réparations et à la maintenance ainsi que pour effectuer un suivi de l'historique de possession.

Il peut être nécessaire de conserver des listes d'attributs avec les informations techniques pour chaque type de CI. Chaque type possède des caractéristiques différentes, par exemple, pour un PC : capacité du disque dur, fabricant du BIOS et version du BIOS, mémoire RAM, numéro Internet, et cetera. De nombreux systèmes de gestion des systèmes enregistrent cette information; dans ce cas, il est suffisant de fournir un lien vers l'enregistrement de type de CI pour éviter la duplication de cette information. Il ne faut pas oublier cependant que ces systèmes fournissent des informations en cours sans indiquer si les résultats proviennent d'un changement approuvé ou d'une situation non autorisée.

Des liens peuvent également être créés vers d'autres sources fiables pour obtenir des informations sur les emplacements, les utilisateurs, les départements, les numéros de téléphone, les responsables et les montants des budgets. Il existe de nombreuses options mais on doit toujours tenir compte de la charge de travail et des méthodes de contrôle des changements pour tenir à jour ces fichiers.

Bases de référence

Une base de référence de configuration est un instantané d'un groupe de CI pris à un moment précis. Une base de référence d'une configuration peut être utilisée comme :

- Un produit autorisé/pris en charge qui peut être intégré à l'infrastructure informatique (ces bases de référence font partie du catalogue des produits)
- Des CI standard pour l'enregistrement des informations de coût (éléments de prix de revient)
- Points de départ pour le développement et les tests de nouvelles configurations
- Solution de suppression des changements en cas de problèmes avec les nouvelles configurations après les changements
- Norme de fourniture de configurations aux utilisateurs, par exemple un « poste de travail standard »
- Point de départ pour la fourniture d'un nouveau logiciel

Un poste de travail standard est un exemple courant de base de référence produit. En limitant le nombre de postes de travail différents, il devient plus facile d'estimer l'impact et les ressources nécessaires pour le déploiement de nouvelles fonctions et d'améliorations et pour leurs tests.

Les bases de référence peuvent également être utilisées pour mettre en place une politique de combinaison et de planification des changements, par exemple pour les mises à jour groupées. Les bases de référence contribuent à réduire les coûts de gestion et à faciliter la planification de projets.

Un catalogue des produits est une autre application utile des bases de référence. Ce catalogue présente les configurations certifiées pouvant être utilisées dans l'infrastructure informatique et que les utilisateurs peuvent demander. Dans ce cas, la nouvelle copie du catalogue devient un élément de configuration identifié à l'aide d'un numéro unique et d'une étiquette.

Avant qu'un nouveau modèle ou produit puisse être ajouté à l'infrastructure, il doit faire partie du catalogue des produits. Trois décisions doivent être prises pour garantir l'inclusion ou l'exclusion du nouveau produit :

- **Question sur le plan business :** est-ce qu'il sert les intérêts business de l'utilisateur?
- **Question sur le plan financier :** est-ce que les coûts d'assistance sont acceptables?
- **Question sur l'impact :** est-ce que l'impact sur le service est acceptable?

Configuration de la CMDB

Initialement, on charge dans la CMDB des informations provenant des documents financiers et des enregistrements existants de l'infrastructure informatique, qui sont complétées par les données techniques des fournisseurs. Seules les informations liées à un intervenant identifié sont enregistrées et l'intervenant doit être résolu à mettre à jour les informations à jour, selon le processus de gestion des changements.

6.4.3 Prise en compte de l'état

Le cycle de vie d'un composant peut être divisé en un certain nombre d'étapes. Un code d'état peut être attribué à chaque étape en fonction des caractéristiques de l'infrastructure informatique que l'organisation souhaite enregistrer. L'enregistrement de la date de chaque changement d'état peut fournir des informations utiles sur le cycle de vie d'un produit : date de commande, date d'installation ainsi que maintenance et assistance nécessaires.

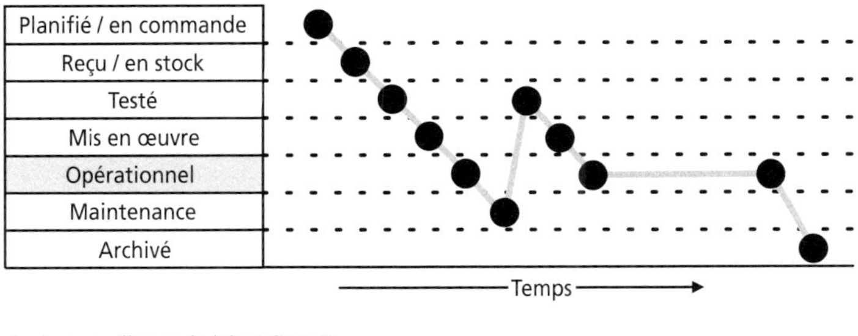

Figure 6.6 Exemple de surveillance de l'état d'un CI

L'état d'un composant peut également déterminer ce que l'on peut en faire. Ainsi, si l'état de pièces de rechange non opérationnelles fait l'objet d'un suivi, ce matériel peut ne pas être mis en place ailleurs sans consultation, comme dans le cadre d'un plan de reprise après sinistre, par exemple.

On pourrait utiliser la classification suivante des états :

- **Nouveaux CI :**
  - En développement/en commande
  - Testés
  - Acceptés
- **CI existants :**
  - Reçus
  - Demande de changement en cours pour le CI, une nouvelle version a été demandée
  - Le changement a été approuvé et intégré aux plans, un nouveau CI et la documentation (qui est aussi un CI) seront fournis
  - En cours de maintenance
  - Indisponible
- **CI archivés :**
  - Supprimés
  - Effacés
  - Retirés
  - Volés
  - Vendus ou location expirée
  - En archivage et en attente de donation, vente ou destruction
  - Détruits
- **Tous les CI :**
  - En stock
  - La commande a été reçue ou une version modifiée est disponible
  - En cours de test
  - Débloqués pour installation
  - Actifs, le CI est en cours d'utilisation
  - Pièce de rechange

6.4.4 Contrôle des CI

Les informations doivent être gérées de manière efficace afin de tenir à jour la CMDB. Chaque fois qu'une activité change les caractéristiques enregistrées d'un CI ou les relations entre les CI, le changement doit être enregistré dans la CMDB. Remarque : les caractéristiques des CI ne peuvent être modifiées que dans le cadre d'un changement autorisé par la gestion des changements alors que la gestion des incidents peut uniquement changer **l'état** d'un CI existant pour refléter la réalité d'une situation, par exemple, une panne du système.

La gestion des configurations contrôle tous les composants informatiques reçus par l'organisation et vérifie qu'ils sont enregistrés dans le système. Le matériel peut être enregistré au moment de sa commande ou de sa livraison alors que les logiciels peuvent être enregistrés lorsqu'ils sont inclus dans la bibliothèque des logiciels définitifs.

Une des tâches du contrôle est de s'assurer que les CI sont enregistrés uniquement s'ils ont été autorisés et entrés dans le catalogue des produits. Pour ce faire, la gestion des configurations entretient des liens étroits avec les fournisseurs, la gestion des incidents, la gestion des problèmes et la gestion des changements.

Si des modifications coordonnées par la gestion des changements sont apportées à l'infrastructure informatique, la gestion des configurations doit entrer cette information dans la CMDB. La gestion des configurations impose des exigences relatives à la maturité d'autres processus de l'organisation, en particulier la gestion des changements, la gestion des mises en production et les processus du département des achats.

Afin de s'assurer que la situation réelle reflète la CMDB autorisée, les actions suivantes sont surveillées par la gestion des configurations, lorsque :

- Un CI est ajouté
- Un CI change d'état : « disponible » ou « indisponible », par exemple (utile pour la gestion de la disponibilité)
- Un CI change de propriétaire
- Un CI change de relation avec un autre CI
- Un CI est retiré
- Un CI a une autre relation avec un service, une documentation ou d'autres CI
- Le permis d'utilisation d'un CI est renouvelé ou modifié
- Les détails d'un CI sont mis à jour après un audit

Là où des problèmes de processus sont constatés, il est de la responsabilité de la gestion des configurations de s'assurer qu'ils sont résolus.

6.4.5 Vérification et audits

Les audits sont utilisés pour vérifier si la situation actuelle reflète toujours les détails de la CMDB. Les outils d'audit peuvent, par exemple, analyser automatiquement les postes de travail et établir un rapport sur la situation actuelle et l'état de l'infrastructure informatique. Ces informations peuvent être utilisées pour vérifier et mettre à jour la CMDB. On peut effectuer les audits dans des situations suivantes :

- Après la mise en place d'une nouvelle CMDB
- Une certaine période après la mise en place
- Avant et après des changements importants
- Après la reprise après sinistre
- À n'importe quel moment

Les questions suivantes sont posées pendant un audit :

- Toutes les demandes de changement, à toutes les étapes de la mise en œuvre, sont-elles enregistrées dans la CMDB? Cela a-t-il été contrôlé par la gestion des configurations?
- La CMDB est-elle encore à jour et, dans le cas contraire, pour quelles raisons?
- Quel en est l'impact sur la gestion des changements (analyse d'impact réel des changements planifiés)?
- L'attribution de noms aux nouveaux CI est-elle conforme aux conventions d'attribution?
- Les variantes sont-elles correctement utilisées?
- Les configurations de base de référence ont-elles été enregistrées correctement et sont-elles disponibles immédiatement?
- Les contenus de la bibliothèque de logiciels définitifs et de la réserve de matériels définitifs correspondent-ils aux informations de la CMDB? Dans le cas contraire, pourquoi?

Des audits peuvent également être effectués de façon aléatoire ou quand le gestionnaire des configurations pense que les informations ne sont peut-être pas correctes. S'il existe un lien avec les outils d'audit, les rapports de vérification ou sur les écarts peuvent être générés presque quotidiennement pour le domaine concerné.

Les outils d'audit ne doivent pas être autorisés à mettre automatiquement à jour la CMDB si l'on constate des divergences. Toutes les divergences indiquent que le processus de gestion des changements a été contourné et doit par conséquent faire l'objet d'une étude puis être traité rétrospectivement par la gestion des changements.

6.5 Contrôle des processus

La gestion des configurations devrait passer en revue et rendre compte de l'efficacité et de la conformité avec les processus de gestion des configurations, et des autres processus dont elle dépend. Elle devrait également s'assurer que les processus fonctionnent d'une manière qui ajoute de la valeur sans imposer de frais inutiles.

6.5.1 Facteurs critiques de succès

Une des conditions de réussite de la gestion des configurations est l'obtention de l'information appropriée pour tenir à jour la base de données. Cela signifie que les liens avec la gestion des changements doivent être tenus à jour minutieusement. Il doit toujours y avoir un intervenant pour l'enregistrement des caractéristiques.

Lors de l'introduction du processus, il est essentiel que la mise en œuvre soit divisée correctement en étapes. Les tentatives d'introduction brutale d'un enregistrement nécessaire se soldent généralement par un échec parce que la discipline requise pour la gestion des configurations ne peut pas être inculquée d'un seul coup. Les enregistrements conservés avant l'introduction du processus doivent être supprimés pour éviter toute redondance. Lors de l'introduction du processus, il est important de mettre en valeur certains avantages clairs de la gestion des configurations (mesures à effet rapide). Il importe également de confier les éléments d'enregistrement du processus à des personnes qui non seulement possèdent les compétences nécessaires mais font preuve aussi de l'attitude appropriée.

6.5.2 Rapports de gestion et indicateurs de performance

Les éléments suivants peuvent figurer dans les rapports de la gestion des configurations :

- Informations relatives à la qualité du processus
- Nombre de différences observées entre les enregistrements et la situation constatée pendant l'audit (écarts)
- Nombre de cas où on a constaté que la configuration n'était pas autorisée
- Nombre de cas où une configuration enregistrée n'a pu être localisée
- Différences de niveau d'attributs découvertes par les audits
- Temps nécessaire pour traiter une demande d'enregistrement d'informations
- Liste des CI pour lesquels le nombre d'incidents ou de changements enregistrés est supérieur à un nombre donné

- Informations statistiques relatives à la structure et à la composition de l'infrastructure informatique
- Données de croissance et autres informations relatives aux développements de l'infrastructure informatique
- Résumés, rapports et propositions d'amélioration, comme, par exemple, des recommandations de changements de portée et de niveau de CI, faisant l'objet d'un suivi par la gestion des configurations, à cause de changements business, techniques, des prix du marché et autres.
- Liste de coûts de personnel lors de la mise en place du processus

6.5.3 Fonctions et rôles

Les processus traversent toute la hiérarchie de l'organisation. Il est indispensable que les responsabilités et les niveaux d'autorité associés à leur mise en œuvre soient clairement définis. Pour assurer une certaine souplesse, il peut être utile d'adopter une approche basée sur les rôles et les responsabilités. Quand il s'agit d'une organisation de petite taille ou quand on veut réduire les coûts, les rôles peuvent être combinés, par exemple, la gestion des changements et la gestion des configurations. Les responsabilités du gestionnaire des configurations pourraient être les suivantes :

- Proposer des changements relatifs à l'étendue et au niveau de détails de la gestion des configurations
- S'assurer que le processus de gestion des configurations est communiqué dans toute l'organisation
- Fournir le personnel et la formation pour le processus
- Développer le système d'identification et les conventions d'attribution des noms
- Développer des interfaces vers d'autres processus
- Évaluer les systèmes existants et mettre en œuvre de nouveaux systèmes
- Planifier et mettre en œuvre le chargement de la CMDB
- Créer des rapports sur l'efficacité, la conformité et la valeur
- Organiser des audits de la configuration

6.6 Coûts et problèmes possibles

6.6.1 Coûts

Les coûts d'introduction et de mise en œuvre de la gestion des configurations dépendent en grande partie de son étendue et de son niveau de détails. Ces coûts comprennent les coûts du matériel, des logiciels et du personnel impliqué dans la mise en place puis le fonctionnement de la gestion des configurations. Les coûts du matériel et des logiciels dépendent des conditions suivantes :

- Matériel supplémentaire nécessaire et sa configuration
- Logiciels supplémentaires nécessaires et leur configuration
- Frais de licences d'utilisation basés sur le nombre d'utilisateurs
- Conception, chargement, personnalisation et mise en œuvre de l'application et de la base de données
- Développement de la base de données

- Mise à jour de la base de données
- Coûts additionnels de personnel liés au processus

Les coûts de personnel dépendent essentiellement de la taille de l'organisation et du niveau de détails de la CMDB.

6.6.2 Problèmes possibles

L'organisation informatique doit manifester un engagement clair vis-à-vis des caractéristiques de l'infrastructure informatique à enregistrer et doit fournir les ressources nécessaires à cette forme de gestion. L'organisation doit également s'engager vis-à-vis de l'utilisation de la CMDB et doit intégrer dans celle-ci toutes les données ou structures de données pertinentes utilisées avant l'introduction dans la CMDB. La CMDB doit être considérée comme un instrument essentiel de l'organisation informatique et être employée comme source principale d'information pour tout le monde dans ce domaine.

Les problèmes suivants peuvent influencer la réussite de la mise en œuvre :

- **Étendue de la CMDB ou niveau de détails des CI inadaptés** – si l'étendue de la CMDB est trop réduite, des parties importantes de l'infrastructure ne seront pas facilement vérifiées, organisées, sécurisées ou restaurées. Si l'étendue de la CMDB est trop importante, la lourdeur de la base de données constituera un obstacle qui ralentira tous les processus de gestion des services. S'il y a trop de niveaux, d'attributs et de relations, il sera très difficile de tenir à jour la CMDB. Un niveau de détail trop bas peut avoir comme résultat un enregistrement insuffisant d'informations sur les CI et les incidents, problèmes, erreurs connues et demandes de changement relatives à ces CI.
- **Systèmes manuels inadéquats** – certaines organisations souhaitent garder des enregistrements sur papier aussi longtemps que possible et n'achètent des outils automatisés qu'à la toute dernière extrémité. Une telle situation peut causer des retards, une certaine confusion et un manque de personnel et de ressources. Il est préférable de sélectionner un outil plus tôt sur la base des besoins fonctionnels.
- **Conséquences des changements urgents** – il y aura toujours des situations dans lesquelles les changements devront être mis en œuvre rapidement. Cela se produit souvent en dehors des heures de bureau. Dans une telle situation, il est conseillé d'enregistrer immédiatement tout changement dans la CMDB mais il se peut que la personne responsable ne soit pas présente. Dans le cas où on peut attendre la reprise du travail, les enregistrements de changement et la CMDB devront être mis à jour dès que possible selon le processus correct de gestion des changements.
- **Calendriers trop ambitieux** – si le calendrier des changements (demandes de changement) ne ménage pas assez de temps pour la mise en œuvre de la gestion des configurations, le travail sera retardé et la gestion des configurations prendra l'allure d'un goulot d'étranglement. On doit établir des calendriers réalistes sur la base de l'expérience passée.
- **Acceptation de la gestion** – les gens peuvent se montrer hésitants à accepter la gestion des configurations car c'est un processus relativement nouveau qui n'est pas toujours bien perceptible. Il doit y avoir un engagement suffisant pour assurer la réussite de la mise en œuvre. Ainsi, le gestionnaire des configurations doit faire la promotion du processus et informer le reste de l'organisation. L'expérience prouve que les coûts du processus sont beaucoup moins

élevés si la gestion des configurations est introduite en tant que discipline distincte avec son personnel attitré et un gestionnaire chargé du processus.
- **Contournement du processus** - le personnel pressé essaie de contourner la gestion des configurations. Si cette situation persiste, même après avoir fourni toutes les informations relatives aux risques résultant du contournement du processus, on doit envisager de prendre des mesures disciplinaires.

7 Gestion des changements

7.1 Introduction

Étant donné l'évolution rapide de la technologie informatique et du marché des affaires, le changement est devenu une pratique courante. Le business doit changer pour améliorer ses services et réduire leurs coûts, pour cela il a besoin du soutien de l'informatique et doit faire partie du processus continu d'évolution du business.

L'expérience montre toutefois que les incidents touchant le business sont souvent liés à des changements. Les causes de tels incidents sont nombreuses : ils peuvent découler d'une négligence, d'un manque de ressources, d'une préparation insuffisante, d'une mauvaise analyse d'impact, de tests mal adaptés ou de défauts de jeunesse. Le fournisseur de services informatiques qui ne reprend pas le contrôle des incidents liés aux changements risque de perdre le contrôle de la situation et qu'elle ne s'étende à toute l'entreprise. Le nombre d'incidents augmente; chaque incident nécessite une intervention qui, à son tour, risque d'entraîner de nouvelles erreurs causant à leur tour de nouveaux incidents. Souvent, la planification quotidienne des changements ne tient pas compte du surcroît de travail, c'est que la gestion des changements est mal gérée ; ce qui a un impact sur le fonctionnement normal et la maintenance des services informatiques.

La gestion des changements a pour objectif de gérer le processus de changement et, par conséquent, de limiter l'introduction d'erreurs et donc d'incidents liés aux changements. La devise de la gestion des changements est la suivante :

> *Chaque changement ne constitue pas une amélioration mais chaque amélioration est un changement.*

La figure 7.1 illustre le cycle des changements en tant que processus, lequel processus est fourni avec des propositions de nouveaux développements et d'améliorations (fourniture des services et gestion des problèmes), de changements (demandes faites à la gestion des changements) et de solutions (gestion des problèmes) :

- **Innovation et amélioration** – l'introduction de nouveaux services et de nouvelles capacités techniques dans l'infrastructure informatique cause certaines nouvelles erreurs durables dans l'infrastructure informatique.
- **Changements** – toute modification allant de l'installation mineure d'un PC à la relocalisation d'un gros ordinateur. Tout changement apporté sans précautions introduit des erreurs durables dans l'infrastructure informatique.
- **Mesures correctives** – ont pour but de corriger les nouvelles erreurs durables qui ont été introduites.

La gestion des changements fonctionne comme une commande thermostatique entre la **flexibilité** (autorisant des changements pouvant générer des erreurs) et la **stabilité** (autorisant des changements pour remédier aux erreurs). Les mesures correctives réduisent le nombre d'incidents et contribuent ainsi à diminuer le surcroît de travail.

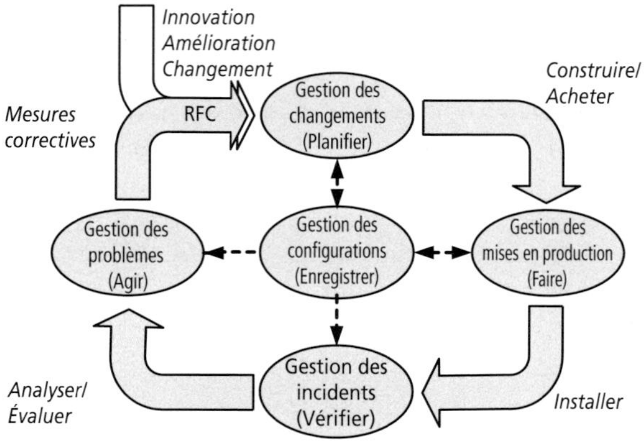

Figure 7.1 Entrées du processus de changement (source : itSMF)

7.1.1 Terminologie de base

Responsables des changements

Il y a deux niveaux d'autorité dans la gestion des changements :

- **Le gestionnaire des changements :** c'est la personne responsable du filtrage, de l'acceptation et de la classification de toutes les demandes de changement. Dans une organisation de grande taille, le gestionnaire des changements peut être assisté par des coordinateurs des changements qui le représentent en faisant le lien avec les différents domaines de l'organisation. Le gestionnaire des changements est également responsable de l'obtention des autorisations nécessaires. Dans une certaine mesure, le processus a déjà l'autorisation par déclaration mais il peut être nécessaire de contacter la gestion informatique (comité de direction ou comité exécutif, par exemple) pour certains changements. Le gestionnaire des changements est également responsable de la planification et de la coordination de la mise en œuvre des changements.
- **Comité consultatif sur les changements (CAB) :** ce corps consultatif se réunit régulièrement pour évaluer, définir la priorité et planifier les changements. Normalement, seuls les changements les plus importants sont présentés au comité. Un comité consultatif d'urgence sur les changements doit être nommé et avoir l'autorisation prendre les décisions urgentes. La composition du comité est flexible. Le comité doit comprendre des représentants des principales sections informatiques :
  - Gestionnaire des changements (président)
  - Gestionnaire des niveaux de service
  - Représentants du centre de services et de la gestion des problèmes
  - Cadres hiérarchiques
  - Directeurs business (ou leurs représentants) de l'environnement client
  - Représentants de groupes d'utilisateurs
  - Représentants du développement des applications
  - Responsables chargés des logiciels et des systèmes
  - Représentants des fournisseurs

Étendue du processus

L'étendue du processus de gestion des changements est définie en même temps que celui de la gestion des configurations et de la gestion des mises en production. La gestion des configurations fournit des informations destinées à évaluer l'impact des changements. Après la mise en œuvre du changement, la gestion des configurations procède à la mise à jour de la CMDB. Si la CMDB tient à jour les souris et les claviers, le remplacement d'un clavier constitue un changement. L'établissement de l'étendue représente un travail dynamique étant donné que l'étendue et, par conséquent, le besoin d'information de la CMDB changent. Ainsi, l'étendue doit être revue régulièrement et le modèle de données de la CMDB doit être mis à jour en conséquence.

Pour assurer une coopération efficace entre la gestion des changements et la gestion des configurations, il importe d'enregistrer les changements et les informations connexes pour la CMDB. On pourrait supposer qu'un certain nombre de tâches de gestion routinières clairement définies ou couvertes par des procédures (normalisées) n'ont pas besoin d'être contrôlées par la gestion des changements. Celles-ci s'appellent des «changements standards» et sont développées au moyen de modèles de changement, qui agissent en tant que modèles de conception de procédure eux-mêmes définis par la gestion des changements. Des exemples de telles tâches sont la création des codes (ID) utilisateurs, la modification des connexions réseau et l'installation de PC. Dans le cas des changements standards, les activités ne sont pas exécutées en respectant le processus complet de gestion des changements, mais elles peuvent être classées comme demandes de service dans le cadre de la gestion des incidents. Une évaluation approfondie des opérations de routine peut être utile pour éviter que la gestion des changements ne devienne un surcroît de travail ou trop bureaucratique.

Par exemple, s'il y a quatorze étapes à suivre lors de l'embauche d'un nouvel employé (ouvrir un compte, installer son poste de travail, configurer son courrier électronique, et cetera), ce type de travail de routine ne nécessite pas la surveillance requise pour les changements importants de l'infrastructure. En conséquence, ces types de changements standards deviennent répétitifs et une fois la procédure de changement standard approuvée par la gestion des changements, ils peuvent être traités comme demandes de service et sont exclus du contrôle de la gestion des changements.

Les modèles de changement sont également employés dans le but de fournir des variantes au processus de RFC pour divers types de changement (par exemple changement d'infrastructure créé par projet ou changement de configuration réseau) et pour orienter de tels changements sur des circuits spécifiques d'évaluation, de planification et d'approbation. Dans ce cas, le processus de RFC est l'épine dorsale de ces modèles de changement mais employer un schéma répétitif des activités de travail impliquera quand même la gestion des changements et apparaîtra comme tel dans le calendrier des changements.

7.2 Objectif

L'objectif de la gestion des changements est de vérifier que les procédures standard sont suivies de façon à ce que les changements soient traités rapidement et aient un impact minime sur la qualité des services. Tous les changements doivent être traçables, autrement dit, chacun doit pouvoir répondre à la question : « Qu'est-ce qui a changé? ».

7.2.1 Bénéfices

Pour être en mesure de fournir efficacement des services informatiques, l'organisation doit pouvoir traiter un grand nombre de changements sans heurt et de façon responsable.

Les bénéfices spécifiques à la gestion des changements sont les suivants :

- Réduction de l'impact négatif des changements sur la qualité des services informatiques.
- Meilleure estimation des coûts des changements proposés.
- Moins de changements sont annulés et les annulations des changements rencontrent moins de difficultés.
- Meilleures informations de gestion relatives aux changements, ce qui permet d'obtenir de meilleurs diagnostics des domaines à problèmes.
- Amélioration de la productivité des utilisateurs grâce à une plus grande stabilité et une meilleure qualité des services informatiques.
- Amélioration de la productivité du personnel informatique qui n'est plus dérangé dans son travail planifié par des changements urgents et des procédures d'annulation des changements.
- Meilleure capacité de réaction aux changements fréquents sans déstabiliser l'environnement informatique.

7.3 Processus

7.3.1 Activités de la gestion des changements

Le processus de gestion des changements approuve ou rejette chaque demande de changement. Le processus est facilité par le gestionnaire des changements mais les véritables décisions portant sur les changements plus importants sont prises par le comité consultatif sur les changements. Les membres du comité proviennent de différentes parties de l'organisation ainsi que des entreprises des clients et des fournisseurs. La gestion des configurations doit fournir des informations sur l'impact potentiel du changement proposé.

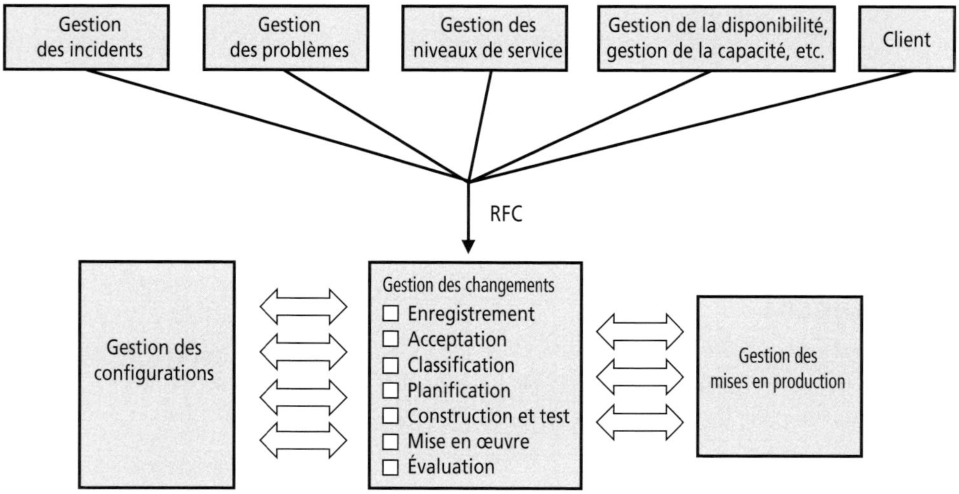

Figure 7.2 Position de la gestion des changements

Les **entrées** de la gestion des changements sont les suivantes :
- Demandes de changement
- Informations de la CMDB (en particulier l'analyse de l'impact des changements)
- Informations provenant d'autres processus (base de données de la capacité, informations budgétaires, et cetera)
- Planification des changements (calendrier des changements)

Les **sorties** du processus sont les suivantes :
- Planification des changements à jour (calendrier des changements)
- Déclencheurs pour la gestion des configurations et la gestion des mises en production
- Ordre du jour, procès-verbaux et documents à traiter par le comité consultatif sur les changements
- Rapports de la gestion des changements

7.3.2 Relations avec les autres processus

La gestion des changements est liée à d'autres processus par les relations suivantes.

Gestion des incidents

La gestion des incidents entretient une double relation avec la gestion des changements. D'une part, elle introduit des changements demandés par la gestion des incidents pour supprimer l'effet d'un incident. D'autre part, malgré toutes les précautions, la mise en œuvre des changements peut toujours causer des erreurs et donc des incidents découlant d'une mauvaise mise en œuvre ou d'une préparation inappropriée des utilisateurs au changement. Le personnel concerné de la gestion des incidents doit être informé de la mise en œuvre des changements de façon à ce qu'il puisse identifier rapidement les incidents et y remédier.

Gestion des configurations

Étant donné que la gestion des changements et la gestion des configurations sont des processus étroitement liés, ces deux processus peuvent être intégrés efficacement, ce qui constitue une mesure préconisée dans le soutien des services de l'ITIL.

Les changements sont enregistrés sous le contrôle de la gestion des configurations qui se charge également d'effectuer l'analyse d'impact des changements. La gestion des configurations identifie les relations entre le CI (dans le changement en question) et les autres CI afin de montrer les effets du changement.

Gestion des problèmes

La relation entre la gestion des changements et la gestion des problèmes ressemble beaucoup à celle existant entre la gestion des changements et la gestion des incidents. D'une part, les changements sont souvent demandés pour corriger les erreurs et donc résoudre des problèmes. D'autre part, si la mise en œuvre des changements n'est pas contrôlée de manière efficace, les changements risquent d'introduire de nouveaux problèmes.

Gestion des mises en production

Les changements sont souvent à l'origine du développement et de la distribution d'un nouvel ensemble d'applications ou d'une infrastructure technique, eux-mêmes soumis aux disciplines de la gestion des mises en production. En outre beaucoup de changements affectant la même région des applications ou de l'infrastructure informatique sont regroupés dans une mise en production qui sera soumise à la gestion des mises en production. Cette démarche a l'avantage de fournir des tests et une communication plus complets. Le déploiement de nouvelles mises en production est contrôlé par la gestion des changements.

Gestion des niveaux de service

La gestion des niveaux de service participe à l'établissement de l'impact des changements sur les services et les processus business. Selon la situation, la gestion des niveaux de service peut être représentée au sein du comité consultatif sur les changements. Quand un changement a un impact important ou comporte un risque élevé, il convient d'en discuter la mise en œuvre et le délai avec le client. La gestion des changements rend compte à la gestion des niveaux de service sous la forme d'un rapport de disponibilité projetée du service (PSA). Dans ce rapport, la gestion des changements fait état des changements apportés aux accords sur les niveaux de service et de l'impact du calendrier des changements sur la disponibilité des services.

Gestion de la disponibilité

La gestion de la disponibilité lance les changements qui visent à améliorer la disponibilité des services. Elle vérifie également que l'amélioration prévue est effectivement réalisée. La gestion de la disponibilité participe souvent à l'estimation de l'impact potentiel des changements étant donné que cet impact peut avoir une influence sur la disponibilité du service.

Gestion de la capacité

Le gestionnaire de la capacité doit en premier lieu s'occuper de l'effet cumulatif des changements sur une période prolongée, comme une augmentation du temps de réponse et la nécessité d'augmenter la puissance, le réseau ou la capacité mémoire. Sur la base du plan de capacité, la gestion de la capacité propose régulièrement des améliorations et des changements sous la forme de demandes de changement dans le but d'améliorer l'usage de la capacité existante ou de l'étendre.

Gestion de la continuité des services informatiques

Les mesures de prévention et les plans de reprise qui assurent la continuité des services doivent être surveillés en permanence étant donné que les changements de l'infrastructure contribuent à rendre un plan irréalisable ou superflu. La gestion des changements travaille en étroite collaboration avec la gestion de la continuité des services informatiques pour s'assurer que cette dernière est informée de tous les changements pouvant avoir des conséquences sur les plans de reprise et peut prendre les mesures nécessaires pour mener à terme la reprise.

7.4 Activités

La gestion des changements exécute les activités suivantes pour traiter les changements :

- **Enregistrement** – la gestion des changements doit s'assurer que toutes les sources de changements peuvent soumettre des demandes de changement et sont correctement enregistrées.
- **Acceptation** – filtrage des demandes de changement et acceptation pour étude.
- **Classification** – tri des demandes de changement par catégorie et priorité.

- **Planification et approbation** – consolidation des changements, planification et approbation de leur développement et de leur mise en œuvre ; s'assurer que les ressources nécessaires sont disponibles et impliquer le CAB lorsque c'est nécessaire pour obtenir tout cela.
- **Coordination** – coordination de la construction, du test et de la mise en œuvre du changement.
- **Évaluation** – évaluation de la réussite de chaque changement et en tirer les leçons (apprentissage) afin d'améliorer le processus.

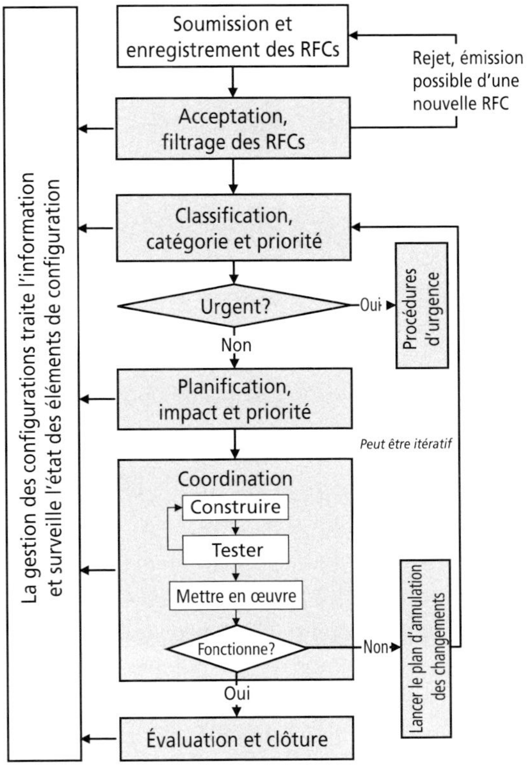

Figure 7.3 Activités de la gestion des changements

7.4.1 Enregistrement

Les demandes de changement doivent d'abord être toutes enregistrées ou consignées. Quand une demande de changement est soumise pour résoudre un problème, le numéro de l'erreur connue doit également être enregistré.

Comment est constituée une demande de changement?

Chaque demande de modification n'est pas traitée comme un changement : certaines tâches de gestion routinières clairement définies et couvertes par des procédures (changements standard) mais qui impliquent un changement de l'infrastructure peuvent être traitées de la même façon que les demandes de service. Il en résulte la classification des changements suivante :

- **Changements standard** – comme les demandes de service – ces changements impliquent des modèles de changement parfaitement définis et approuvés, qui sont enregistrés individuellement mais pas évalués individuellement par la gestion des changements. Ces changements sont introduits de façon systématique. (Remarque : toutes les demandes de service ne sont pas des changements.)
- **Changements non standard** – toutes les autres modifications de l'infrastructure gérée qui ne sont pas des changements standard.

D'où proviennent les demandes de changement?

Les demandes de changement peuvent concerner tous les aspects de l'infrastructure à l'intérieur des processus de l'ITIL. Toute personne travaillant avec l'infrastructure peut soumettre une demande de changement. Nous pouvons identifier plusieurs sources des demandes de changement, à savoir :

- **Gestion des problèmes** – propose des solutions pour éliminer les erreurs durables afin de stabiliser la prestation de services.
- **Clients** – peuvent demander plus de services, moins de services ou d'autres services. Ces demandes peuvent être soumises directement sous forme de demandes de changement ou passer par la gestion des niveaux de service ou par la gestion des relations avec les clients informatiques.
- **Législation** – quand de nouvelles dispositions légales régissent les activités business ou de nouvelles exigences sont appliquées dans le domaine de la sécurité informatique, de la gestion de la continuité du business et de la gestion des licences, les processus correspondants contrôlent cette situation.
- **Fournisseurs** – les fournisseurs publient de nouvelles versions et mises à niveau de leurs produits et identifient les erreurs corrigées par leurs soins. Ils peuvent également indiquer qu'ils ne fournissent plus d'assistance pour certaines versions ou que les performances d'une version ne peuvent pas être garanties. Cela peut causer la soumission d'une demande de changement par la gestion des problèmes ou par la gestion de la disponibilité.
- **Projets** – un projet conduit souvent à un certain nombre de changements. La gestion des projets doit coordonner ces changements efficacement avec la gestion des changements par l'intermédiaire de processus adaptés tels que la gestion des niveaux de service, la gestion de la capacité, et cetera.
- **Tout le reste du personnel informatique** – en principe, toute personne peut soumettre des propositions d'amélioration des services. Le personnel informatique, en particulier, peut contribuer à l'amélioration des procédures et des manuels.

Enregistrement des demandes de changement

Des exemples d'informations pouvant figurer dans une demande de changement sont énumérés ci-dessous :

- Numéro d'identification de la demande de changement
- Numéro du problème ou de l'erreur connue associé(e) (le cas échéant)
- Description et identification des CI correspondants
- Raison du changement comprenant la justification et les avantages pour le business
- Version en cours et nouvelle version du CI à changer
- Nom, adresse et numéro de téléphone de la personne soumettant la demande de changement

- Date de la soumission
- Ressources et délais estimés

7.4.2 Acceptation

Après l'enregistrement de la demande de changement, la gestion des changements procède à une évaluation initiale afin d'écarter toute demande de changement peu claire, illogique, irréalisable ou inutile. De telles demandes sans fondement sont rejetées en indiquant les raisons. La personne ayant soumis la demande doit toujours avoir la possibilité de défendre son point de vue.

Un changement conduit à une modification des données de la CMDB, par exemple :
- Un changement de l'état d'un CI existant
- Un changement de la relation entre un CI et d'autres CI
- Un nouveau CI ou une variation d'un CI existant
- Un nouveau propriétaire ou un nouvel emplacement du CI

Si la demande de changement est acceptée, les informations requises pour le traitement du changement sont intégrées à l'enregistrement du changement. Les informations suivantes sont ajoutées à l'enregistrement à un stade ultérieur :
- Priorité attribuée
- Estimation de l'impact et coûts nécessaires
- Catégorie
- Recommandations du gestionnaire des changements
- Date et heure de l'autorisation
- Date prévue de mise en œuvre du changement
- Plans de sauvegarde
- Exigences en matière d'assistance
- Plan de mise en œuvre
- Informations concernant le concepteur de la solution et les personnes chargées de l'implantation
- Date et heure effectives du changement
- Date de l'évaluation
- Résultats des tests et problèmes observés
- Raison du rejet de la demande (le cas échéant)
- Scénario et informations d'évaluation

7.4.3 Classification

Une fois la demande de changement acceptée, sa priorité et sa catégorie sont spécifiées :
- La **priorité** indique l'importance du changement par rapport à d'autres demandes et le lien avec le délai d'urgence et les exigences business du changement. Si un changement concerne la correction d'une erreur connue, il se peut que la gestion des problèmes ait déjà attribué le code de priorité. La gestion des changements attribue le code de priorité final après examen des autres demandes de changement en traitement.
- La gestion des changements établit la **catégorie** sur la base de l'impact du changement sur le risque encouru par les services et la disponibilité des ressources. Si la demande de changement présente un risque/impact élevé de défaillance et si les ressources disponibles sont insuffisantes, la gestion des changements doit se montrer prudente pour promouvoir le changement.

Détermination de la priorité

On trouvera ci-dessous un exemple de système de code de priorité :

- **Faible priorité** – un changement est souhaitable mais peut attendre un moment plus propice (par exemple, nouvelle mise à jour ou maintenance planifiée).
- **Priorité normale** – pas de grande urgence ni d'impact important mais le changement ne doit pas être différé. Lors de la réunion du comité consultatif sur les changements, le code de priorité normale est attribué lors de l'attribution des ressources.
- **Priorité élevée** – erreur grave touchant un certain nombre d'utilisateurs ou erreur gênante concernant un grand groupe d'utilisateurs ou liée à d'autres affaires urgentes. On attribue à ce changement la plus haute priorité lors de la réunion suivante du comité consultatif sur les changements.
- **Priorité la plus élevée** – la demande de changement concerne un problème ayant de graves conséquences sur l'utilisation de services essentiels par les utilisateurs ou un changement informatique urgent (par exemple, nouvelle fonction pour raisons d'affaires, législation d'urgence ou correction provisoire ne pouvant pas attendre). Les changements ayant ce type de priorité sont classés comme « changements urgents ». Les changements urgents ne suivent pas les procédures normales, si les ressources nécessaires sont fournies immédiatement. Une réunion d'urgence du comité consultatif sur les changements ou du comité de direction informatique peut s'avérer nécessaire. À cet effet, un comité consultatif d'urgence sur les changements habilité à prendre des mesures d'urgence doit être mis en place. Tous les autres plans antérieurs peuvent être différés ou interrompus.

Des codes peuvent être associés à des chiffres, par exemple : priorité faible = 1/priorité la plus élevée = 4.

Détermination de la catégorie

Les catégories sont déterminées par la gestion des changements, si nécessaire après consultation du comité consultatif sur les changements, qui indique l'impact du changement et la pression qui en découle pour l'organisation informatique. Voici quelques exemples de catégories :

- **Faible impact** – changement demandant peu de travail avec un faible risque de provoquer des problèmes de service significatifs. Le gestionnaire des changements peut approuver de tels changements sans les soumettre au comité consultatif sur les changements.
- **Impact important** – changement exigeant des efforts importants et ayant un impact considérable sur les services. Ces changements sont débattus lors de la réunion du comité consultatif sur les changements afin de déterminer les efforts nécessaires et l'impact potentiel. Avant la réunion, la documentation correspondante est distribuée aux membres du comité ainsi qu'aux spécialistes et développeurs.
- **Impact majeur** – changement nécessitant des efforts très importants et pouvant avoir un impact majeur sur l'organisation. Le gestionnaire des changements demande une autorisation préalable à la gestion informatique ou au comité de direction informatique, après quoi le changement doit être soumis au comité consultatif sur les changements.

Des codes peuvent être associés à des chiffres, par exemple : faible impact = 1/impact majeur = 3.

La plupart des changements correspondent aux deux premières catégories. En plus de la classification, les groupes travaillant à la solution et les services touchés par le changement doivent également être spécifiés.

7.4.4 Planification et approbation

La gestion des changements planifie les changements en utilisant un calendrier des changements. Ce calendrier contient les détails de tous les changements approuvés et leur date de mise en œuvre planifiée. Les membres du comité consultatif sur les changements fournissent des conseils sur la planification des changements significatifs car il faut tenir compte des disponibilités en personnel, des ressources, des coûts, des services touchés et s'assurer que les clients sont impliqués. La gestion des changements exerce un pouvoir délégué car elle agit au nom de la gestion informatique. Il est possible que les changements majeurs doivent être approuvés par la gestion informatique avant d'être présentés au comité consultatif sur les changements. Ces approbations de changement peuvent comporter trois aspects :

- **Approbation financière** – analyse coûts/avantages et budget
- **Approbation technique** – impact, nécessité et faisabilité
- **Approbation Business** – approbation par les clients demandant le changement et dont les fonctions subiront l'impact du changement

Pour assurer une planification efficace, la gestion des changements doit maintenir le contact avec les bureaux de projet et toutes les personnes de l'organisation qui conçoivent et mettent en œuvre les changements. De plus, il faut accorder une grande attention à une communication efficace des plans de changements, éventuellement sous la forme d'un calendrier des changements.

Politiques de changement

Les demandes de changement peuvent être combinées en une seule mise en production. Dans un tel cas, un seul retour arrière des changements suffit en cas de problème. Une telle mise en production groupée doit être considérée comme un seul changement même si elle en comprend plusieurs, devant tous être approuvés séparément. Les mises en production peuvent être planifiées avec un objectif fonctionnel pour le business, typiquement sous la forme de mises en production de maintenance d'applications données. Elles peuvent concerner les logiciels et le matériel et sont mises en œuvre par la gestion des mises en production. Il est recommandé de définir des politiques pour ce domaine et de les communiquer à l'organisation informatique et aux clients (voir également Gestion des mises en production). Ces politiques doivent avoir pour but d'éviter toute interruption inutile pour l'utilisateur.

Après avoir consulté les départements informatiques concernés, le comité consultatif sur les changements peut spécifier des fenêtres de temps régulières pour la mise en œuvre des changements à des moments où ils ont un impact minimal sur le service, par exemple, en fin de semaine ou en dehors des heures de bureau normales. De même, on peut établir des périodes durant lesquelles aucun changement ne sera autorisé ou seul un nombre limité de changements sera toléré, par exemple, durant les heures de bureau ou à la fin de l'année financière quand tous les départements font la clôture de leurs livres.

Réunions du comité consultatif sur les changements

Les informations relatives à la planification d'un changement doivent être communiquées avant la réunion du comité consultatif sur les changements. Les documents correspondants et les informations relatives à l'ordre du jour doivent aussi être distribués avant la réunion.

Le comité consultatif sur les changements doit fixer un certain nombre de points à discuter dans l'ordre du jour de sa réunion, notamment :

- Les changements non autorisés
- Les changements autorisés qui n'ont pas été soumis au comité consultatif sur les changements
- Les demandes de changement qui doivent être évaluées par les membres du comité consultatif sur les changements
- Les changements ouverts et clos
- Les évaluations des changements introduits

Estimation de l'impact et des ressources

Lors de l'estimation des ressources nécessaires et de l'impact du changement, les membres du comité consultatif sur les changements, le gestionnaire des changements et tous les autres participants (identifiés par le comité consultatif sur les changements) doivent considérer les aspects suivants :

- Capacité et performance des services concernés
- Fiabilité et possibilité de reprise
- Plans de gestion de la continuité des services informatiques
- Plans d'annulation des changements
- Sécurité
- Impact du changement sur les autres services
- Enregistrement et approbation
- Ressources et coûts nécessaires (assistance et maintenance)
- Nombre et disponibilité des spécialistes nécessaires
- Cycle de temps nécessaire pour le changement
- Nouvelles ressources à acheter et tester
- Impact sur l'exploitation
- Conflits éventuels avec d'autres changements

Les membres du comité consultatif sur les changements peuvent également donner des conseils sur les priorités.

7.4.5 Coordination

Les changements approuvés sont communiqués aux spécialistes des produits concernés qui peuvent ensuite concevoir et intégrer les changements. Les changements sont testés avant leur mise en œuvre. La gestion des mises en production peut jouer un rôle important dans la conception, le test et la mise en œuvre des changements approuvés. La communication concernant les changements planifiés doit faire l'objet d'une grande attention.

Construction

Tous les changements n'ont pas une phase de construction spécifique. Les changements standard comme la relocalisation d'un PC, par exemple, peuvent être planifiés et mis en œuvre immédiatement.

La construction peut inclure la création d'une nouvelle version du logiciel, avec une documentation, des manuels, des procédures d'installation et un plan de retour arrière des nouveaux changements ainsi que des changements de matériel. La gestion des changements assure le contrôle et la coordination. Elle est soutenue par la gestion des mises en production et la gestion hiérarchique, qui doit s'assurer que les ressources sont appropriées à la mise en œuvre des plans.

Une procédure d'annulation des changements doit être rédigée dans le cadre de la mise en œuvre d'un changement afin d'annuler le changement si celui-ci ne produit pas le résultat escompté. La gestion des changements ne doit pas approuver le changement s'il n'existe pas de procédure d'annulation. Si le changement a un impact sur l'environnement des utilisateurs, il faut rédiger un plan de communication. Un plan de mise en œuvre est également établi pendant la phase de construction.

Tests

La procédure d'annulation des changements, la procédure de mise en œuvre des changements et le résultat prévu du changement doivent être testés minutieusement. Les critères définis auparavant par le comité consultatif sur les changements doivent être pris en considération. Dans la plupart des cas, un environnement de test séparé ou un laboratoire de tests est nécessaire. Les premières étapes des tests peuvent être exécutées par les développeurs mais le changement ne doit pas être mis en œuvre sans tests indépendants. Les tests se présentent habituellement sous deux formes : les **tests de réception effectués par l'utilisateur** au cours desquels la communauté du business (habituellement le client du changement) teste la fonctionnalité du changement et les tests **de réception opérationnelle** au cours desquels les personnes chargées du soutien et de la maintenance de l'infrastructure modifiée procèdent à un test indépendant. Ces personnes font partie du personnel d'assistance technique et du centre de services. Elles testent la documentation d'assistance, les procédures d'annulation des changements et de restauration, et cetera. Des instructions claires sont également requises pour vérifier la qualité des tests et pour en documenter les résultats.

Mise en œuvre

Il est possible de demander à toute personne du service concerné responsable de la gestion de l'infrastructure informatique de mettre en œuvre un changement de cette infrastructure. La gestion des changements vérifie que le changement est effectué dans les délais impartis. Il doit exister un plan de communication clair indiquant qui doit être informé du changement, par exemple, les utilisateurs, le centre de services, la gestion du réseau, et cetera.

Si un changement ne peut pas être testé correctement, on peut éventuellement l'appliquer à un petit groupe pilote d'utilisateurs et évaluer les résultats avant de le mettre en œuvre sur une plus grande échelle.

7.4.6 Évaluation

À l'exception éventuelle des changements standard, les changements mis en œuvre doivent être évalués. Au besoin, le comité consultatif sur les changements décide de la nécessité de procéder à un suivi. Les aspects suivants doivent entrer en ligne de compte :

- Le changement a-t-il atteint l'objectif requis?
- Les utilisateurs sont-ils satisfaits du résultat?
- Y a-t-il eu des effets secondaires?
- Les coûts et efforts estimés ont-ils été dépassés?

Si le changement a été couronné de succès, la demande de changement peut être considérée comme close. Les résultats sont intégrés à la revue post implantation ou à l'évaluation du changement. Si le changement s'est soldé par un échec, le processus est relancé là où il a échoué, en utilisant une nouvelle approche. Habituellement, il vaut mieux recommencer toute la procédure et créer une nouvelle demande de changement basée sur la demande de changement d'origine. Poursuivre avec un changement qui a échoué ne fait souvent qu'empirer les choses.

Les procédures d'évaluation ayant une périodicité spécifiée contribuent à s'assurer que les évaluations des changements ne sont pas négligées. En fonction de la nature du changement, une évaluation peut être faite après quelques jours ou quelques mois. Ainsi, un changement apporté à un PC qui est utilisé chaque jour peut être évalué au bout de quelques jours alors qu'un changement apporté à un système qui n'est utilisé qu'une fois par semaine ne peut être évalué qu'après trois mois.

7.4.7 Mise en œuvre des changements urgents

Quelle que soit la qualité de la planification, il peut exister des changements qui ont une priorité absolue. Les changements urgents sont très importants et doivent être exécutés dès que possible. Dans la plupart des cas, les ressources consacrées à d'autres activités doivent être détournées vers ces changements. Les changements urgents peuvent avoir un impact considérable sur le travail planifié. L'objectif est donc de réduire au minimum le nombre de changements urgents ou non prévus (priorité « la plus élevée »). Certaines mesures préventives peuvent être appliquées :

- S'assurer que les changements sont demandés assez tôt avant qu'ils ne deviennent urgents.
- Lorsqu'on remédie à des erreurs causées par un changement mal préparé, on ne doit pas revenir en arrière au-delà de la version précédente, l'état fiable précédent. Ensuite, on doit préparer soigneusement une meilleure mise en œuvre du changement.

En dépit des mesures ci-dessus, il peut malgré tout se produire des changements urgents qui nécessitent des procédures permettant de les traiter rapidement, sans que la gestion des changements ne perde le contrôle du processus. Si le délai le permet, le gestionnaire des changements peut organiser une réunion d'urgence du comité consultatif d'urgence sur les changements. Une telle réunion ne concernera que les membres habilités à l'évaluer, l'autoriser et lui fournir les ressources. Si le temps manque ou si la demande est soumise en dehors des heures de bureau, une autre procédure doit être suivie pour obtenir l'autorisation. Il n'est pas nécessaire d'organiser une rencontre personnelle et la décision peut être prise lors d'une conférence téléphonique.

Le processus de gestion des incidents contient un exemple d'application d'une correction d'urgence pour résoudre un incident grave. Si l'incident est très grave et qu'aucun retard n'est acceptable, il est possible que l'on doive suivre la procédure de demande de changement d'urgence.

Il se peut que le temps manque pour procéder aux tests normaux avant le changement, mais qu'ils puissent être effectués après coup, toutes les étapes requises du processus normal devront être suivies pour s'assurer que les tests qui n'ont pas été faits sont bien exécutés et que les fichiers sont mis à jour (modification des enregistrements et de la CMDB) afin que les changements soient traçables.

7.5 Contrôle des processus

7.5.1 Rapports de gestion

L'objectif de la gestion des changements est d'atteindre un équilibre entre la flexibilité et la stabilité. Des rapports peuvent être établis sur les aspects suivants afin de montrer la situation de l'organisation :

- Nombre de changements mis en œuvre au cours d'une période donnée (nombre total et par catégorie de CI)
- Liste des causes de changements et des demandes de changement
- Nombre de changements mis en œuvre avec succès
- Nombre d'annulations de changements avec leurs raisons
- Nombre d'incidents liés aux changements mis en œuvre
- Graphiques et analyses des tendances pour les périodes concernées

7.5.2 Indicateurs de performance

Les indicateurs de performance montrent la mesure dans laquelle le processus de gestion des changements réussit à traiter les changements avec efficacité et efficience en causant un impact négatif minimal sur le niveau de service convenu. Ces indicateurs couvrent les aspects suivants :

- Nombre de changements effectués par unité de temps et par catégorie
- Rapidité à laquelle les changements sont mis en œuvre
- Nombre de changements rejetés
- Nombre d'incidents résultant de changements
- Nombre d'annulations de changements
- Coût des changements mis en œuvre
- Nombre de changements conformes à l'estimation de ressources et de temps

7.6 Coûts et problèmes possibles

7.6.1 Coûts

Les coûts incluent :

- **Coûts en personnel** – Dans la plupart des cas, du personnel s'occupe déjà de la coordination des changements. Il arrive toutefois que des frais de personnel supplémentaires soient nécessaires pour remplir la tâche de gestionnaire des changements et organiser le comité consultatif sur les changements. Ces coûts sont compensés, dans une certaine mesure, par l'effort de coordination

déjà fourni au sein de l'organisation pour la gestion du changement. Dans de nombreux cas, la gestion des changements est introduite pour améliorer la qualité du service et les coûts supplémentaires engagés sont classés comme coûts de la qualité. Une fois le changement mis en œuvre avec succès, les coûts de coordination du changement sont compensés par une réduction des frais de résolution des incidents et des problèmes.
- **Coûts des outils** – Les coûts du matériel et des logiciels doivent être déterminés à l'avance. Souvent, lors de la mise en œuvre de plusieurs processus, un outil intégré est acheté pour la gestion des changements, la gestion des problèmes, la gestion des configurations et la gestion des incidents. Dans des environnements informatiques complexes, il devient presque impossible de contrôler tous ces processus de gestion sans l'aide de tels outils.

7.6.2 Problèmes possibles

On peut rencontrer les problèmes suivants lors de la mise en œuvre de la gestion des changements :
- Les systèmes basés sur le papier sont trop difficiles à utiliser et présentent trop de problèmes.
- Il risque d'y avoir une résistance contre un groupe de gestion des changements « parapluie » qui surveille tous les aspects de l'infrastructure informatique. Dans ce cas, le personnel informatique doit être formé pour comprendre que tous les composants de l'infrastructure informatique peuvent avoir un impact important sur chacun des autres composants et que les changements appliqués aux configurations exigent une coordination globale.
- Il est possible qu'il y ait des tentatives de mise en œuvre de changements contournant les procédures convenues. Il est absolument essentiel que de telles tentatives déclenchent des réactions organisationnelles. L'intégrité du processus de gestion des changements dépend du respect rigoureux des procédures. Les réclamations des membres du personnel et leurs suggestions en vue d'améliorer les processus de gestion des changements doivent être tolérées et bien accueillies mais tout défaut de conformité doit être traité de manière décisive, sinon tout le processus sera menacé.
- Il existe d'autres moyens d'assurer l'observation rigoureuse des procédures de gestion des changements :
  - Effectuer des audits réguliers, éventuellement par un organisme indépendant, pour évaluer la stricte observation des procédures de gestion des changements.
  - Superviser, par un encadrement, le personnel d'assistance interne et externe et les développeurs.
  - Assurer un contrôle de tous les CI et de toutes les versions en protégeant la CMDB et en veillant à ce que la gestion des configurations effectue régulièrement des audits des configurations.
  - S'assurer que la gestion des incidents signale bien les incidents si les utilisateurs ont accès à du matériel et des logiciels n'appartenant pas à la CMDB.
  - Intégrer les conditions et procédures dans les contrats avec les fournisseurs externes.
  - Nommer un gestionnaire des changements hautement qualifié ayant une grande expérience et suffisamment de connaissances du business (cet aspect est souvent sous-estimé) et techniques.
  - Il est essentiel de choisir la bonne personne pour ce rôle qui ne doit pas être négligé comme c'est souvent le cas.

Certains problèmes peuvent être résolus en appliquant les suggestions suivantes :

- S'assurer que chaque changement suit la procédure complète.
- Communiquer avec tout le personnel informatique et tous les fournisseurs pour s'assurer qu'ils acceptent la gestion des changements et ne pas essayer de mettre en œuvre des changements sans coordination.
- S'assurer que les changements sont évalués et que les changements standards sont gérés par des modèles de changements efficaces réduisant la charge de travail par le biais du processus complet de demande de changement.
- Collaborer avec la gestion des configurations afin que les changements des CI soient bien entrés dans la CMDB.

8 Gestion des mises en production

8.1 Introduction

Plus les organisations deviennent dépendantes des processus informatiques, plus la surveillance efficace et la protection de ces processus sont importantes. Étant donné que le taux de changement continue aussi d'augmenter, il devient de plus en plus nécessaire de contrôler le processus de changement.

Les changements de l'infrastructure informatique se produisent dans un environnement complexe et partagé. Dans les applications actuelles client/serveur, ils touchent souvent les clients et les serveurs. Dans ces cas, la mise en production et la mise en œuvre des changements matériels et logiciels exigent une planification prudente. Une mise en production est un ensemble d'éléments de configuration nouveaux et/ou modifiés, testés et introduits ensemble dans un environnement de production. Une mise en production est définie par la demande de changement qu'elle met en œuvre. La gestion des mises en production adopte une approche style projet planifié pour mettre en œuvre les changements dans les services informatiques et qui prend en charge tous les aspects, techniques ou non, des changements.

La gestion des mises en production a pour but d'assurer la qualité de l'environnement de production, en utilisant des procédures et des vérifications formelles lors de la mise en œuvre de nouvelles versions. La gestion des mises en production s'occupe de la mise en œuvre, contrairement à la gestion des changements qui est concernée par le processus complet lié au changement et qui se focalise sur le risque. La gestion des mises en production travaille en étroite collaboration avec la gestion des configurations et la gestion des changements afin d'assurer la mise à jour de la CMDB commune lors de chaque mise en production. La gestion des mises en production veille également à ce que le contenu des mises en production soit actualisé dans la bibliothèque des logiciels définitifs. La CMDB contient également les spécifications du matériel, les instructions d'installation et les configurations du réseau. Les stocks de matériel, plus particulièrement les configurations de base normalisées, sont entreposés dans la réserve de matériels définitifs. En général, la gestion des mises en production s'occupe cependant principalement des logiciels.

Pour les projets de grande envergure en particulier, la gestion des mises en production doit faire partie de la planification du projet afin d'en assurer la mise en œuvre efficace et fournir le financement des capacités à poursuivre la gestion des mises en production après le projet. Un budget annuel fixe peut être attribué pour faciliter les mises en production permanentes et en particulier la provision des capacités de test adéquates pour gérer les activités de routine comme les changements mineurs. Même si des frais sont engagés lors de la mise en place du processus, ils sont faibles comparés aux coûts potentiels causés par une mauvaise planification et un mauvais contrôle des logiciels et du matériel comme dans les cas suivants :

- Interruptions importantes dues à une mauvaise planification des mises en production des logiciels
- Redondance du travail à cause de copies de versions différentes
- Utilisation inefficace des ressources parce que personne ne sait où se trouvent les ressources
- Perte de fichier source, ce qui signifie que l'on doit racheter le logiciel

- Absence de protection antivirus, ce qui signifie que tous les réseaux doivent être décontaminés

8.1.1 Concepts de base

Mises en production

Les mises en production comportent un ou plusieurs changements autorisés. La première subdivision est basée sur le niveau de la mise en production. Les mises en production sont souvent classifiées de la manière suivante :

- **Mises en production majeures** : déploiement important de matériel et de logiciels, souvent associé à une forte augmentation de la fonctionnalité. Ces mises en production éliminent souvent un certain nombre d'erreurs connues, y compris des solutions de contournement et des corrections provisoires.
- **Mises en production mineures de logiciel et mises à niveau du matériel** : celles-ci comprennent généralement un certain nombre d'améliorations mineures et de corrections d'erreurs connues. Certaines peuvent avoir été mises en œuvre auparavant en tant que corrections d'urgence, mais ont été complètement intégrées à la mise en production. Avec une telle mise en production, on est certain que « l'état fiable précédent », le point de départ de tous les tests, est mis à jour.
- **Corrections urgentes** : normalement mises en œuvre en tant que corrections provisoires pour résoudre un problème ou une erreur connue.

Unités de mise en production

Une «unité de mise en production» décrit la partie de l'infrastructure informatique qui est normalement produite à la fois pour le contrôle et pour l'efficacité des changements effectués. Par exemple, des changements logiciels peuvent être apportés au niveau du système, de la suite, du programme ou du module. La politique de gestion des mises en production doit décider si seuls les composants changés doivent être produits à ce niveau ou si tous les composants relatifs à ce niveau doivent être inclus dans l'unité de mise en production. Dans l'environnement Windows, la bibliothèque de liens dynamiques (DLL) représente un bon exemple qui est souvent utilisé par différents programmes. De temps en temps, une nouvelle version de DLL est fournie avec un progiciel, ce qui peut obliger à tester de nouveau et réinstaller tous les autres progiciels. *Ce processus développe également les politiques concernant le contenu minimum d'une mise en production.*

Identification des mises en production

La politique de mise en production définit comment les copies des logiciels peuvent être distribuées à partir de la bibliothèque des logiciels définitifs aux environnements concernés :

- **Environnement de développement** : le développement d'une nouvelle version peut être basé sur une version précédente provenant de la bibliothèque des logiciels définitifs. Le numéro de la version augmente à chaque nouvelle version. Les logiciels ne peuvent être modifiés que dans l'environnement de développement.
- **Environnement de test** : environnement dans lequel on teste les versions. On distingue souvent les zones de tests techniques effectués par les développeurs, les zones de tests fonctionnels effectués par les utilisateurs, les tests de mise en œuvre effectués par les réalisateurs des mises en production et, éventuellement, la zone de test final d'acceptation effectué par les utilisateurs et l'organisation de gestion.

- **Environnement de production** : l'environnement réel où les systèmes d'information sont mis à la disposition des utilisateurs.
- **Archive** : conserve les anciennes versions des logiciels qui ne sont plus utilisées mais peuvent être réappliquées à la production si un retour en arrière est nécessaire.

Étant donné que plusieurs mises en production peuvent être disponibles, on leur attribue des identifiants uniques. L'identification de la mise en production doit faire référence à l'élément de configuration (CI) correspondant et comprendre un numéro de version de deux ou plusieurs chiffres, par exemple :
- **Mises en production majeures** : Système de paie v.1, v.2, v.3, et cetera.
- **Mises en production mineures** : Système de paie v.1.1, v.1.2, v.1.3, et cetera.
- **Mises en production d'urgence par correction** : Système de paie v.1.1.1, v.1.1.2, v.1.1.3, et cetera.

La figure 8.1 illustre les tests et modifications possibles de chaque nouvelle version avant sa mise en production. Dans le cadre de la mise en production, l'ancienne version est archivée pour le cas où une annulation des changements s'avérerait nécessaire.

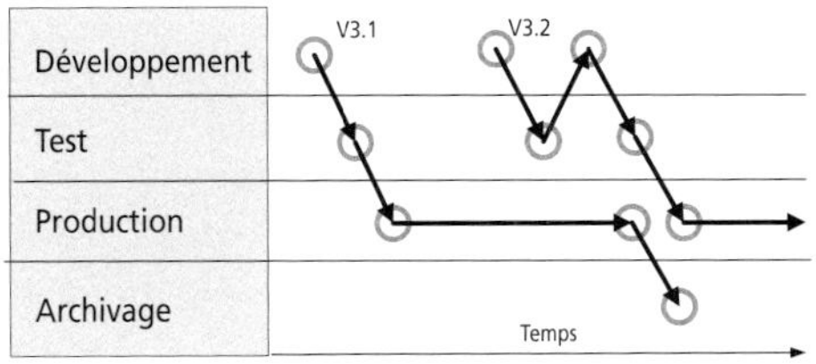

Figure 8.1 Gestion des mises en production – publication de version

La figure 8.2 illustre une annulation des changements devant être appliquée.

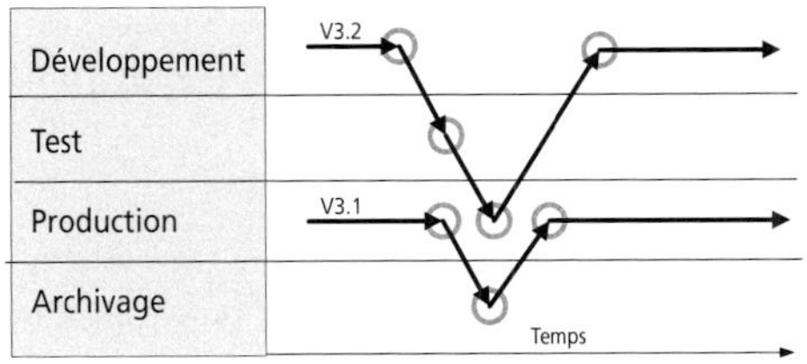

Figure 8.2 Gestion des mises en production - Annulation des mises en production

Types de mises en production

Il convient d'estimer le nombre de changements pouvant être développés, testés et mis en œuvre pendant une période de temps donnée. Les avantages d'une mise en production minutieuse entrecoupée de tests sur un certain nombre de changements regroupés doivent être mis en balance avec le risque d'une mise en production devenant trop complexe pour une mise en œuvre réussie.

Le développement rapide de nouveaux matériels et de nouvelles versions des logiciels sur le marché signifie qu'une mise en production peut être dépassée avant sa parution. D'un autre coté, des changements fréquents peuvent avoir un impact négatif sur le service. La gestion des changements doit décider du nombre des changements correspondant à une mise en production ainsi que de la façon dont le déploiement sera mis en œuvre. La gestion des changements peut choisir une des options suivantes :

- **Mise en production différentielle** : il s'agit d'une mise en production partielle, qui comprend uniquement les composants matériels et logiciels modifiés. Ce changement correspond souvent à une solution d'urgence ou une correction provisoire. L'inconvénient de ce type de mise en production est qu'il n'est pas toujours possible de tester tous les liens avec le reste de l'environnement et les modules, qui ne sont plus appelés par le logiciel, ne sont pas supprimés. Une mise en production différentielle est parfaitement adaptée si le logiciel peut être isolé du reste de l'environnement informatique. L'avantage d'une mise en production différentielle réside dans le fait que la mise en place de l'environnement de test demande moins de travail.
- **Mise en production complète** : dans ce cas, tous les composants de l'unité de mise en production sont construits, testés et distribués dans leur intégralité, y compris les composants qui n'ont pas été modifiés. Cette approche est particulièrement recommandée quand on ne sait pas exactement ce qui a été changé. Le matériel et le logiciel sont testés de façon plus approfondie et il y a moins d'incidents après la mise en œuvre. Lors de la préparation d'une mise en production complète, il est plus facile de juger si les critères de performance prévue seront respectés. L'avantage d'une mise en production complète réside dans la mise en œuvre simultanée de plusieurs changements. La préparation est plus facile puisqu'il est possible d'utiliser des scripts d'installation standard. Durant l'installation, l'environnement du programme peut également être nettoyé. Une mise en production complète demande néanmoins plus de préparation et plus de ressources qu'une mise en production différentielle.
- **Mise en production groupée** : c'est un mélange de mises en production delta et/ou complètes des applications et de l'infrastructure relatives qui sont produites à des intervalles de temps plus espacés. Elle fournit de plus longues périodes de stabilité aux utilisateurs en corrigeant les erreurs logicielles mineures, avec lesquelles les utilisateurs peuvent vivre tout en intégrant de nouvelles fonctions, ce sont des activités qui peuvent souvent être combinées efficacement. De même, les mises à niveau programmées, par exemple, de logiciels réalisés par des sociétés indépendantes comme le logiciel système et les applications de bureau conviennent parfaitement aux mises en production groupées.

Bibliothèque des logiciels définitifs (DSL)

La bibliothèque des logiciels définitifs est un dépôt sécurisé où l'on conserve les versions définitives autorisées (copies maîtresses) de tous les CI logiciels. La bibliothèque des logiciels définitifs peut se trouver physiquement à de nombreux endroits et comprendre un certain nombre de chambres fortes pour médias et de coffres-forts résistants au feu. La gestion des mises en production couvre tout le cycle de vie du logiciel depuis le moment où il est intégré à la bibliothèque des logiciels définitifs. Les mises en production sont configurées en utilisant le logiciel réputé bon qui est conservé dans la bibliothèque des logiciels définitifs. Les scripts d'installation sont ensuite développés et les CD peuvent être gravés dans des environnements décentralisés.

La bibliothèque des logiciels définitifs peut comporter plusieurs versions du même logiciel, y compris les versions archivées, la documentation et le code source. Il est conseillé de sauvegarder

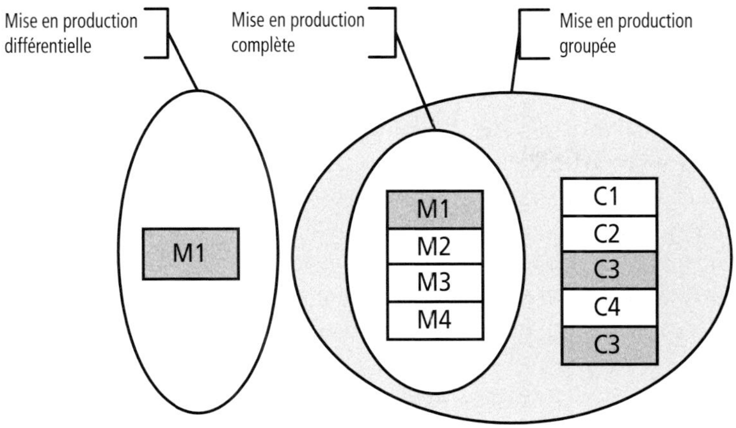

Figure 8.3 Types de mises en production

régulièrement la bibliothèque des logiciels définitifs car elle ne contient pas seulement la version en cours mais également les versions dont les changements ont été annulés. S'il existe plusieurs sites avec un système de gestion local, chaque site doit avoir une copie de la bibliothèque des logiciels définitifs pour le déploiement des logiciels.

Réserve de matériels définitifs (DHS)

La réserve de matériels définitifs contient les pièces de rechange et les stocks de matériel. Il s'agit de composants et de jeux de rechange maintenus au même niveau que les matériels se trouvant dans l'environnement réel. Le matériel du local est utilisé pour remplacer ou réparer des configurations similaires de l'infrastructure informatique. Les détails de composition de ces configurations doivent être inclus dans la CMDB.

Base de données de gestion des configurations (CMDB)

Pendant toutes les activités de gestion des mises en production, il est recommandé de vérifier les informations relatives aux CI de la CMDB. Étant donné que les versions des logiciels sont intégrées à la bibliothèque des logiciels définitifs et que les versions des matériels sont intégrées à la réserve de matériels définitifs, les détails de la CMDB sont également mis à jour. Pour soutenir la gestion des mises en production, la CMDB doit contenir les détails suivants :

- Contenu des mises en production planifiées, y compris les CI matériels et logiciels avec référence aux demandes de changement d'origine
- CI matériels et logiciels pouvant être touchés par une mise en production
- Détails de l'emplacement physique du matériel concerné par la mise en production

8.2 Objectifs

La gestion des mises en production gère et distribue les versions des logiciels et du matériel utilisées pour la production, qui sont prises en charge par le département informatique, afin d'offrir le niveau de services requis.

Les objectifs de la gestion des mises en production sont les suivants :
- Planifier, coordonner et mettre en œuvre (ou organiser la mise en œuvre) des logiciels et du matériel.
- Concevoir et mettre en place des procédures efficaces de distribution et d'installation des changements dans les systèmes informatiques.
- S'assurer que le matériel et les logiciels liés aux changements sont traçables, sûrs et que seules des versions correctes, testées et autorisées sont installées.
- Communiquer avec les utilisateurs et tenir compte de leurs attentes pendant la planification et le déploiement des nouvelles mises en production.
- Déterminer la composition et planifier le déploiement, en collaboration avec la gestion des changements.
- Mettre en place les nouvelles mises en production des logiciels et du matériel dans l'infrastructure opérationnelle, sous le contrôle de la gestion des changements et avec l'aide de la gestion des configurations. Une mise en production peut comprendre n'importe quel nombre de CI connexes et non seulement le matériel et les logiciels mais également de la documentation comme les rapports, les plans et les manuels d'utilisateur ou d'assistance.
- S'assurer que les copies originales des logiciels sont stockées en sécurité dans la bibliothèque des logiciels définitifs et que la CMDB est mise à jour. Il en est de même pour le matériel de la réserve de matériels définitifs.

8.2.1 Bénéfices

Avec une gestion des configurations et une gestion des changements efficaces, la gestion des mises en production permet d'assurer que :
- Les logiciels et le matériel dans les conditions réelles d'utilisation sont de haute qualité puisqu'ils sont développés et testés sous contrôle de la qualité avant d'être mis en production.
- Le risque d'erreurs dans une combinaison de logiciels et de matériel ou dans la mise en production d'une version incorrecte est minimisé.
- Le business traite ses investissements en logiciels avec précaution puisqu'elle en dépend largement.
- Il y a moins de mises en œuvre séparées et chaque mise en œuvre est parfaitement testée.
- Le risque d'incidents et d'erreurs connues est réduit par les tests et le contrôle de mise en œuvre.
- Les utilisateurs sont plus impliqués dans les tests d'une mise en production.
- Un calendrier de mises en production est publié à l'avance; afin que les attentes des clients correspondent mieux aux mises en production.
- Le business dispose d'une organisation centrale de conception et de développement ou d'acquisition des logiciels et des matériels, puis effectue la distribution vers le site.
- Le business peut normaliser les versions des logiciels et des matériels entre ses sites afin de faciliter l'assistance.
- Le risque de retrouver des logiciels illégaux ou d'avoir des incidents et des problèmes causés par des versions incorrectes ou contaminées de logiciels ou matériels introduites dans l'environnement de production est réduit.
- Les copies non autorisées ou les versions incorrectes sont identifiées plus facilement.

8.3 Processus

8.3.1 Activités des mises en production

Le processus de gestion des mises en production comprend les activités suivantes :

- Politique de mise à jour
- Conception, construction et configuration des mises en production
- Test et acceptation des mises en production
- Planification des déploiements
- Communication, préparation et formation
- Distribution et installation des mises en production

Ces activités ne sont pas présentées dans l'ordre chronologique réel. La politique de mise à jour et la planification des mises en production peuvent être revues tous les 6 mois ou tous les ans alors que les autres activités peuvent avoir lieu chaque jour.

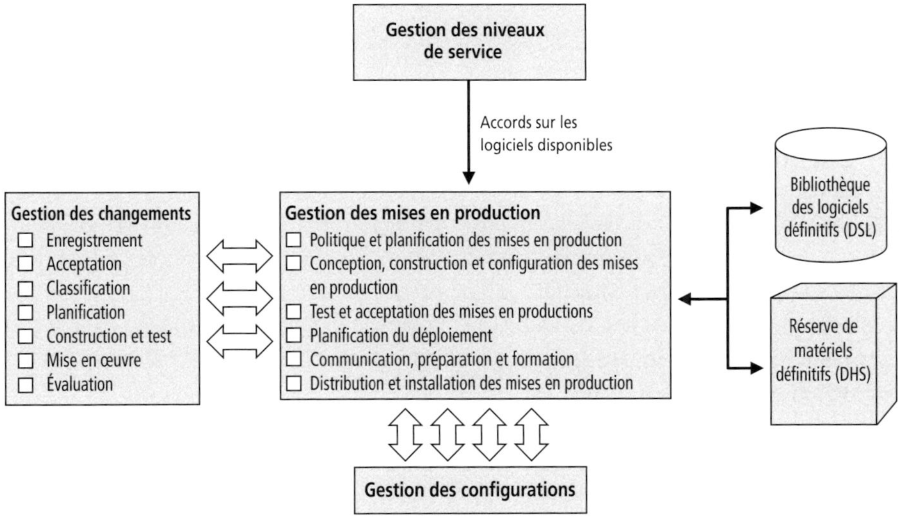

Figure 8.4 Gestion des mises en production

Une gestion des mises en production réussie dépend de la contribution des autres processus de l'ITIL ainsi que de la coopération avec les autres processus (figure 8.4). Les principales interfaces se font avec les processus suivants.

8.3.2 Relations avec les autres processus

Gestion des configurations

La gestion des configurations est responsable de l'enregistrement des versions disponibles des logiciels et du matériel dans la CMDB en tant que configurations de base. Les logiciels ajoutés à la bibliothèque des logiciels définitifs et le matériel de la réserve de matériels définitifs sont enregistrés dans la CMDB avec un niveau de détails convenu. La surveillance de l'état, qui est assurée par la gestion des configurations, indique l'état de chaque élément de configuration, par exemple « utilisation réelle », « en développement », « en cours de test », « en stock » ou « archivé ».

Gestion des changements
La gestion des changements est chargée de la bonne adéquation des tests de la mise en production. La gestion des changements détermine aussi le nombre de changements pouvant être combinés dans une mise en production. La gestion des changements décrit les procédures destinées à s'assurer que les changements sont autorisés et que les analyses d'impact et des ressources nécessaires ont été effectuées. Dans la plupart des cas, le gestionnaire des mises en production est responsable de la mise en œuvre des changements apportés aux logiciels et au matériel et fait généralement partie du comité consultatif sur les changements.

Gestion des niveaux de service
Un service informatique consiste généralement à fournir à l'infrastructure du matériel avec des logiciels standard ou des logiciels développés dans l'entreprise. C'est la gestion des mises en production qui met les logiciels et le matériel à disposition et en assure le suivi.

8.4 Activités

8.4.1 Planification et mise en œuvre de la Gestion des mises en production
La planification et la mise en œuvre de la discipline de gestion des mises en production dépend fortement de la mise en œuvre de la gestion des configurations et de la gestion des changements. Elle devrait comporter la planification et l'exécution initiales des possibilités de gestion des mises en production puis la revue et l'amélioration permanentes de :
- La production de politiques couvrant les niveaux, les types, les unités, l'identification, la fréquence et les phases de la mise en production, l'étendue des biens contrôlés et la documentation nécessaire.
- La production de procédures couvrant toutes les activités de gestion des mises en production décrites ci-dessous.
- Les rôles et les responsabilités de tout le personnel particulièrement celui de la gestion des mises en production.
- Outils comprenant : les outils de la gestion des changements pour contrôler les progrès des changements et des mises en production, les outils de la CMDB qui conserve des détails sur les CI à différents moments de leur cycle de vie, les outils de la gestion des configurations logicielles qui gèrent différentes versions du code logiciel, les outils de la gestion des constructions pour automatiser le processus de construction, les outils de distribution des logiciels, les outils d'audit logiciel et matériel ainsi que des outils de gestion des ordinateurs de bureau et des serveurs.

8.4.2 Activités de la gestion des mises en production
La figure 8.5 illustre les activités de la gestion des mises en production et leurs liens avec le cycle de vie d'un changement.

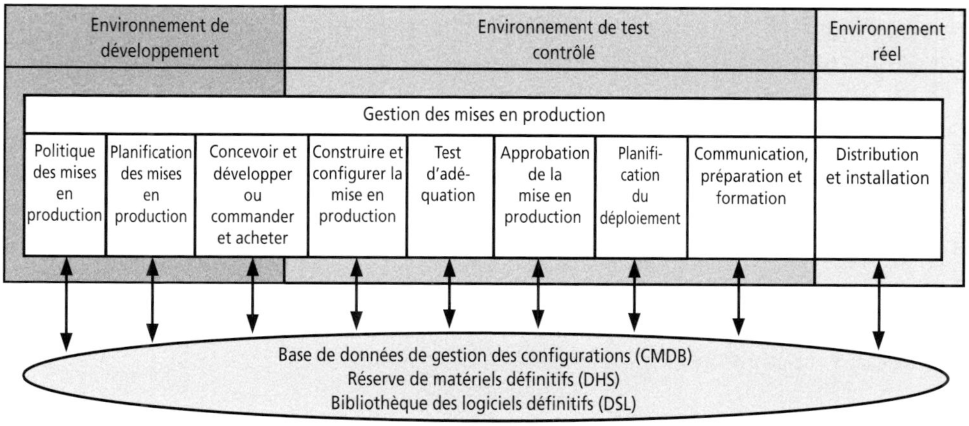

Figure 8.5 Activités de la gestion des mises en production (source: OGC)

Planification et politique de mise à jour

Pour chaque système, le gestionnaire des mises en production doit développer des politiques de mise en production en définissant comment et quand sont configurées les mises en production. Les mises en production importantes peuvent être planifiées à l'avance, avec l'identification de la mise en production ou le numéro de la version, de manière à ce que l'ajout des changements puisse être pris en considération aux moments appropriés.

Le gestionnaire des mises en production spécifie également le niveau auquel les CI peuvent être distribués indépendamment les uns des autres (unité de mise en production). Ceci dépend de la nature du système sous contrôle de la mise en production :

- L'impact potentiel de la mise en production sur les autres éléments.
- Le nombre d'heures-personne et la durée du cycle nécessaires pour la construction et le test des changements séparés par rapport à l'effort nécessaire pour leur assemblage et leur mise en œuvre simultanée.
- La difficulté de l'installation sur les sites des utilisateurs. Il peut être plus facile d'installer un programme complet parce qu'il existe des techniques standard pour ce faire.
- La complexité des interdépendances entre le nouveau logiciel, le matériel et le reste de l'infrastructure informatique – plus il est facile d'isoler le logiciel ou le matériel, plus il est facile de le tester.

Avant de pouvoir planifier une mise en production, il est nécessaire de collecter des informations sur le cycle de vie du produit, les produits à fournir, la description du service informatique correspondant et ses niveaux de service, ainsi que l'autorisation des demandes de changement concernées, et cetera.

La planification d'une mise en production tient compte des aspects suivants :

- Coordination du contenu de la mise en production
- Accord sur le calendrier, les sites et les unités organisationnelles
- Établissement d'un calendrier de mise en production
- Établissement d'un plan de communication

- Visites des sites afin d'identifier les matériels et logiciels utilisés
- Accord sur les rôles et les responsabilités
- Obtention de devis détaillés et négociation avec les fournisseurs sur le nouveau matériel, les logiciels et les services d'installation
- Établissement des plans d'annulation des changements
- Établissement d'un plan de qualité pour la mise en production
- Planification de l'acceptation de la mise en production par l'organisation de gestion et les utilisateurs

Les résultats de cette activité font partie du plan de changement et comprennent les plans de mise en production, les plans des tests et les critères d'acceptation.

Conception, construction et configuration

Il est recommandé de développer des procédures standard pour la conception, la construction et la configuration des mises en production. Une mise en production peut être basée sur des ensembles de composants (éléments de configuration) développés dans l'entreprise ou achetés à des tiers et configurés. Les instructions d'installation et de configuration des mises en production doivent être traitées dans le cadre de la mise en production et doivent y être incluses en tant que CI sous le contrôle de la gestion des changements et de la gestion des configurations.

Il est recommandé de configurer et de tester tous les matériels et tous les logiciels dans un « laboratoire » avant leur installation sur le site. Les composants logiciels et matériels d'une mise en production doivent être configurés et enregistrés soigneusement de façon à être reproductibles. Les instructions d'utilisation doivent être rédigées pour être certain que le même ensemble de composants est combiné chaque fois. Souvent, le matériel normalisé est réservé et ne peut être utilisé que pour la compilation ou la création d'images. Il est préférable d'automatiser cette partie du processus pour en augmenter la fiabilité. Dans des environnements de développement de logiciels, cette activité connue sous le nom de gestion de la construction est sous la responsabilité de la gestion des mises en production.

Plan de retour arrière des changements

Un plan de retour arrière des changements au niveau de la mise en production dans son ensemble définit les activités nécessaires pour la reprise du service en cas de problème lié à la mise en production. La gestion des changements a la charge de s'assurer que des plans d'annulation des changements sont créés. La gestion des mises en production doit l'aider à s'assurer que les plans de retour arrière des changements sont applicables. En particulier, lors de la mise en œuvre d'une mise en production groupée combinant plusieurs demandes de changement, il peut être nécessaire de coordonner différents plans d'annulation des changements pour la mise en production. Si un problème se présente lors d'une mise en production complète ou d'une mise en production différentielle, il est recommandé de revenir à l'état fiable précédent. S'il n'est pas possible d'annuler tous les changements, des mesures de contingence doivent être prises afin de restaurer autant que possible le service informatique.

Il est recommandé de respecter à l'avance les exigences du plan de retour arrière des changements en faisant des copies de sauvegarde et en prévoyant un serveur de secours. Pour les cas où la mise en œuvre serait plus longue que prévu et où le retard risquerait de compromettre la fourniture normale de services, le plan de retour arrière des changements doit également spécifier des délais pour déterminer à quel moment une procédure d'annulation des changements doit commencer pour restaurer le service à temps (par exemple : avant le lundi matin à 7 heures). Un plan de retour arrière des changements doit être inclus dans l'analyse des risques du changement et les utilisateurs ont dû approuver le plan.

La construction réelle de la mise en production peut inclure la compilation et l'assemblage des modules logiciels ou le chargement des bases de données avec des données de test ou des données telles que les tables de codes postaux, les taux d'imposition, les fuseaux horaires et les tables de conversion des devises, ainsi que des informations concernant l'utilisateur. Ceci est souvent obtenu avec des scripts d'installation automatisés qui sont stockés dans la bibliothèque des logiciels définitifs avec les plans d'annulation des changements. Les mises en production complètes doivent être identifiées dans la CMDB en tant que configurations standard afin de faciliter leur configuration par la suite. Les plans des tests concernent les tests et l'acceptation de la qualité des logiciels, du matériel, des procédures, des instructions d'utilisation et des scripts de déploiement avant la mise en production et, éventuellement aussi, des tests d'évaluation après la mise en production. Les scripts d'installation doivent également être testés. Les informations nécessaires pour ce faire sont les suivantes :

- Définition de la mise en production
- Calendrier de mise en production
- Instructions de configuration et de construction de la mise en production
- Description des composants à acheter ou pour lesquels il faut obtenir une licence d'utilisation
- Scripts d'installation automatisés et plans de test
- Copies source du logiciel pour intégration dans la bibliothèque des logiciels définitifs
- Plans et procédures de retour arrière des changements

Tests et acceptation des mises en production

Il arrive que des changements et des mises en production se soldent par un échec. Cet échec est généralement le résultat d'une procédure de test inadéquate. Afin d'éviter une telle situation, la mise en production doit subir, avant la mise en œuvre, un test fonctionnel effectué par des représentants des utilisateurs et un test opérationnel effectué par le personnel de gestion informatique portant sur le fonctionnement technique, les fonctions, l'aspect opérationnel, les performances et l'intégration au reste de l'infrastructure. Les tests doivent également couvrir les scripts d'installation, les procédures automatisées de retour arrière des changements et toute modification apportée aux procédures de gestion. Une acceptation formelle de chaque étape doit être soumise à la gestion des changements. La dernière étape est l'approbation de la mise en production avant son déploiement.

La gestion des changements doit organiser l'acceptation formelle par les utilisateurs et l'approbation des développeurs, avant que la gestion des mises en production puisse démarrer le déploiement.

Les mises en production doivent être acceptées dans un environnement de test contrôlé, pouvant être réinitialisé à un état de configuration connu. Cet état initial, base de référence pour la mise en production doit être écrite de manière détaillée dans la définition de la mise en production, qui doit être enregistrée dans la CMDB. Si la mise en production n'est pas acceptée, elle est renvoyée à la gestion des changements, comme changements ayant échoué.

Les résultats de cette activité sont les suivants :
- Tests des procédures d'installation
- Tests des composants de la mise en production
- Erreurs connues et lacunes dans la mise en production
- Résultats des tests
- Documentation de gestion et d'assistance
- Liste des systèmes touchés
- Instructions d'utilisation et outils de diagnostic
- Tests des plans de contingence et plans d'annulation des changements
- Programme de formation pour le personnel, les gestionnaires et les utilisateurs
- Documents d'acceptation signés
- Autorisation de changement de la mise en production

Planification du déploiement
Le plan de mise en production élaboré lors des étapes précédentes est complété à présent par des informations relatives aux activités et au calendrier exact de mise en œuvre.

La planification du déploiement comprend :
- Établissement d'un calendrier et d'une liste des tâches et des ressources en personnel nécessaires.
- Établissement d'une liste des CI à installer et à retirer progressivement, en précisant de quelle manière ils seront retirés.
- Établissement d'un plan d'action pour chaque site à implanter, en tenant compte des moments disponibles pour les mises en production ainsi que des fuseaux horaires pour une organisation internationale.
- Envoi des notes de service relatives à la mise en production et autres communications destinées aux parties concernées.
- Établissement des plans d'achat du matériel et des logiciels.
- Achat, entreposage sécurisé, identification et enregistrement de tous les nouveaux CI dans la CMDB pour la mise en production.
- Programmation des réunions de mise à jour/revue avec la direction, les départements de direction, la gestion des changements et les représentants des utilisateurs.

Il existe plusieurs façons de mettre en œuvre un déploiement :
- La mise en production peut être **déployée intégralement** – c'est l'approche de choc
- La mise en production peut être **déployée par étapes**, en combinant plusieurs options :
  - Incréments fonctionnels : tous les utilisateurs bénéficient des mêmes nouvelles fonctions en même temps
  - Incréments par site : on traite des groupes d'utilisateurs
  - Façon évolutive : les fonctions évoluent par étapes.

8.4.3 Communication, préparation et formation
Le personnel communiquant avec les clients (centre de services et gestion des relations avec les clients), le personnel opérationnel et les représentants de l'organisation des utilisateurs doivent être au courant des plans et de la manière dont ils peuvent exécuter leurs activités habituelles. Cela peut se faire grâce à des sessions de formation, une coopération et un engagement collectif

dans l'acceptation de la mise en production. Les responsabilités doivent être communiquées et on doit s'assurer que chacun les connaît. Si la mise en production est déployée par étapes, les utilisateurs doivent être informés des plans et de la date à laquelle ils pourront utiliser les nouvelles fonctions.

Les changements apportés aux accords sur les niveaux de service, aux accords sur les niveaux opérationnels et aux contrats de sous-traitance doivent être communiqués préalablement à tout le personnel concerné.

8.4.4 Distribution et installation des mises en production

La gestion des mises en production surveille les processus logistiques d'achat, de stockage, de transport, de livraison et de transfert des logiciels et du matériel. Le processus est pris en charge par des procédures, des enregistrements et des documents d'accompagnement tels que bordereaux d'emballage de manière à fournir des informations fiables à la gestion des configurations. Les installations de stockage du matériel et des logiciels doivent être sécurisées et doivent être accessibles uniquement au personnel autorisé.

Dans la mesure du possible, il est recommandé d'utiliser des outils automatisés pour la distribution des logiciels et leur installation. Ces outils contribuent à réduire le temps nécessaire à la distribution et à améliorer la qualité tout en diminuant la quantité de ressources nécessaires. Ils permettent également de vérifier plus facilement si l'installation est réussie. Avant d'entreprendre une installation, il est recommandé de vérifier si l'environnement dans lequel la mise en production doit se faire répond à certaines conditions : espace suffisant sur le disque, sécurité, régulation climatique ou limitations telles que : air conditionné, surface au sol, alimentation non interruptible/alimentation électrique.

Après l'installation, les informations de la CMDB doivent être mises à jour pour faciliter la vérification des accords relatifs aux permis d'utilisation.

8.5 Coûts et problèmes possibles

8.5.1 Coûts

Les coûts de gestion des mises en production comprennent :

- Les coûts du personnel
- Les coûts de stockage pour la bibliothèque des logiciels définitifs et la réserve de matériels définitifs, le bâtiment et les environnements de test et de distribution
- Les coûts des outils logiciels et du matériel nécessaires

8.5.2 Problèmes possibles

Les problèmes suivants risquent de se présenter :

- **Résistances au changement** – Au départ, il peut y avoir une certaine résistance de la part du personnel habitué à utiliser d'anciennes façons de faire. Il se peut ainsi que le personnel accepte difficilement, de recevoir des instructions d'un autre secteur pour certaines activités. Pour le mettre en confiance, il importe de l'informer des bénéfices de l'approche de l'ITIL.

- **Contournement de la gestion des mises en production** – un logiciel non autorisé peut introduire des virus dans l'organisation, ce qui nuit aux services et complique l'assistance. Des mesures fermes devront donc être prises, en particulier dans l'environnement PC, à l'encontre du personnel et des utilisateurs qui essaient d'utiliser des logiciels non autorisés.
- **Corrections d'urgence** – la gestion des mises en production ne doit pas être contournée, même si une correction d'urgence est nécessaire.
- **Distribution** – si le logiciel doit être distribué sur plusieurs sites, on doit s'assurer que cette action est synchronisée afin d'éviter toute différence de version entre différents sites.
- **Test** – sans environnement de test adéquat, il peut être difficile d'évaluer correctement les nouvelles versions ou les nouveaux logiciels avant la mise en production.

9 Centre de services

9.1 Introduction

Le centre de services joue un rôle important dans le processus de l'assistance offerte à l'utilisateur. Un centre de services parfaitement développé sert de « bureau de réception » aux autres départements informatiques et peut traiter de nombreuses demandes des clients sans contacter le personnel spécialisé. Pour l'utilisateur, le centre de services est le seul point de contact avec l'organisation informatique qui lui offre la possibilité de se faire aider par des personnes qualifiées pour résoudre ses problèmes. Autrement dit, les utilisateurs n'ont pas besoin de chercher une personne en mesure de traiter leur problème. Souvent, le centre de services assure également un suivi des appels provenant de l'intérieur de l'organisation informatique, par exemple, pour les incidents détectés (automatiquement ou par le personnel) dans un département et les appels venant de l'intérieur de l'organisation informatique.

Ce chapitre est différent du reste de ce livre parce qu'il est consacré à une fonction, une unité organisationnelle ou à un département, alors que le reste du livre traite des processus. Le sujet est présenté ici parce que le centre de services joue un rôle essentiel dans la gestion des services informatiques. Pour faire référence à des activités plus larges, nous parlerons de centre de services plutôt que de centre d'assistance, comme nous avons l'habitude de le faire. Un centre d'assistance fait normalement uniquement partie du processus de gestion des incidents, alors que le centre de services s'occupe d'une plus grande gamme d'activités d'assistance.

Le centre de services se charge des activités liées à un certain nombre de processus de base de l'ITIL.

- Le processus primaire est la **gestion des incidents** étant donné que de nombreux incidents sont enregistrés (pris en compte) et surveillés par le centre de services et que de nombreux appels passés au centre de services sont liés à des incidents. Cela englobe la coordination des activités de tiers impliqués dans le traitement des incidents.
- Le centre de services peut être chargé de l'installation des logiciels et du matériel et peut ainsi jouer un rôle dans la **gestion des mises en production** ou la **gestion des changements**.
- Si, au moment d'enregistrer un incident, le centre de services vérifie les détails du demandeur et ses ressources en informatique, le centre de services participe à la **gestion des configurations**.
- Le centre de services peut effectuer des activités dans le cadre de demandes standard, comme l'installation de connexions au réseau local et le déplacement des postes de travail. Dans ces cas, le centre apporte sa contribution à l'évaluation des changements et participe à la **gestion des changements**.
- Le centre de services peut informer les utilisateurs sur les produits et les services d'assistance auxquels ils ont droit. Si le centre de services n'est pas autorisé à répondre à une demande, il doit en informer poliment l'utilisateur et signaler la demande à la **gestion des niveaux de service**.

Le centre de services traite également des activités liées à d'autres processus de l'ITIL, par exemple, la gestion de l'infrastructure (exploitation). Le centre de services entretient les contacts avec les clients par le biais de la promotion et de la fourniture d'informations sur les services. Le centre

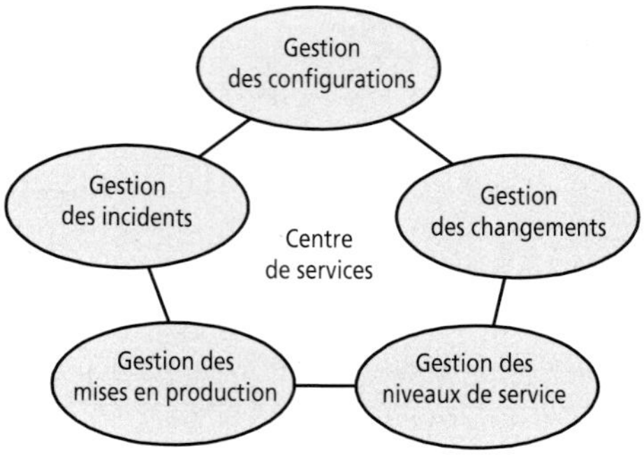

Figure 9.1 Processus du centre de services

de services est un excellent outil pour les contacts quotidiens avec les utilisateurs permettant de mesurer la satisfaction de la clientèle.

9.2 Objectifs

Les objectifs du centre de services sont d'assister la fourniture des services convenus dans un accord en garantissant l'accès à l'organisation informatique et en exécutant toute une gamme d'activités d'assistance (depuis divers processus). En servant de point de contact initial, le centre de services réduit la charge de travail des autres départements informatiques. Il intercepte les questions hors de propos et les questions auxquelles il est facile de répondre. Le centre de services agit en tant que filtre ne laissant passer les appels destinés aux deuxième et troisième niveaux d'assistance uniquement lorsque cela est vraiment nécessaire. En tant que point de contact initial, le centre traite avec les utilisateurs de manière professionnelle en veillant à ce qu'ils ne doivent pas chercher interminablement une solution à leurs problèmes.

9.3 Structure

9.3.1 Accessibilité

L'une des principales tâches du centre de services est d'assurer l'accessibilité de l'organisation informatique. Les utilisateurs doivent être encouragés à appeler le centre de services s'ils ont des questions ou s'ils ont besoin d'aide. La façon dont les appels sont traités peut être surveillée à l'aide des rapports produits par le système téléphonique (PABX) privé.

Le centre de services doit être constant et efficace dans tous ses contacts avec les clients pour donner une impression de fiabilité. Cette tâche peut être facilitée par l'utilisation de procédures basées sur des questions et des réponses standard, par exemple, des scripts.

Plusieurs moyens permettent d'améliorer l'accessibilité. Les contacts par téléphone et par courriels sont les plus courants mais les messages vocaux, le télécopieur, les passerelles Internet et les messages générés automatiquement (par exemple, les messages texte vers les téléphones mobiles ou les téléavertisseurs) peuvent aussi être utilisés.

9.3.2 Soutien du business

Les appels au centre de services peuvent être subdivisés en incidents concernant l'infrastructure technique, en incidents et questions sur l'utilisation d'une application, en questions sur l'état des services (évolution d'un incident), en changements standard et en autres demandes. En fonction du type de service et de l'étendue de l'organisation du service, le centre de services peut traiter tous les appels ou seulement ceux qui concernent des problèmes et demandes techniques alors que l'organisation du client (« qui paie les factures ») traite avec l'assistance des applications elle-même. Dans ce dernier cas, le département du client utilisant l'application a un contact d'application, un bureau d'assistance de l'exploitation du business. Ce bureau d'assistance essaie de répondre aux questions des utilisateurs et dirige uniquement les questions techniques vers le centre de services de l'organisation informatique. De cette façon, le centre de services n'est pas surchargé de questions liées à l'utilisation des applications.

9.3.3 Options structurelles

Il existe plusieurs options en ce qui concerne la structure du centre de services. Les approches courantes sont les suivantes :

- **Centre de services centralisé** - point de contact unique pour tous les utilisateurs, éventuellement avec un centre de services séparé proche des utilisateurs pour les applications de gestion (centre de services à fonctions séparées).
- **Centres de services locaux (répartis)** à travers un certain nombre de sites. La subdivision du centre de services en plusieurs sites rend sa gestion plus difficile.
- **Centre de services virtuel** dont l'emplacement est immatériel à cause de l'utilisation de la technologie des communications.

Centre de services centralisé

La figure 9.2 illustre un centre de services centralisé à fonctions séparées. Si l'organisation informatique est responsable de la fourniture du service (système d'information) et de l'assistance de l'utilisation du système d'information, il est préférable que le centre de services soit le point de contact unique pour l'utilisateur. Dans ce cas, le centre de services informatique est responsable de l'acceptation et de l'enregistrement des appels, du suivi et de l'escalade. La fonction d'assistance de l'exploitation fait alors partie du centre des services informatiques ou bien est la responsabilité de l'équipe d'assistance gérée par le centre de services. Pour ce faire, il faut un système d'enregistrement des incidents commun.

Si l'organisation informatique n'est pas responsable de l'assistance des opérations business, le bureau d'assistance de l'exploitation business représente les utilisateurs lorsque la situation exige l'assistance du fournisseur des services informatiques.

Cette approche peut être combinée avec un pont opérationnel (une concentration physique d'activités de gestion opérationnelle, par exemple, un centre de services combiné à un département opérationnel) pour permettre une communication directe entre le centre de services et la gestion opérationnelle (production, exploitation), la production englobant la gestion du réseau, l'exploitation des ordinateurs, et cetera. Cette communication directe facilite une réponse rapide quand le centre de services ne parvient pas à résoudre des erreurs immédiatement. Idéalement, les départements doivent être proches les uns des autres.

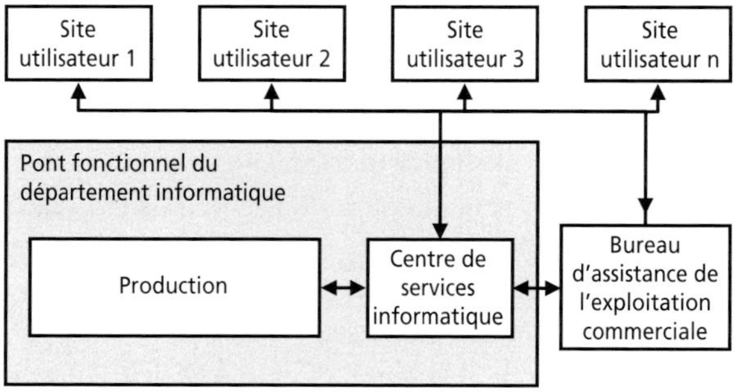

Figure 9.2 Centre de services à fonctions séparées

Centre de services décentralisé

Le centre de services décentralisé se trouve dans plusieurs sites, bâtiments, voire pays différents. La figure 9.3 illustre un exemple de structure d'un centre de services décentralisé. Il existe plusieurs options :

- **Point de contact central**, acheminant les appels vers les points d'assistance locaux. Le centre de services central peut servir de point de contact initial pour les utilisateurs et se spécialiser dans l'enregistrement des incidents. Les logiciels actuels d'acheminement des appels augmentent l'efficacité du centre de services à résoudre les incidents.
- **Points de contact locaux** avec un centre de services central pour assurer le suivi et surveiller les incidents. Cette approche est souvent utilisée quand l'organisation locale a une langue et une culture propres. Elle est également utilisée lorsque l'organisation compte un grand nombre d'applications personnalisées dans chaque secteur d'activité. Par exemple, une société de produits chimiques a plus de trois cents catégories d'applications personnalisées et un millier d'applications en tout. À ce niveau de « personnalisation », la seule solution pratique est de répartir les fonctions du centre de services dans chaque secteur d'activité étant donné qu'une connaissance « de terrain » est nécessaire pour résoudre de nombreux incidents. La responsabilité locale des coûts des services d'assistance peut aussi motiver cette structure.
- **Centre d'appels**. Cette option est de plus en plus populaire et est souvent utilisée par les fournisseurs. Un numéro d'appel central, généralement gratuit, permet d'accéder à un menu de réponse vocale, dans lequel l'utilisateur peut sélectionner l'option nécessitant une assistance,comme le courrier électronique ou les applications de bureau. L'appel est ensuite dirigé vers une équipe d'assistance spécialisée. Ces équipes d'assistance peuvent se trouver dans des zones géographiques différentes mais l'utilisateur ne s'en rend pas compte.

Centre de services virtuel

Une version moderne et spécialisée d'un centre de services décentralisé est le centre de services virtuel. Celui-ci se compose d'un certain nombre de centres de services locaux qui semblent former une unité car les technologies modernes de télécommunication et de réseaux rendent l'emplacement immatériel. Le centre de services et l'assistance peuvent désormais se trouver n'importe où. L'utilisation de divers sites dans différents fuseaux horaires du monde (« assistance qui suit le soleil ») permet d'assurer l'assistance 24 heures sur 24. L'inconvénient d'un tel centre réside dans le fait que l'assistance sur place est plus difficile à fournir.

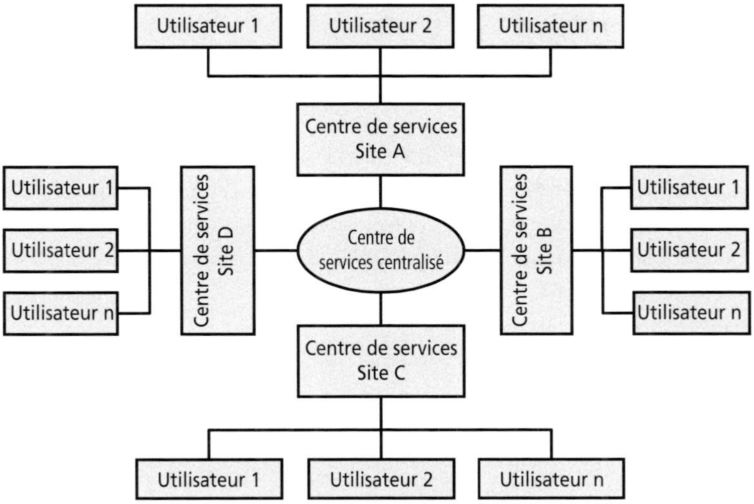

Figure 9.3 Centre de services décentralisé avec contrôle central (source : OGC).

Depuis quelques temps, nous voyons apparaître une « auto-assistance » sous la forme de fonctions « automatisées » du centre de services. L'auto-assistance sous la forme, par exemple, d'accès Internet à la base de données de connaissances (recherche d'erreurs connues) et aux enregistrements d'incidents (vérification de l'état, et cetera) est une excellente façon de réduire les coûts et de responsabiliser la communauté des utilisateurs.

9.3.4 Personnel du centre de services

Les qualités du personnel du centre de services doivent correspondre aux exigences définies par la mission et la structure du centre de services. On trouvera ci-dessous quelques exemples de missions et les exigences en personnel correspondantes :

- **Centre d'appels** : ce type d'unité d'assistance enregistre uniquement les appels et ne fournit pas de solution. Les appels sont dirigés vers des départements spécialisés qui les traitent. Dans certains cas, l'enregistrement et l'acheminement des appels peuvent être automatisés avec des systèmes à réponse vocale.
- **Centre de services non qualifié ou d'enregistrement des appels** : les appels sont enregistrés, décrits en termes généraux et la plupart d'entre eux sont acheminés immédiatement. Le centre de services a une fonction de distribution et a besoin, pour les appels qu'il doit traiter lui-même, d'une grande gamme de procédures normalisées, de scripts de traitement des appels, d'un code de discipline et d'un directeur expérimenté. L'avantage de cette approche est la normalisation de l'enregistrement des incidents et le fait que les incidents soient surveillés et gérés au nom de l'utilisateur. Elle a pour inconvénient un temps de réponse plus long et un taux de résolution au premier appel beaucoup plus faible que dans le cas d'un centre de services spécialisé.
- **Centre de services spécialisé** : ce type de centre de services est mieux qualifié et plus expérimenté que le type précédent. En utilisant des solutions documentées, il peut résoudre de nombreux incidents et en acheminer quelques-uns vers des équipes d'assistance. Les taux de résolution au premier appel sont généralement beaucoup plus élevés que pour un centre d'assistance non qualifié.

- **Centre de services expert** : ce type de centre de services a une connaissance spécialisée de toute l'infrastructure informatique et les compétences nécessaires pour résoudre la plupart des incidents de façon indépendante.

9.3.5 Technologie des centres de services

Il existe de nombreuses options techniques de configuration d'un centre de services. En dehors d'un outil efficace de gestion des services, ces options sont les suivantes :
- Outils d'intégration de la gestion des services avec des outils de gestion des systèmes
- Technologie de communication comme, par exemple, l'intégration de l'informatique et de la téléphonie ou le protocole Internet Voice Over IP (VOIP)
- Systèmes de réponse vocale interactifs (RVI)
- Courriel
- Serveurs de télécopies (télécopie par courriel ou Internet)
- Acheminement des appels vers des téléavertisseurs, téléphones mobiles, ordinateurs portables et ordinateurs de poche
- Outils de connaissance, de recherche et de diagnostic (base de connaissances, raisonnement par cas)
- Outils de gestion automatisée des systèmes et des réseaux
- Plates-formes Intranet et Internet en libre-service

9.4 Activités

9.4.1 Réponse aux appels

Il y a appel lorsqu'un utilisateur contacte le centre de services. Tous les appels doivent être consignés afin de faciliter le suivi et fournir des paramètres de contrôle des processus.

Il existe deux catégories d'appels :
- **Incidents** : essentiellement tous les appels sauf ceux relatifs aux changements non standard :
  - *Rapports d'erreurs* : véritables défaillances et réclamations concernant le service.
  - *Demandes de service* : Les demandes de service sont classées par l'ITIL comme des incidents mais elles n'impliquent pas une défaillance dans l'infrastructure informatique. Les demandes de service n'appartiennent pas non plus à la catégorie de la gestion des changements. Les exemples comprennent : des questions comme « Comment puis-je faire pour? » ; des demandes d'informations, par exemple, des demandes sur l'état, de documentation ou de conseil ; des demandes de changement de mot de passe, d'exécution de travaux en traitement par lots, de restauration de fichiers ou d'extraction de base de données ; des demandes de consommables (y compris le remplacement d'une souris, d'un clavier, et cetera, si ce ne sont pas des CI) ; la fourniture de documentation comme des manuels d'utilisateur, et cetera.
  - Une demande de service peut aussi être un *changement standard*. Un changement standard est en fait un changement de routine de l'infrastructure qui suit un chemin établi et représente la solution acceptée pour une exigence particulière ou un ensemble d'exigences *et qui n'est pas traité dans le processus de gestion des changements*. À titre d'exemple, citons la mise à niveau d'un PC en prévision de l'utilisation d'un logiciel particulier, la configuration d'un PC, d'un logiciel et des connexions au réseau pour les nouveaux employés, des installations standard simples et des commandes standard pour des postes de travail, des périphériques et des

applications locales. Les changements standards *sont* des changements qui impliquent donc une modification de l'infrastructure informatique enregistrée.

- **Changements** : il s'agit de changements non standards qui ne sont pas traités comme des demandes de service. Une demande d'un tel changement suit le processus standard de la gestion des changements et nécessite une demande de changement formelle.

Note : L'ITIL considère les rapports d'erreurs, les demandes de service et les changements standard comme des « incidents », étant donné que ces appels sont traités de façon assez similaire. D'un autre côté, l'ITIL autorise des procédures séparées pour les demandes de service et les changements standard, indépendantes des procédures de gestion des incidents.

9.4.2 Fourniture d'informations

Le centre de services doit servir de principale source d'information pour les utilisateurs. La communication des informations a lieu de façon passive (par exemple, en fournissant un babillard) ou active (courriels, messages d'entrée en communication à l'écran ou messages d'économiseurs d'écran). Il convient de faire le maximum pour informer les utilisateurs des erreurs existantes ou prévues, de préférence avant qu'elles ne touchent les utilisateurs. Le centre de services doit également fournir des informations sur les nouveaux services et les services existants, les conditions des accords sur les niveaux de service, les procédures de commande et les coûts.

9.4.3 Lien avec les fournisseurs

Le centre de services est souvent responsable des contacts avec les fournisseurs de maintenance, ce qui inclut les procédures de réparation et de remplacement des imprimantes, des postes de travail et, dans certains cas, des équipements de télécommunications. Ce type de maintenance peut aussi inclure le traitement des incidents, au sens propre (dérangements) mais aussi les changements et les demandes de services.

9.4.4 Tâches de gestion opérationnelle

Réalisation de copies de sauvegarde et de restaurations, fourniture de connexions au réseau local, gestion de l'espace disque des serveurs locaux, création de comptes, autorisation et réinitialisation des mots de passe, peuvent aussi être de la responsabilité du centre de services.

9.4.5 Surveillance de l'infrastructure

Le centre de services peut aussi avoir accès aux outils pouvant servir à estimer l'impact des défauts touchant l'équipement essentiel, comme les routeurs, les serveurs et les passerelles, les systèmes, applications et bases de données essentiels à la mission. Dans de nombreux cas, ces outils peuvent détecter les défauts et informer automatiquement la gestion des incidents en cas d'apparition d'un défaut ou de menace de panne. Formellement, l'utilisation de ces outils est la tâche principale du département « exploitation » qui doit fournir cette information au centre de services.

9.5 Efficacité

La satisfaction du client ou de l'utilisateur est le principal indicateur d'efficacité du centre de services. Citons les indicateurs clés de performance les plus communs :

- Répond-on rapidement au téléphone? (par exemple, réponse dans un délai de X secondes dans 90 % des cas)

- Les appels sont-ils acheminés vers le deuxième niveau d'assistance dans un délai de X minutes (s'ils ne peuvent pas être résolus au centre de services)?
- Le service est-il restauré dans un délai acceptable et conformément à l'accord sur les niveaux de service?
- Les utilisateurs sont-ils informés à temps des changements et des erreurs actuelles et futures?

Certains indicateurs de performance ne peuvent être mesurés qu'à l'aide d'un questionnaire à remplir par les clients, par exemple :
- La réponse au téléphone est-elle courtoise?
- Les utilisateurs reçoivent-ils de bons conseils sur la façon d'éviter les incidents?

9.5.1 Rapports de gestion

Le centre de services doit vérifier régulièrement (au minimum tous les mois) qu'il répond à des normes définies. Les mesures appropriées sont les suivantes :
- Pourcentage d'incidents résolus sans faire appel à d'autres niveaux comme l'assistance de deuxième ou troisième niveau ni aux fournisseurs.
- Nombre d'appels traités par poste de travail/utilisateur et total pour le centre de services.
- Temps moyen de résolution des incidents, par type d'impact, ou temps nécessaire pour exécuter une demande de service. Le temps écoulé et le temps consacré effectivement à l'appel doivent être précisés.
- Rapports de l'autocommutateur privé sur le temps moyen de réponse, le nombre d'appels interrompus par les utilisateurs, la durée moyenne des appels et les mesures relatives par agent du centre de services.

Il est possible de fixer des normes pour ces mesures et de les utiliser pour surveiller l'amélioration ou la détérioration du service. L'efficacité du centre de services peut également être mesurée au moyen d'enquêtes effectuées régulièrement auprès des clients.

9.5.2 Facteurs critiques de succès

S'il est difficile de joindre le centre de services, les utilisateurs ne le contacteront pas et essaieront de résoudre les erreurs eux-mêmes ou tenteront de trouver de l'aide dans l'organisation. Le fonctionnement d'un centre de services doit donc atteindre un certain niveau de performance avant de faire une campagne de publicité.

Si les utilisateurs essaient de contacter directement des spécialistes, ils doivent toujours être dirigés vers le centre de services.

Il doit exister des accords clairs sur les niveaux de service et sur les niveaux opérationnels, de même qu'un bon catalogue des services pour que l'assistance fournie par le centre de services ait un objectif bien défini.

10 Gestion des niveaux de service

10.1 Introduction

La gestion des niveaux de service est un processus de négociation, de définition, de mesure, de gestion et d'amélioration de la qualité des services informatiques à un coût acceptable. Ces activités ont lieu dans un environnement où les besoins du business ainsi que la technologie évoluent rapidement. La gestion des niveaux de service a comme objectif d'atteindre l'équilibre idéal entre l'offre et la demande de qualité, la facilité d'utilisation par les clients et le coût des services informatiques. Il est important que le fournisseur comme le client réalisent qu'un service est fourni mais également reçu. La gestion des niveaux de service regroupe l'élaboration, la négociation et la mise à jour de ce qui suit :

- accords sur les niveaux de service
- accords sur les niveaux opérationnels
- contrats de sous-traitance
- plans de qualité des services

10.1.1 Concepts de base

Fournisseurs et clients de services informatiques

En théorie, toute personne obtenant des services informatiques est un client. Dans la plupart des cas, l'organisation informatique est le fournisseur. L'organisation informatique obtient généralement aussi des services informatiques et est donc, en même temps, cliente des fournisseurs de services informatiques, ce qui peut créer un ensemble de relations complexes.

Dans le contexte de la gestion des niveaux de service, nous utilisons les définitions suivantes pour le client et le fournisseur :

- Le **client** est le représentant d'une organisation autorisée à passer des accords au nom de cette organisation portant sur l'obtention de services informatiques. À ne pas confondre avec l'**utilisateur final** des services informatiques.
- Le **fournisseur** est le représentant d'une organisation autorisée à passer des accords au nom de cette organisation portant sur la fourniture de services informatiques.

Exigences de niveaux de service

Les exigences de niveaux de service correspondent aux définitions détaillées des besoins des clients et sont utilisées pour mettre au point, modifier et lancer les services. Les exigences de niveaux de service peuvent servir de plans pour la conception d'un service et de l'accord sur les niveaux de service correspondant et peuvent également être utilisés comme base de conception.

Cahiers de spécifications des services (Descriptifs)

Les cahiers de spécifications des services décrivent la relation entre la fonctionnalité (convenue avec le client et donc orientée client) et la technologie (telle que mise en œuvre dans l'organisation informatique et donc orientée informatique) et contiennent une spécification détaillée du service. Les cahiers de spécifications traduisent les exigences de niveaux de service (spécifications externes) en définitions techniques nécessaires pour fournir le service (spécifications internes).

Les cahiers de spécifications décrivent également les liens entre les accords sur les niveaux de service, les contrats de sous-traitance et les accords sur les niveaux opérationnels. Les cahiers de spécifications sont un outil important de surveillance de la conformité entre les spécifications internes et externes.

Catalogue des services

L'établissement d'un catalogue des services peut aider l'organisation informatique à établir son profil et à se présenter comme fournisseur de services informatiques et non pas comme un simple installateur et préposé à l'entretien de la technologie. Le catalogue des services renferme une description détaillée des services opérationnels rédigée dans un langage compris par le client et un résumé des niveaux de service connexes que l'organisation informatique peut offrir à ses clients. En tant que tel, le catalogue est un outil de communication important. Le catalogue peut contribuer à orienter les attentes des clients et faciliter ainsi le processus d'alignement entre les clients et les fournisseurs de services. Ce document est obtenu à partir des spécifications externes des cahiers de spécifications et doit, par conséquent, être rédigé dans un langage compris par le client et non pas sous forme de spécifications techniques.

Accord sur les niveaux de service

Un accord sur les niveaux de service est un contrat passé entre l'organisation informatique et le client qui décrit en détail les services à fournir. L'accord sur les niveaux de service décrit les services en termes non techniques, conformément à la perception du client, et sert, pendant la durée de l'accord, de norme pour mesurer et ajuster les services informatiques. Les accords sur les niveaux de service ont normalement une structure hiérarchique. Les services généraux tels que des services de réseau ou de centre de services sont définis pour l'organisation comme un tout et sont approuvés par la direction. Les services plus spécifiques, associés aux activités business, sont définis à un niveau inférieur de l'organisation, par exemple avec la direction d'une unité d'affaires (Business Unit), le responsable du budget ou le représentant du client.

Programme d'amélioration des services

Le programme d'amélioration des services est souvent mis en œuvre en tant que projet et définit les activités, les phases et les repères associés à l'amélioration d'un service informatique.

Plan de qualité des services

Le plan de qualité des services est un document important car il contient toutes les informations de gestion nécessaires pour gérer l'organisation informatique. Le plan de qualité des services définit les paramètres des processus de gestion des services. L'accord sur les niveaux de service est « l'objet » à livrer, par opposition au plan de qualité des services qui correspond au « mode de livraison ». Ce plan contient les objectifs pour chaque processus sous forme d'indicateurs de performance. Il peut contenir, par exemple, pour la gestion des incidents, les temps de résolution pour les différents niveaux d'impact et, pour la gestion des changements, les durées types et les coûts des changements standard comme un changement d'emplacement. Les rapports et leurs fréquences sont définis pour tous les processus. Les indicateurs de performance découlent des exigences de niveaux de service et sont documentés dans les cahiers de spécifications. Si des fournisseurs externes contribuent à la fourniture des services, par exemple lorsque le centre de services ou la maintenance des PC est sous-traité, les indicateurs de performance sont également définis dans les contrats de sous-traitance.

Accord sur les niveaux opérationnels

Un accord sur les niveaux opérationnels est un contrat conclu avec un département informatique interne définissant la fourniture de certains éléments d'un service. Par exemple, si l'accord sur les niveaux de service stipule les objectifs de restauration d'un incident à haute priorité, les accords sur les niveaux opérationnels doivent spécifier les objectifs pour chacun des éléments de la chaîne d'assistance (objectifs de réponse aux appels, d'escalade, et cetera pour le centre de services, objectifs d'assistance du réseau pour commencer à étudier et à résoudre les erreurs relatives au réseau, et cetera). Les accords sur les niveaux opérationnels soutiennent l'organisation informatique fournissant les services.

Contrats de sous-traitance

Un contrat de sous-traitance est un contrat conclu avec un fournisseur externe précisant la fourniture de certains éléments d'un service, comme, par exemple, le dépannage des postes de travail ou la location d'une ligne téléphonique. Cela est similaire à l'implantation externe d'un accord sur les niveaux opérationnels. Dans de nombreuses organisations, un département informatique interne offre les services informatiques. Les accords sur les niveaux de service et sur les niveaux opérationnels sont souvent des descriptions de ce qui a été convenu entre les départements internes plutôt que des contrats légaux. Toutefois, un contrat de sous-traitance conclu avec un fournisseur externe est normalement rédigé sous la forme d'un contrat officiel.

10.2 Objectifs

La gestion des niveaux de service vérifie que les services informatiques dont le client a besoin sont maintenus et améliorés en permanence. Elle utilise à cette fin des accords, la surveillance et des rapports sur la performance de l'organisation informatique afin de créer de surcroît une relation business efficace entre l'organisation informatique et ses clients.

La gestion efficace des niveaux de service améliore la performance du business du client et son niveau de satisfaction. Étant donné que l'organisation informatique est mieux informée de ce que le client attend d'elle et de ce qu'elle fournit, il lui est plus facile de planifier, de budgétiser et de gérer ses services.

10.2.1 Avantages

En général, l'implantation de la gestion des niveaux de service offre les avantages suivants :

- Les services informatiques sont conçus de manière à répondre aux attentes définies dans les exigences de niveaux de service.
- Les performances des services peuvent être mesurées, ce qui signifie qu'elles peuvent être gérées et faire l'objet de rapports.
- Si l'organisation informatique facture à ses clients l'utilisation des services informatiques, le client peut établir un équilibre entre la qualité des services requise et les coûts correspondants.
- Comme l'organisation informatique peut établir un cahier de spécifications des services et des composants nécessaires, elle peut mieux contrôler la gestion des ressources, ce qui lui permet de réduire les coûts à long terme.
- Amélioration des relations avec le client et de la satisfaction du client.
- Le client et l'organisation informatique sont conscients de leurs responsabilités et de leurs rôles, ce qui réduit les risques de malentendus ou d'omissions.

10.3 Processus

La gestion des niveaux de service est un processus qui lie le fournisseur de services informatiques et le client en ce qui concerne ces services. Le processus de gestion des niveaux de service poursuit plusieurs objectifs :

- Intégrer les éléments nécessaires pour la fourniture des services informatiques.
- Créer des documents décrivant clairement les services par leurs divers éléments.
- Décrire les services fournis au client dans un langage que le client comprend et utilise.
- Aligner la stratégie informatique sur les besoins du business.
- Améliorer la fourniture des services informatiques de manière contrôlée.

La gestion des niveaux de service joue un rôle central dans les processus de gestion des services informatiques et est en relation étroite avec les autres processus d'assistance et de livraison. La gestion des niveaux de service forme une sorte de passerelle avec le client puisqu'elle lui offre la possibilité de discuter de ses besoins sans s'enliser dans les détails techniques. L'organisation informatique traduit ensuite ces besoins en spécifications techniques et en activités au sein de l'organisation. La mesure dans laquelle le client est débarrassé des préoccupations d'ordre technologique indique l'efficacité de la gestion des niveaux de service.

La gestion des niveaux de service exige une coopération efficace et productive avec les clients étant donné que la définition des niveaux appropriés de service exige la contribution du client et des efforts de sa part. Il se peut que le client (le business) ne soit pas à l'aise face aux sujets abordés. Dans ce cas, cet aspect doit d'abord être étudié. La figure 10.1 représente le déroulement du processus de gestion des niveaux de service. Elle illustre des processus à deux composants qui présentent un grand parallélisme : le composant supérieur traite de la conclusion des accords et le composant inférieur consiste à s'assurer que les accords sont respectés.

10.3.1 Activités de la gestion des niveaux de service

La gestion des niveaux de service comprend les activités suivantes :

- **Identification** – identification des besoins des clients (gestion des relations) et promotion de l'organisation informatique. Compréhension des processus business et des besoins du client.
- **Définition** – définition des services à fournir pour répondre aux besoins et exigences du client. Ces services sont définis dans les exigences de niveaux de service et les cahiers de spécifications des services. Le résultat de cette activité est l'élaboration d'un plan de qualité des services.
- **Finalisation** – finalisation du contrat, c'est-à-dire négociation avec le client du niveau de service nécessaire, en relation avec les coûts impliqués et la définition de ce niveau. Soutien des accords sur les niveaux de service par des accords sur les niveaux opérationnels et des contrats de sous-traitance. Rédaction ou révision du catalogue des services spécifiant les services disponibles pour le client.
- **Surveillance** – surveillance des niveaux de service.
- **Production de rapports** – établissement de rapports sur les niveaux de service. Transmission au client et à l'organisation informatique de rapports réguliers sur les niveaux effectifs des services, en comparaison avec le respect du niveau de service.
- **Revue** – revue du service avec le client afin de déterminer les possibilités d'amélioration. Un programme d'amélioration des services peut être mis en place, si nécessaire. Des contacts fréquents avec les clients sont nécessaires afin de connaître leur expérience et leurs idées en ce

qui concerne le service fourni. Il peut s'ensuivre une modification des accords sur les niveaux de service existants ou la rédaction de nouveaux accords.

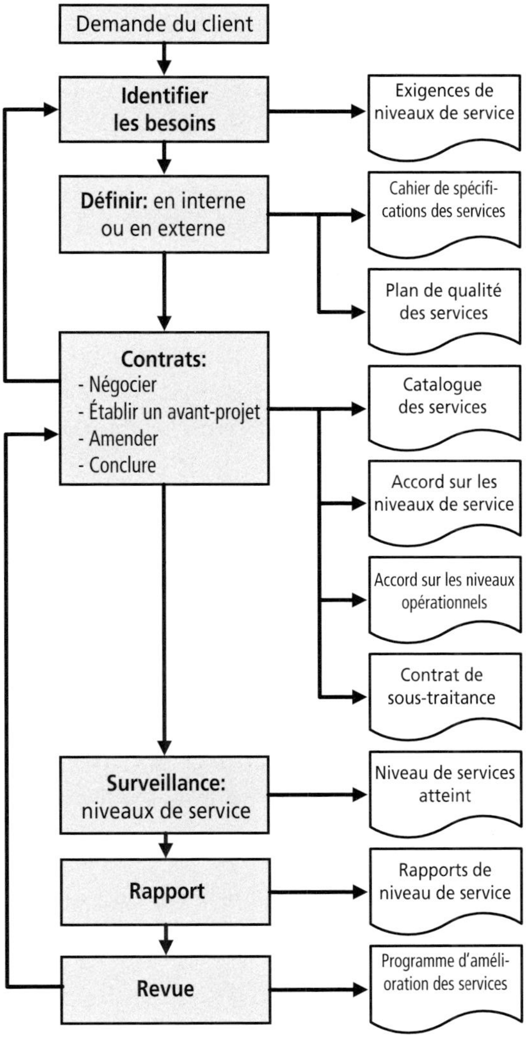

Figure 10.1 Processus de gestion des niveaux de service

Une gestion des niveaux de service parfaitement efficace nécessite l'implantation d'autres processus de soutien et de fourniture de services. Dans une certaine mesure, tous les processus contribuent à la gestion des niveaux de service. Lors de la définition d'un service et des niveaux de service associés, on doit vérifier la mesure dans laquelle les processus d'assistance nécessaires sont implantés. Les relations entre la gestion des niveaux de service et les autres processus sont décrites ci-dessous.

10.3.2 Relations avec les autres processus

Centre de services

Même si le centre de services est une fonction et non pas un processus, la relation entre la fonction du centre de services et le processus de gestion des niveaux de service est particulièrement importante. Le centre de services est le point de contact initial pour les utilisateurs. Son objectif est de rétablir, en passant par la gestion des incidents, les niveaux de service convenus aussi rapidement que possible en cas d'erreur. Étant donné ses contacts directs avec les utilisateurs des services informatiques, le centre de services est souvent en mesure de fournir des informations précieuses sur la perception de la qualité (satisfaction des utilisateurs) de la gestion des niveaux de service par les utilisateurs. En principe, il doit exister une étroite relation entre la satisfaction de l'utilisateur et la satisfaction du client. Le centre de services joue également un rôle important en contribuant à la définition des temps de réponse et de résolution qui entrent en ligne de compte en cas d'interruption du service.

Gestion de la disponibilité

La gestion de la disponibilité est responsable de la réalisation et de l'optimisation de la disponibilité des services. La gestion des niveaux de service fournit à la gestion de la disponibilité des informations sur la disponibilité nécessaire des services informatiques tandis que la gestion de la disponibilité fournit des informations sur la disponibilité réelle à la gestion des niveaux de service.

Gestion de la capacité

La gestion de la capacité a pour tâche de gérer la capacité de l'infrastructure informatique. Il existe un plan de capacité contenant des détails sur l'utilisation actuelle de l'infrastructure et les besoins prévisionnels. La gestion de la capacité soutient la gestion des niveaux de service en fournissant des informations relatives à l'impact d'un nouveau service ou de l'extension d'un service existant sur la capacité générale. La gestion de la capacité indique également si l'utilisation d'un service a lieu conformément aux limites convenues.

La gestion des niveaux de service fournit des informations à la gestion de la capacité sur l'utilisation actuelle et future prévue et donne des indications sur la gestion des niveaux de service qui a été ou sera convenue avec le client.

Gestion des incidents et la gestion des problèmes

La gestion des incidents et la gestion des problèmes sont d'excellents indicateurs de la mise en œuvre efficace des accords sur les niveaux de service. La gestion des incidents, en particulier, joue un rôle important pour assurer une reprise des services aussi rapide que possible après une erreur.

La gestion des problèmes a pour but d'améliorer la stabilité des services en adoptant des mesures permanentes afin d'éviter que les erreurs ne se reproduisent.

La résolution des incidents et des problèmes est essentielle pour la fourniture de services de haute qualité. La gestion des niveaux de service utilise les informations des rapports fournis à la clientèle par ces processus.

Gestion des changements

L'accord sur les niveaux de service peut définir les changements pouvant être demandés par l'organisation du client et les accords passés en vue de répondre à ces demandes de changements (à qui adresser les changements, temps de cycle, coûts, information de l'organisation, et cetera). Un changement peut également avoir des répercussions sur les niveaux de service qui ont été convenus. Tout changement apporté à un service et à l'accord sur les niveaux de service correspondant est contrôlé par la gestion des changements.

Gestion des mises en production

De nombreux services informatiques se résument en la fourniture du matériel de l'infrastructure accompagné de logiciels personnalisés ou propres au commerce. La gestion des mises en production surveille les accords conclus par la gestion des niveaux de service dans le domaine de la fourniture du matériel et des logiciels. La gestion des niveaux de service dresse des rapports sur la qualité des services informatiques sur la base des informations obtenues dans les rapports de gestion des mises en production.

Gestion de la continuité des services informatiques

La gestion de la continuité des services informatiques est chargée de la reprise rapide des services informatiques en cas de sinistre et surveille les mesures et les procédures appropriées. Les accords de ce type avec le client sont conclus dans le cadre du processus de gestion des niveaux de service. Les mesures et les coûts sont ensuite inclus dans l'accord sur les niveaux de service. Il peut être convenu qu'en cas de sinistre, certains niveaux de service ne seront plus disponibles ou seront limités provisoirement.

Les changements apportés au service et à l'accord sur les niveaux de service peuvent nécessiter une modification des mesures et des procédures de continuité définies.

Gestion de la sécurité

Les mesures de sécurité associées aux services informatiques peuvent également être essentielles à l'efficacité de la gestion des niveaux de service. Le client ainsi que l'organisation informatique ont certaines exigences en matière de sécurité. Les dispositions dans ce domaine sont définies dans l'accord sur les niveaux de service. La gestion de la sécurité s'assure que les mesures de sécurité convenues sont mises en œuvre, surveillées et font l'objet de rapports destinés à la gestion des niveaux de service.

Gestion des configurations

La gestion des configurations est responsable de la saisie dans la CMDB des détails des composants (éléments de configuration) et de la documentation (accord sur les niveaux de service) relatifs à un service, ainsi que de la fourniture d'information à partir de cette base de données. Ainsi, la création ou la modification d'un service ou d'un accord sur les niveaux de service a des répercussions sur la CMDB. Le centre de services utilise la CMDB pour déterminer l'impact d'une erreur sur les services et pour vérifier l'observation des accords conclus en matière de temps de réponse et de résolution. La CMDB est également utilisée pour produire des rapports sur la qualité des éléments de configuration de façon à permettre à la gestion des niveaux de service de dresser des rapports sur la qualité des services fournis.

Gestion financière des services informatiques

Le cas échéant, l'accord sur les niveaux de service indique que les frais engagés par l'organisation informatique pour les services fournis sont facturés au client. Il peut s'agir de frais uniques ou de frais liés à des services spéciaux ou supplémentaires. La gestion financière fournit à la gestion des niveaux de service des informations concernant les coûts correspondant au service fourni. Elle fournit également des informations sur les méthodes de facturation et les montants à facturer au client pour couvrir les coûts d'un service.

10.4 Activités

Les étapes des processus sont décrites en détail plus bas ainsi que le déroulement des processus et les activités.

10.4.1 Identification

Plus les entreprises dépendent de leurs services informatiques, plus la demande de services informatiques de plus haute qualité augmente. La perception de la qualité d'un service dépend des attentes du client, de la gestion constante des impressions du client, de la stabilité du service et de l'acceptation des coûts. Dans ce contexte, la meilleure façon de fournir la qualité appropriée est d'en discuter d'abord avec le client.

L'expérience montre que les clients n'ont généralement pas une idée claire de leurs attentes et qu'ils se contentent de supposer que certains aspects du service seront fournis, même en l'absence d'accords clairs. Cette situation génère souvent de nombreux malentendus, ce qui souligne une fois encore la nécessité, pour les gestionnaires des niveaux de service, de bien connaître leurs clients et de les aider à définir clairement leurs idées en ce qui concerne les services et les niveaux de service dont ils ont réellement besoin, d'une part, et les prix correspondants, d'autre part.

Les exigences des clients doivent être exprimées en valeurs mesurables de façon à pouvoir contribuer à la conception et à la surveillance des services informatiques. Si ces valeurs ne sont pas convenues avec le client, il est difficile de vérifier si les services informatiques correspondent à l'ensemble des accords. La gestion des niveaux de service joue un rôle clé dans la compréhension et la définition des besoins du client.

La première étape de la conclusion d'accords sur les niveaux de service portant sur les services informatiques actuels ou futurs doit être l'identification et la définition des besoins du client dans les exigences de niveaux de service. Cela doit avoir lieu non seulement une fois au cours du processus mais également de façon régulière, suite à des rapports et des révisions, à la demande du client ou pour les besoins de l'organisation informatique. Cette activité peut concerner aussi bien des nouveaux services que des services existants.

10.4.2 Définition

La définition de l'étendue et de la profondeur des exigences des clients est considérée comme un processus de conception dans le cadre de la gestion des niveaux de service. Selon le modèle d'assurance qualité ISO 9001, un processus de conception doit inclure les étapes suivantes : conception, développement, production, installation et maintenance. Le processus de conception doit être géré pour garantir que les résultats à la fin du processus sont conformes aux exigences du client. Pendant le processus de conception, le terme « externe » s'applique à la communication avec les clients et le terme « interne » à l'assistance technique à l'intérieur de l'organisation informatique. Le processus de conception comprend un certain nombre d'étapes qui vont de l'étude détaillée des exigences du client et leur définition sous forme de normes claires, au développement des exigences techniques pour la fourniture du service.

Définition des normes externes

La première étape pour évaluer quantitativement des nouveaux services ou des services informatiques existants est de définir ou de redéfinir en termes généraux les attentes du client en matière de service. Ces attentes sont exprimées en exigences de niveaux de service. Ces exigences doivent impliquer toute l'organisation du client. Cette étape est généralement considérée comme la partie la plus difficile du processus de gestion des niveaux de service.

Au début de cette étape, le gestionnaire des niveaux de service doit se préparer à la réunion avec l'organisation du client. Les premières questions à poser sont les suivantes : « Qu'attend-on du service informatique et de quels éléments ce service doit-il être composé? » Un service peut comprendre l'utilisation d'une infrastructure limitée, comme, par exemple, un réseau longue portée (WAN). Un tel service peut contribuer à un service composite, comme l'accès à un système d'information complet, y compris toute l'infrastructure sous-jacente (réseau longue portée, réseau local, postes de travail, applications, et cetera).

Pendant ces réunions, les utilisateurs doivent être divisés en groupes. Le gestionnaire des niveaux de service établit une liste de groupes d'utilisateurs en indiquant leurs exigences et leurs niveaux d'autorité. Les informations suivantes sont nécessaires pour définir les exigences de niveaux de service :

- Une description, du point de vue du client, des fonctions qui doivent être fournies par le service
- Les heures et les jours où le service doit être disponible
- Les exigences en matière de continuité des services
- Les fonctions informatiques nécessaires pour fournir le service
- Des références aux méthodes opérationnelles ou normes de qualité actuelles à prendre en considération lors de la définition du service
- Une référence à l'accord sur les niveaux de service à modifier ou remplacer, le cas échéant

L'étape de conception produit un document contenant les exigences de niveaux de service, signé par le gestionnaire des niveaux de service et le client. Les exigences de niveaux de service peuvent encore être modifiées quand le département travaille à la conception, l'approvisionnement et la mise en œuvre. De tels changements peuvent être liés à la viabilité des fonctions ou des coûts envisagés. Les deux parties doivent approuver tous ces changements.

Traduction en normes internes

Durant la phase de spécification, les exigences en matière de niveaux de service sont développées en détail. Cette étape a pour but de fournir les informations suivantes :

- Une description détaillée et parfaitement claire des services informatiques et des composants nécessaires

- Une spécification de la façon dont le service sera mis en œuvre et fourni
- Une spécification de la procédure de contrôle de la qualité exigée

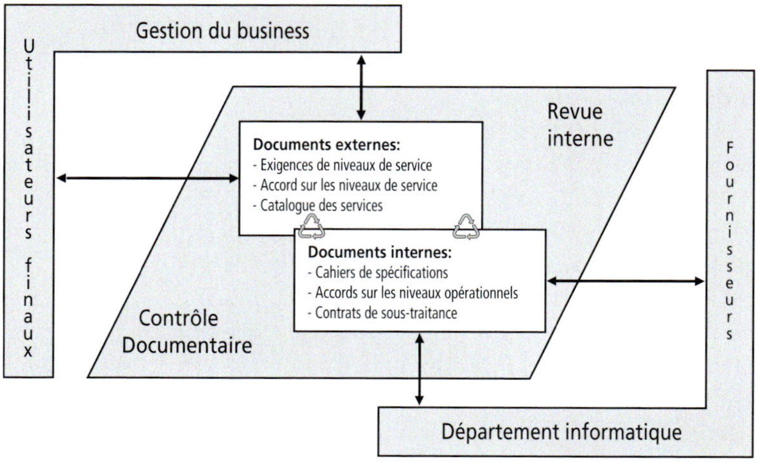

Figure 10.2 Étape de spécification (source: OGC)

Durant la phase de spécification, il est recommandé d'établir une distinction entre les éléments de la documentation destinés à une utilisation interne et ceux destinés à une utilisation externe (Figure 10.2). Les spécifications destinées à une utilisation externe sont liées aux objectifs convenus avec le client et le processus de conception est contrôlé par ces objectifs. Ces spécifications sont établies en coopération avec l'organisation du client et forment la trame des spécifications destinées à une utilisation interne.

Les spécifications à utilisation interne se réfèrent aux objectifs internes de l'organisation informatique qui doivent être atteints pour répondre aux exigences du client. Une séparation entre les spécifications internes et externes peut être extrêmement utile lorsque le processus de gestion des niveaux de service est en cours. De cette façon, l'organisation informatique n'ennuie pas son client avec des détails techniques. À ce stade, la gestion des niveaux de service se résume au maintien de l'équilibre des spécifications internes et externes. Les processus de contrôle des documents et de révision interne contribuent à cette fonction en conservant les documents connexes en gérant les versions et en organisant des audits réguliers.

Les cahiers de spécifications (spécifications des services) décrivent en détail les souhaits du client (élément externe) et leur impact sur l'organisation informatique (élément interne). Les cahiers de spécifications ne doivent pas être signés par les deux parties mais ils sont soumis au contrôle des documents. Le catalogue des services peut être établi sur la base des spécifications des services. Ainsi, les changements apportés aux niveaux de service peuvent immédiatement être inclus dans les cahiers de spécifications et le catalogue des services. L'accord sur les niveaux de service est ensuite modifié en fonction des cahiers de spécifications révisés.

Plan de qualité des services

Il est recommandé d'inclure toutes les informations de gestion (indicateurs clés de performance) et les spécifications pour les fournisseurs internes et externes dans un seul document afin de fournir des informations complètes sur les contributions apportées aux services informatiques par chaque processus de gestion des services.

10.4.3 Contrat

Une fois la phase de spécification terminée, l'organisation informatique a en fait traduit les besoins du business en ressources et en configurations informatiques. Ces informations sont ensuite utilisées pour établir ou modifier les documents suivants :

Accord sur les niveaux de service

Lors du développement de la structure des accords sur les niveaux de service, il est recommandé, avant de commencer les négociations, de définir les aspects généraux tels que les services de réseau pour toute la société et le développement d'un modèle général d'accord sur les niveaux de service basé sur le service. Les accords sur les niveaux de service peuvent avoir une structure hiérarchique, comme celle de l'organisation du client, sous la forme d'un accord comportant un certain nombre de paliers. Chaque palier possède son propre niveau de détails. Le palier supérieur comprend les accords relatifs aux services généraux à fournir à l'organisation. Le palier inférieur contient des informations liées aux clients spécifiques.

La structure d'un accord sur les niveaux de service dépend d'un certain nombre de variables telles que :

- **Aspects physiques de l'organisation** :
  - Échelle
  - Complexité
  - Répartition géographique
- **Aspects culturels** :
  - Langue(s) du document (pour les organisations internationales)
  - Relations entre l'organisation informatique et le client
  - Politiques de facturation
  - Uniformité des activités business
  - Organisation avec ou sans but lucratif
- **Nature des activités business** :
  - Conditions générales
  - Horaires de travail – 5 x 8 heures ou 7 x 24 heures

Contrats de sous-traitance et accords sur les niveaux opérationnels

Tout contrat de sous-traitance et tout accord sur les niveaux opérationnels doit être révisé pendant le processus de conception. Toute personne impliquée doit connaître les contrats et les accords qui s'appliquent à la fourniture d'un service spécifique. La gestion des configurations peut aider à clarifier les liens avec les cahiers de spécifications particuliers.

Catalogue des services

Les conseils suivants peuvent être utiles pour la rédaction d'un catalogue des services :

- Utilisez le langage utilisé par votre client. Évitez le jargon technique et utilisez la terminologie qui correspond au business concerné.
- Essayez d'envisager les choses du point de vue du client et utilisez cette approche pour identifier les informations importantes.
- Offrez une présentation attrayante étant donné que l'organisation informatique utilise ce document pour se présenter à ses clients.
- Assurez-vous que le document est mis à la disposition du plus grand nombre d'intervenants possible, par exemple en le publiant sur un site Intranet ou sur CD-ROM.

10.4.4 Surveillance

La gestion des niveaux de service ne peut être surveillée qu'à condition que les niveaux de service soient clairement définis à l'avance et qu'ils correspondent aux objectifs convenus extérieurement. Les niveaux de service doivent être mesurés du point de vue du client. La surveillance ne doit pas se limiter aux aspects techniques mais doit également inclure les problèmes de procédures. Par exemple, un utilisateur doit supposer qu'un service n'est pas disponible jusqu'à ce qu'il soit informé de son rétablissement.

La gestion de la disponibilité et la gestion de la capacité fournissent généralement des informations relatives à la mise en œuvre des objectifs techniques associés aux niveaux de service. Dans certains cas, l'information est également fournie par les processus de soutien des services, en particulier la gestion des incidents. Toutefois, la mesure des paramètres internes est insuffisante car elle ne reflète pas la perception de l'utilisateur. Les paramètres tels que le temps de réponse, le temps d'escalade et l'assistance doivent également être mesurables. On ne peut obtenir une vue d'ensemble qu'en combinant les informations de gestion provenant des systèmes et de la gestion des services.

10.4.5 Rapports

Les rapports des clients (rapports de service) doivent être fournis à la fréquence convenue dans l'accord sur les niveaux de service. Ces rapports doivent établir une comparaison entre les niveaux de service convenus et les niveaux réels mesurés. Ces rapports doivent inclure, par exemple,les mesures suivantes :

- Temps de disponibilité et d'indisponibilité pendant une période spécifiée
- Temps moyen de réponse pendant les périodes de pointe
- Taux de transactions pendant les périodes de pointe
- Nombre d'erreurs fonctionnelles dans le service informatique
- Fréquence et durée de la dégradation du service
- Nombre moyen d'utilisateurs pendant les périodes de pointe
- Nombre de tentatives de contournement des mesures de sécurité réussies et infructueuses
- Proportion utilisée de la capacité de service
- Nombre de changements exécutés et en cours
- Coûts du service fourni

10.4.6 Revue

Les niveaux de service doivent être revus à intervalles réguliers. Les aspects suivants doivent être pris en considération :

- Accords sur les niveaux de service depuis la dernière revue
- Problèmes liés aux services
- Identification des tendances de service
- Changements apportés aux services dans le cadre des niveaux de service convenus
- Changements apportés aux procédures et estimations du coût des ressources supplémentaires
- Conséquences du défaut de fourniture des niveaux de service convenus

Si les services informatiques ne sont pas conformes aux niveaux de service convenus, des actions peuvent êtres adoptées pour les améliorer, telles que, par exemple :

- Mise au point d'un programme d'amélioration des services
- Affectation de personnel et de ressources supplémentaires
- Modification des niveaux de service définis dans l'accord
- Modification des procédures
- Modification des accords sur les niveaux opérationnels et des contrats de sous-traitance

Dans de nombreuses organisations où ce processus est en cours d'implantation, on se pose la question de savoir s'il convient ou non de prévoir des sanctions au cas où les accords sur les niveaux de service ne seraient pas observés. Ce sujet est délicat car la gestion des niveaux de service est basée sur l'interaction entre le département informatique et les utilisateurs des services informatiques, souvent au sein de la même organisation. Dans une telle situation, les utilisateurs informatiques et le département informatique poursuivent les mêmes objectifs commerciaux et il est difficile de croire que l'application de sanctions, surtout sous la forme de pénalités financières, soit dans l'intérêt de l'entreprise. Une meilleure solution consiste à établir des accords basés sur un intérêt commun en ce qui concerne les mesures à prendre pour éviter le non-respect des niveaux de service. Cependant, l'application de sanctions peut être nécessaire si le fournisseur de services informatiques obtient lui-même un service d'un fournisseur externe. Toutefois, dans ce cas, il est probable qu'il existe un contrat officiel (contrat de sous-traitance) plutôt qu'un accord sur les niveaux de service.

10.5 Contrôle du processus

Il est nécessaire d'identifier un certain nombre de facteurs critiques de succès afin d'optimiser le processus et son contrôle. Les indicateurs de performance sont également nécessaires pour mesurer et améliorer le processus.

10.5.1 Facteurs critiques de succès et indicateurs clés de performance

La réussite de la gestion des niveaux de service dépend des facteurs suivants :

- Un gestionnaire des niveaux de service compétent ayant une expérience informatique et d'affaires, et une organisation d'assistance si nécessaire
- Une mission et des objectifs clairs pour le processus
- Une campagne de sensibilisation en vue de fournir au personnel des informations sur le processus, d'améliorer sa compréhension et d'obtenir son soutien
- Des tâches, des niveaux d'autorisation et des responsabilités clairement définis dans le cadre du processus qui distinguent le contrôle du processus et les tâches opérationnelles (contacts avec les clients)

Les indicateurs clés de performance suivants peuvent être utilisés pour déterminer l'efficience et l'efficacité du processus de gestion des niveaux de service :

- Éléments de services inclus dans les accords sur les niveaux de service
- Éléments de l'accord sur les niveaux de service soutenus par l'accord sur les niveaux opérationnels et les contrats de sous-traitance
- Éléments des accords sur les niveaux de service surveillés et pour lesquels des insuffisances sont signalées
- Éléments des accords sur les niveaux de service régulièrement revus
- Éléments des accords sur les niveaux de service pour lesquels les niveaux de service convenus sont respectés
- Insuffisances identifiées et faisant l'objet d'un plan d'amélioration
- Actions prises pour éliminer ces insuffisances
- Tendances identifiées en ce qui concerne les niveaux de service réels

10.5.2 Rapports de gestion

Contrairement aux rapports sur les niveaux de service, les rapports de gestion ne sont pas destinés au client mais au contrôle ou à la gestion du processus interne. Ces rapports peuvent contenir des mesures des niveaux de service réels et des tendances telles que :

- Nombre d'accords sur les niveaux de service conclus
- Nombre de cas où un accord sur les niveaux de service n'a pas été respecté
- Coût des mesures et de la surveillance des accords sur les niveaux de service
- Satisfaction de la clientèle basée sur les plaintes enregistrées lors des sondages
- Statistiques sur les incidents, les problèmes et les changements
- Évolution des actions d'amélioration

10.5.3 Fonctions et rôles

Rôles

La gestion des niveaux de service doit être contrôlée par un gestionnaire de processus. Ce gestionnaire doit s'assurer que le processus est efficace et offre les avantages envisagés. Cela ne signifie pas nécessairement qu'une seule personne remplit ce rôle. De nombreuses organisations comptent plusieurs gestionnaires des niveaux de service, chacun étant responsable d'un ou plusieurs services ou groupes de clients.

Responsabilités

Le gestionnaire des niveaux de service a les responsabilités suivantes :

- Création et mise à jour du catalogue des services.
- Définition et mise à jour d'un processus efficace de gestion des niveaux de service pour l'organisation informatique comprenant les éléments suivants :
    - Structure des accords sur les niveaux de service.
    - Accords sur les niveaux opérationnels avec les fournisseurs internes.
    - Contrats de sous-traitance avec les fournisseurs externes.
- Mise à jour du programme d'amélioration des services existants.
- Négociation, conclusion et mise à jour des accords sur les niveaux de service, des accords sur les niveaux opérationnels et des contrats de sous-traitance.
- Revue de la performance de l'organisation informatique et amélioration si nécessaire.

10.6 Coûts et problèmes possibles

10.6.1 Coûts

Les coûts de mise en œuvre de la gestion des niveaux de service se répartissent en plusieurs catégories :

- Coûts en personnel (directeur et équipe du projet de gestion des niveaux de service)
- Coûts de formation
- Coûts de documentation
- Coûts des locaux, du matériel et des logiciels
- Coûts des activités opérationnelles liées à la mise à jour du plan de qualité des services, des accords sur les niveaux de service et du catalogue des services

10.6.2 Problèmes possibles

Les problèmes suivants peuvent se présenter :

- La gestion des niveaux de service se traduit par une relation business avec le client et exige un respect des accords par tout le personnel informatique. Cela peut nécessiter un changement de culture dans l'organisation.
- Les clients peuvent avoir besoin d'aide pour établir les spécifications des exigences en matière de niveaux de service.
- Il est parfois très difficile d'exprimer les attentes des clients en termes de normes mesurables et de coûts associés.
- Le gestionnaire des niveaux de service doit se méfier des accords trop ambitieux aussi longtemps que les outils de planification, de surveillance et de mesure, les procédures, le plan de qualité des services et les contrats de sous-traitance n'ont pas été mis au point. Il est préférable de recourir à une stratégie d'amélioration progressive.
- Les frais généraux associés à la surveillance et à la mesure des niveaux de service sont souvent sous-estimés. Dans une organisation de grande taille, ce processus peut exiger la mobilisation de plusieurs personnes.
- En pratique, de nombreuses organisations informatiques commencent par établir des projets d'accords sur les niveaux de service et négligent l'analyse des besoins du client, l'étape de conception et la mise au point du plan de qualité des services. Le résultat peut être un processus difficile à gérer et qui n'offre pas de normes claires et mesurables.
- Les documents et le processus de gestion des niveaux de service peuvent devenir eux-mêmes des buts à atteindre, ce qui est contraire à leur raison d'être qui est de créer une meilleure relation entre le fournisseur des services informatiques et le client.

11 Gestion financière des services informatiques

11.1 Introduction

Beaucoup de personnes considèrent que les services informatiques contribuent de façon importante au soutien des activités business mais peu réalisent que ces services coûtent de l'argent. Plus le nombre d'utilisateurs croît, plus le budget informatique augmente. Plus le budget augmente, plus les clients se soucient des dépenses informatiques mais ils sont de moins en moins capables de les affecter aux activités business sans assistance. Quand les services informatiques sont facturés, le client arrive difficilement à faire la corrélation entre les coûts qui lui sont facturés et les bénéfices qu'en retire son business.

L'ITIL a été créée pour structurer la gestion de l'infrastructure informatique afin de promouvoir une utilisation efficace et économique des ressources informatiques. Un des objectifs était de stimuler la prise de conscience des clients des coûts pour favoriser une utilisation réfléchie des ressources informatiques dans la perspective des objectifs business.
La fourniture de services informatiques aux utilisateurs à un coût raisonnable dépend de trois facteurs :

- **Qualité** – en termes opérationnels de :
  - Capacité
  - Disponibilité
  - Performance
  - Reprise après sinistre
  - Assistance
- **Coûts** – en termes de :
  - Dépenses
  - Investissements
- **Exigences des clients** – les coûts et la qualité doivent être adaptés aux besoins des utilisateurs.

Les deux premiers facteurs sont souvent en conflit étant donné qu'une amélioration de la qualité se traduit souvent par une augmentation des coûts, alors qu'une réduction des coûts entraîne normalement une diminution de la qualité. Il est possible cependant de trouver un juste milieu entre ces deux facteurs en se concentrant sur les besoins des clients.

Une prise de conscience des coûts liés à la fourniture de services informatiques et l'application d'un système de facturation réaliste pour ces services offrent une bonne position business à la fourniture des services informatiques. Les clients se rendent mieux compte des coûts, ont l'impression de payer un prix raisonnable et sont ainsi moins enclins à passer à côté des ressources informatiques.

11.1.1 Concepts de base

Budgétisation
La budgétisation implique la prévision des coûts et le contrôle des dépenses. Elle commence souvent par la préparation d'un plan indiquant la demande de services des clients prévue et les coûts liés à cette demande.

Il est possible d'établir des prévisions à partir des données historiques, en tenant compte des tendances actuelles du business et en se basant sur son expérience personnelle. S'il n'existe pas de données historiques, on peut utiliser des services similaires comme modèle.

Comptabilité
La comptabilité sert à surveiller comment l'organisation informatique dépense son argent. Elle est particulièrement importante pour déterminer les coûts de chaque client, service, activité, et cetera. Dans ce cas, il est plus important de comprendre les problèmes que de déterminer le coût au centime près.

Facturation
La facturation concerne toutes les activités nécessaires pour facturer au client les services qui lui ont été fournis. La facturation comprend la détermination des objectifs de facturation et des méthodes de calcul des frais. Cela nécessite un système comptable efficace qui répond aux besoins en matière de détails aux différents niveaux de la comptabilité : analyse, transformation, compte rendu.

Catégories de coûts
Pour contrôler efficacement les coûts, il est nécessaire d'en comprendre la nature. Les coûts peuvent être classés de différentes façons.

Pour chaque produit ou service, il est possible de déterminer les coûts qui contribuent à ce produit ou service et ceux qui n'y contribuent pas :
- **Coûts directs** : coûts liés expressément et exclusivement à un service informatique. Par exemple, les activités liées directement et uniquement à un service particulier (location de ligne téléphonique pour accès Internet).
- **Coûts indirects** : coûts qui ne sont pas expressément et exclusivement liés à un service informatique. À titre d'exemples, citons les équipements tels qu'un bureau, les services d'assistance comme la gestion de réseau, les coûts administratifs et le temps.

Il est possible de facturer les coûts indirects en les répartissant simplement entre les services ou les clients.

Une autre solution consiste à utiliser la méthode de comptabilité par activité. Cette méthode collecte tous les frais généraux d'une organisation et impute ensuite les coûts des activités aux produits et services qui ont nécessité ces activités.

En fait, les coûts sont imputés sur la base d'autres critères que les coûts directs. La comptabilité par activité peut représenter une méthode de facturation utile quand une grande partie des coûts n'est pas directement liée au volume de services. Au lieu d'attribuer les coûts indirects de façon arbitraire, la comptabilité par activité les attribue sur la base des activités liées aux produits et services.

Une autre façon de comprendre les coûts consiste à les classifier en coûts fixes et variables.

- Les **coûts fixes** sont indépendants du volume de production. Ils comprennent les investissements en matériel, logiciels et bâtiments. Dans la plupart des cas, on prend en compte la dépréciation et les intérêts mensuels ou annuels plutôt que le prix d'achat. Les coûts fixes sont permanents même si le volume de production (des services) est réduit ou interrompu.
- Les **coûts variables** sont les coûts dont les niveaux varient en fonction du volume de production. Citons, à titre d'exemples, le personnel externe, les cartouches d'imprimantes, le papier, le chauffage et l'électricité. Ces coûts sont liés aux services fournis; ils augmentent au prorata du volume de production.

Nous faisons la distinction entre les coûts en capital et les coûts opérationnels :

- Les **coûts en capital** concernent l'achat d'actifs destinés à une utilisation durable au sein de l'organisation. Ces coûts sont amortis sur un certain nombre d'années. Ainsi, le montant de ces coûts correspond à la dépréciation et non pas au prix d'achat.
- Les **coûts opérationnels** sont les frais quotidiens qui ne sont pas liés à des ressources de production tangibles. Ils correspondent, par exemple, aux contrats de maintenance du matériel et des logiciels, aux coûts des permis d'utilisation, aux primes d'assurance, et cetera.

Types de coûts

Une fois la structure comptable des coûts définie (par exemple, par un département, un service ou un client), les types de coûts peuvent être configurés de façon à pouvoir affecter les éléments de prix de revient dans les comptes. Le nombre de types de coûts dépend de la taille de l'organisation. Les types de coûts doivent comporter une description claire et reconnaissable de façon à pouvoir attribuer facilement les coûts.

Les types de coûts sont ensuite subdivisés en **éléments de coûts**. Les méthodes de facturation de chaque élément de coûts peuvent être définies à un stade ultérieur. Il y a six types de coûts principaux, dont certains sont directs et d'autres indirects.

Voici quelques exemples de types de coûts :

- **Unité de coûts matériel** – tout le matériel informatique comme :
  - Serveurs
  - Disques
  - Communications et réseaux
  - Imprimantes
- **Unité de coûts logiciels** – coûts directs et indirects destinés au fonctionnement du système et comprenant :
  - Logiciels système
  - Logiciels de traitement des transactions
  - Systèmes de gestion des bases de données
  - Systèmes de gestion des systèmes

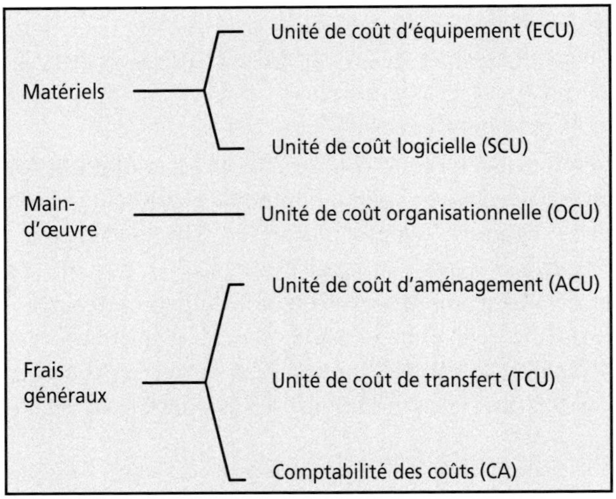

Figure 11.1 Types de coûts et éléments de coûts (source: OGC)

- Systèmes de développement des applications
- Applications

• **Unité de coûts personnel** – frais de personnel, directs et indirects, fixes ou variables, et comprenant :
  - Salaires
  - Formation
  - Frais de déplacement
• **Unité de coûts installations** – tous les coûts, directs et indirects, liés au logement, tels que :
  - Salles informatiques
  - Bureaux
  - Autres installations comme les salles de test, les salles de formation, la climatisation, et cetera.
• **Unité de coûts inter-département** – coûts associés aux marchandises et services fournis par un autre département. Il s'agit des frais internes entre les départements d'une organisation.
• **Comptabilité analytique** – coûts liés aux activités de gestion financière.

11.2 Objectifs

La gestion financière a pour but d'aider l'organisation informatique interne à gérer de façon économique les ressources informatiques nécessaires pour la fourniture des services informatiques. Le processus consiste par conséquent à analyser les coûts des services informatiques et à les associer aux divers services informatiques fournis. La gestion financière vise ainsi à soutenir les décisions de gestion en matière d'investissement informatique et encourage l'utilisation des installations informatiques en parfaite connaissance des coûts.

On peut décider de baser les méthodes de facturation sur la récupération intégrale des coûts, la récupération des coûts avec aide financière (budgets) ou la récupération avec l'objectif de réaliser un bénéfice prédéfini.

11.2.1 Avantages

Une fois la gestion financière mise en place, l'organisation informatique peut :

- Déterminer les coûts des services informatiques
- Identifier et classer la structure des coûts
- Attribuer équitablement les coûts des services informatiques fournis aux clients internes et externes
- Introduire des méthodes de facturation pour l'utilisation des services informatiques, selon les cas
- Gérer le département informatique comme une unité d'affaires (Business Unit), si nécessaire
- Récupérer tous les coûts, y compris les coûts en capital (investissement, remboursements, dépréciation et intérêts) auprès du client
- Vérifier les frais à intervalles réguliers afin de déterminer s'ils sont toujours réalistes et acceptables
- Modifier le comportement des clients et des utilisateurs en leur faisant prendre conscience des coûts et en établissant un lien direct entre les coûts et les services.

En raison de la diversité des avantages, nous établissons une distinction entre la budgétisation et la comptabilité (qui interviennent dans l'établissement des prix de revient) et la facturation.

La **budgétisation et la comptabilité** ont comme principal avantage de fournir à la gestion de meilleures informations sur les coûts de fourniture des services informatiques. Ces informations permettent à la gestion informatique d'équilibrer les coûts et la qualité afin de fournir un service justifiable d'un point de vue financier.

La budgétisation et la comptabilité aident le gestionnaire des services informatiques à :

- Prendre des décisions pour chaque service, sur la base de la rentabilité
- Adopter une approche commerciale pour prendre des décisions sur les services informatiques et les investissements associés
- Fournir plus d'informations pour justifier les dépenses, par exemple en indiquant les coûts destinés à éviter des dépenses stratégiques
- Mettre au point des budgets et des plans sur la base d'informations fiables

La **facturation** a comme principal avantage d'encourager une relation business avec le client. Un client qui paie a des droits et peut avoir des exigences mais il utilise également les ressources avec plus de précaution s'il connaît le lien entre ses exigences et la facture qu'il reçoit.

La facturation permet à la gestion des services informatiques de :

- Réviser les services informatiques de façon commerciale et d'élaborer des plans d'investissement basés sur une récupération des coûts
- Récupérer les coûts informatiques en établissant le lien entre ces coûts et l'utilisation des services
- Influencer le comportement des clients, par exemple en facturant des tarifs plus élevés pendant les heures de pointe ou en fournissant des informations sur le coût et l'utilisation des services sur lesquels la gestion peut avoir une influence.

La facturation doit avoir comme objectif d'influencer le comportement des clients et d'éviter une situation où le client obtient tout ce qu'il veut s'il paie. Il peut être impossible ainsi de répondre aux exigences de tous les utilisateurs individuels à des tarifs individuels même si ces utilisateurs sont prêts à en payer le prix. La facturation offre un environnement commercial pour la négociation. Les clients deviennent plus conscients des coûts liés à l'utilisation de l'infrastructure informatique.

11.3 Processus

Au cours des dernières années, le rôle de l'informatique a pris de plus en d'importance. Ainsi, l'organisation informatique doit faire face en assurant une meilleure qualité et une meilleure rentabilité des services fournis. Avec l'essor d'Internet, les organisations informatiques sont de plus en plus souvent amenées à traiter avec des clients et des utilisateurs externes. Les librairies, par exemple, mettent leurs catalogues sur Internet et livrent à des clients du monde entier. Les opérations augmentent d'envergure et il est souvent nécessaire d'obtenir de meilleures informations sur les prix. La rentabilité exige également la conclusion d'accords sur les services et la facturation de ces services à des tarifs raisonnables. Les organisations informatiques doivent adopter une attitude plus professionnelle impliquant la mise en place d'un système efficace de contrôle des coûts.

Un système efficace de contrôle des coûts doit :

- Contribuer à la mise au point d'une stratégie des investissements offrant la flexibilité permise par la technologie moderne.
- Identifier les priorités dans l'utilisation des ressources.
- Couvrir les coûts de toutes les ressources informatiques utilisées dans l'organisation, y compris les coûts liés à la mise à jour des informations utiles.
- Soutenir la gestion en ce qui concerne les décisions quotidiennes de façon à ce que des décisions à long terme puissent être prises avec le moins de risques financiers possible.
- Être flexible et réagir rapidement aux changements des activités business.

11.3.1 Activités de la gestion financière

La gestion financière apporte son soutien au business en planifiant et en réalisant ses objectifs business. Elle doit être utilisée constamment, dans tout le business, avec un minimum de conflits, afin d'optimiser son efficacité. Dans une organisation informatique, la gestion financière est mise en place par l'intermédiaire de trois processus majeurs : budgétisation, comptabilité et facturation. Ce cycle est illustré à la figure 11.2.

La gestion financière des services informatiques interagit avec presque tous les autres processus de gestion des services informatiques; elle dépend des processus ci-dessous envers lesquels elle a des responsabilités particulières.

11.3.2 Relations avec les autres processus

Processus business

La gestion des niveaux de service est importante en termes de définition de la vision, de la stratégie et de la planification conformément aux processus business (Figure 11.3). Bien que ces activités

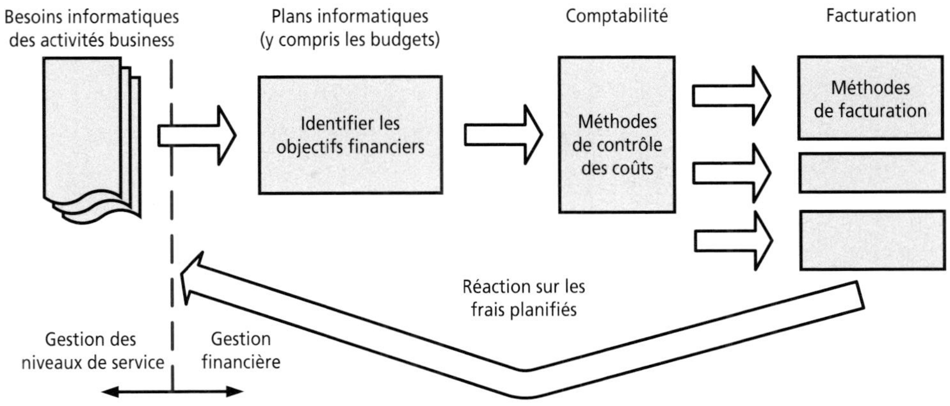

Figure 11.2 Le cycle financier (source: OGC)

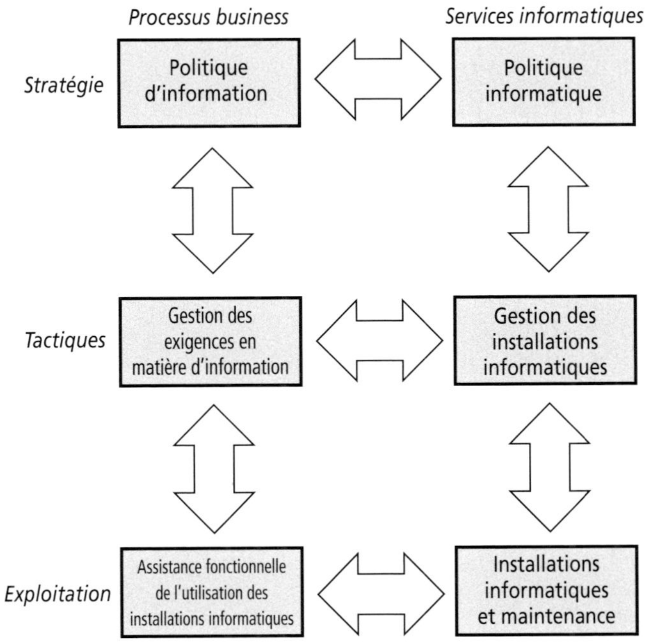

Figure 11.3 Relations avec les processus business

ne fassent pas partie de la gestion financière, elles y contribuent beaucoup. La raison en est que le business a une vision de l'avenir qui sert à définir des objectifs mesurables qui concernent toutes les unités d'affaires et peuvent aussi être utilisés pour fixer des objectifs mesurables pour l'organisation informatique.

La stratégie informatique doit donc être basée sur les objectifs business. Au fur et à mesure que l'organisation informatique apprend à mieux connaître le business, des occasions se créent pour une utilisation rentable de la nouvelle technologie informatique. Les coûts de mise en œuvre et d'exploitation informatique doivent être comparés aux bénéfices du business en termes de réduction des coûts d'exploitation et d'augmentation du chiffre d'affaires.

Gestion des niveaux de service
L'accord sur les niveaux de service définit les attentes du client et les obligations de l'organisation de gestion informatique. Les coûts liés au respect des exigences du client ont un impact majeur sur la forme et l'importance des services convenus avec le client. Le directeur financier de l'organisation informatique discute avec le gestionnaire des niveaux de service de sujets tels que les coûts liés au respect des exigences actuelles et futures du business, les politiques de facturation de l'organisation, leurs effets sur les clients et leur degré d'influence sur le comportement des clients.

Plus un accord sur les niveaux de service offre de niveaux de service différents selon les clients, plus les avantages potentiels de la facturation des services informatiques sont importants et conséquents. Il s'ensuit également une hausse des frais généraux résultant de la budgétisation, de la comptabilité et des processus de facturation interne.

Gestion de la capacité
La capacité et la disponibilité fournies sont influencées par les informations sur les coûts. Il peut être nécessaire de discuter avec le client ou avec tout le business du coût lié à la fourniture d'une plus grande capacité ou disponibilité. La comparaison des informations sur le coût et des avantages pour le business peut influencer la décision d'achat de capacité ou de disponibilité supplémentaire.

Gestion des configurations
La gestion des configurations spécifie, identifie et enregistre tous les changements apportés aux composants de l'infrastructure. L'utilisation des informations de la CMDB, notamment les informations sur les coûts, facilite la collecte des données historiques de coût. La gestion des configurations peut également être utilisée pour établir un rapprochement entre les données sur les actifs de celles des systèmes financiers.

11.4 Activités

11.4.1 Budgétisation

La budgétisation a pour objectif la planification et le contrôle des activités d'une organisation. La planification générale et stratégique concerne les objectifs à long terme d'un business. Les budgets définissent les plans financiers pour soutenir les objectifs business pendant la période couverte par le budget. Ces périodes couvrent normalement une durée d'un à cinq ans.

Méthodes de budgétisation
On choisit une des méthodes suivantes en fonction des politiques financières du business :

- **Budgétisation différentielle** – les chiffres de l'année précédente sont utilisés comme base du nouveau budget. Celui-ci est ensuite ajusté en tenant compte des changements prévus.
- **Budgétisation base zéro**– cette méthode utilise comme point de départ une feuille blanche, la base zéro, et ne tient pas compte de l'expérience passée. Les directeurs doivent justifier dans

les budgets tous leurs besoins en ressources en termes de coûts. Il faut donc dresser la liste des dépenses, évaluer leurs coûts et décider si elles doivent être faites. Il est évident que cette méthode exige beaucoup plus de temps et qu'elle n'est pas appliquée chaque année. Les autres années, on utilise la budgétisation différentielle.

Processus de budgétisation

La budgétisation commence par identifier les facteurs clés qui limitent la croissance de la société. Dans de nombreuses entreprises, il s'agit du volume des ventes mais il peut aussi s'agir d'un manque d'espace ou de matières premières. Souvent, ce sont des contraintes financières qui déterminent le budget. Ce processus comprend l'établissement des budgets secondaires suivants (nous ne tiendrons pas compte des processus d'approbation utilisés dans chaque business) :

- **Budget des ventes et du marketing** – si le volume des ventes détermine le budget, le département du marketing est responsable d'une grande partie du budget. Une évaluation précise et une analyse des marchés des clients, des zones de ventes, des produits, et cetera sont essentielles à l'établissement d'un bon budget.
- **Budget de la production** – le budget de la production fournit des informations détaillées sur les services à fournir : quantités, délais de livraison, heures-personne nécessaires, matières premières nécessaires, et cetera.
- **Budgets administratifs** – en fonction du service à fournir, il faut déterminer les budgets de frais généraux pour les départements concernés tels que la production, les ventes et la distribution, la recherche et le développement, et cetera.
- **Budgets des prix de revient et des investissements** – le budget des prix de revient résulte des plans des budgets ci-dessus. Le budget des investissements identifie les dépenses associées au remplacement et à l'achat de moyens de production. Les projets d'investissements adoptés au cours de l'année précédente peuvent également influencer le budget des investissements.

Période budgétaire

L'année financière (fiscale) représente un choix évident pour la période budgétaire. Pour effectuer une comparaison régulière entre les chiffres réels et le budget, la période budgétaire est ensuite divisée en mois ou autres périodes régulières, par exemple en cycles de quatre semaines.

Certaines entreprises ne se contentent pas d'établir un budget détaillé d'une année, mais font des prévisions générales sur une période de trois ou cinq ans. De cette façon, les cadres supérieurs sont informés des attentes sur une période plus longue.

11.4.2 Comptabilité

Pour pouvoir gérer une organisation informatique comme un business, il est essentiel d'identifier et de maîtriser tous les coûts liés à l'informatique. Les coûts doivent être déterminés même s'ils ne sont pas facturés aux clients. Le contrôle des coûts implique une compréhension claire de ces coûts. Il ne s'agit pas tellement d'identifier les coûts mineurs, mais surtout d'être en mesure de structurer les coûts. Cela permet de mieux comprendre la façon dont l'argent est dépensé.

Une des principales activités de la comptabilité est la définition des éléments de coûts.

Cette structure est fixée pour une période d'un an, après quoi elle peut être modifiée. Dans la plupart des cas, on sélectionne une méthode de comptabilité des coûts lors de l'implantation d'une structure d'éléments de coûts dans le business. La structure d'éléments de coûts doit être compatible avec les méthodes adoptées par le business. Dans de nombreux cas, les coûts sont enregistrés pour chaque département, client ou produit. Cependant, idéalement, la structure doit refléter les services fournis. Même quand le processus n'est pas utilisé pour la facturation, il est souvent utile de baser la structure des types de coûts sur une structure des services similaire à celle utilisée dans un catalogue des services.

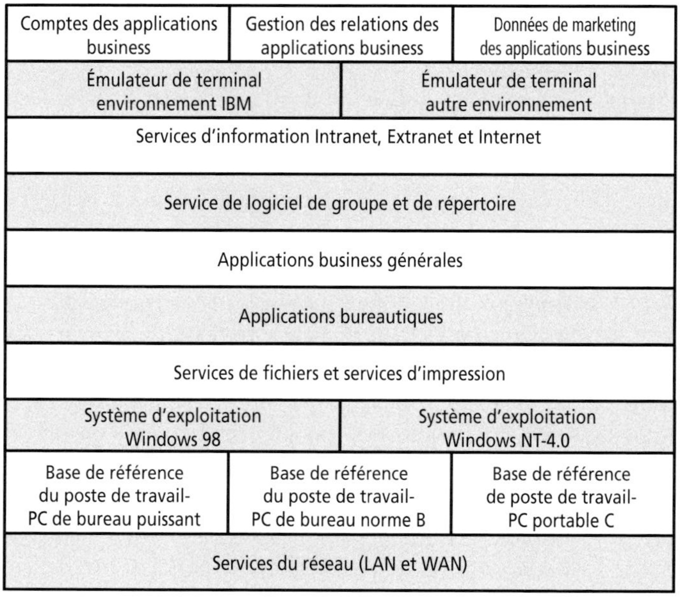

Figure 11.4 Exemple de structure de services

La figure 11.4 représente un exemple de structure hiérarchique des éléments de services créés par l'organisation informatique pour fournir les services. Dans cette structure, les éléments de services de niveau inférieur soutiennent les éléments de services de niveau supérieur. Plus un élément occupe une position élevée dans la structure, plus sa fonction est importante dans le business.

Après avoir défini les éléments de services, il est nécessaire de définir les éléments de coûts qui sont ensuite subdivisés en unités de coût pour le personnel, le matériel, les logiciels et les frais généraux.

La classification des éléments de coûts en même temps que les éléments de services offre l'avantage d'indiquer clairement les dépenses en matériel, logiciels et soutien des services. En plus d'une structure basée sur les coûts directs comme celle illustrée à la figure 11.4, on peut également décider de la manière d'affecter les coûts indirects aux services. Plus la structure des services est détaillée, plus il sera facile de comprendre les coûts. Sinon, un catalogue moins détaillé peut également donner la liste de trois postes de travail standard où tout serait inclus. Dans ce cas, le diagramme comporte seulement trois colonnes et beaucoup moins d'éléments de coûts. Le résultat est plus clair mais fournit beaucoup moins d'informations détaillées. Il n'y a pas, par exemple, d'élément de coûts clair pour l'assistance du réseau de sorte qu'il est impossible de déterminer l'assistance nécessaire pour le réseau.

Les budgets pour l'année à venir sont ensuite établis pour chaque service et élément de coûts, sur la base de l'expérience passée et des estimations de croissance pour l'année suivante. Ces budgets sont étudiés chaque mois afin d'identifier tout nouveau développement, tel qu'une croissance imprévue, et pour réagir conformément aux politiques du business si nécessaire.

11.4.3 Facturation

Il est évident que l'enregistrement des coûts n'est pas un concept nouveau mais il devient de plus en plus important. La facturation des frais internes est néanmoins un phénomène relativement nouveau. La facturation interne est un outil efficace pour encourager les utilisateurs à faire attention avant d'utiliser les ressources informatiques. Par contre, la facturation de ces services s'avère moins utile si les détenteurs d'un budget dans les organisations des clients ne sont pas facturés pour d'autres services, comme le téléphone, les locaux, la salle du courrier, la restauration et l'administration du personnel. En d'autres termes, la facturation doit être compatible avec les politiques financières de l'organisation. Si l'on considère que la facturation est appropriée, les détenteurs de budget peuvent attribuer les coûts opérationnels qu'ils peuvent répercuter sur le prix de leurs produits et services.

Normalement, la facturation doit récupérer tous les coûts engagés. Dans ce cas, l'organisation informatique fonctionne comme une unité d'affaires (Business Unit). Cela n'est possible que si l'on connaît les coûts d'exploitation réels des services informatiques.

Politiques de facturation

Il est utile de s'occuper des politiques de facturation avant de fixer un tarif. Il existe un certain nombre de politiques de facturation. On peut sélectionner la méthode appropriée en fonction des objectifs de la gestion financière. En cas d'introduction de la facturation par étape, il est possible également d'utiliser des politiques différentes à chaque étape. Les politiques de facturation sont les suivantes :

- **Communication de l'information** – les dirigeants des clients sont informés des frais pour qu'ils prennent conscience des coûts d'utilisation des services informatiques de leurs départements. Cela peut se faire de deux façons :
  - En calculant les coûts associés à chaque unité d'affaires (Business Unit) et en informant les dirigeants concernés.
  - De la manière décrite ci-dessus mais en incluant les frais à transmettre, sur la base d'une méthode de facturation spécifique.
- **Flexibilité de la tarification** – les tarifs sont déterminés et facturés sur une base annuelle. Si le fournisseur de services prend l'initiative d'investir dans un service parce qu'il est utilisé plus fréquemment, le contrat peut inclure une clause relative à la facturation de frais supplémentaires. Il est également possible d'offrir la capacité excédentaire à d'autres clients potentiels.
- **Facturation symbolique** – les coûts sont facturés mais ne doivent pas être payés. Cette méthode permet à l'organisation informatique de se familiariser avec le processus et de corriger les éventuelles erreurs du système de facturation. Elle offre également au client la possibilité

de s'habituer à la facturation. Cependant, cette méthode de facturation n'est utile que si l'organisation recouvre vraiment les coûts, sinon la prise de conscience de ces coûts diminue rapidement.

Tarifs

Il est souvent difficile de fixer le tarif d'un service. La fixation des tarifs comprend les activités suivantes :

- Décision de l'objectif de la facturation
- Détermination des coûts directs et indirects
- Détermination des prix du marché
- Analyse de la demande de services
- Analyse du nombre de clients et de la concurrence

Pour déterminer le tarif d'un service, l'organisation doit d'abord établir l'objectif et les avantages prévus pour les clients et le personnel informatique.
Le prix est un des quatre éléments du marketing qui commencent par la lettre « P », à savoir Produit, Prix, Promotion et Place. Le prix est non seulement important au niveau de la récupération des frais engagés mais il influence également la demande du produit. On peut utiliser une stratégie de tarification souple pour promouvoir les produits ou les supprimer progressivement. Le revenu d'autres services peut subventionner un nouveau service comptant peu de clients. Le coût d'un service doit être identifié clairement avant de choisir la stratégie de tarification.

Il existe diverses politiques de tarification. En voici quelques-unes :

- **Prix de revient plus pourcentage** – existe sous plusieurs formes, toutes basées sur la facturation des frais engagés majorés d'une marge bénéficiaire (coût + marge exprimée sous forme de pourcentage). Les coûts et la marge bénéficiaire peuvent être définis de plusieurs façons :
  - Coût total incluant une marge bénéficiaire.
  - Coûts marginaux plus une marge (suffisante pour couvrir les coûts fixes moyens, les coûts par article et le rendement du capital investi). Ainsi, si la disponibilité du réseau local/longue portée est incluse dans le tarif d'une connexion au réseau, il n'est pas nécessaire d'inclure cet élément dans d'autres services de réseau local.
  - Une des méthodes ci-dessus, avec une marge de 0 %.
- **Taux en vigueur** – pour les services, dans les cas où il existe déjà des accords de prix.
- **Rendement recherché** – services dont le prix a été déterminé à l'avance.
- **Taux du marché** – (ce que le marché supportera) – prix correspondant à ceux facturés par les fournisseurs externes.
- **Prix contractuel négocié** – ces prix sont négociés avec le client. Quand le client demande un nouveau service, des négociations ont lieu pour déterminer s'il doit supporter tous les coûts d'investissement ou seulement une partie de ces coûts.

Des remises en fonction du volume peuvent être accordées pour les services pouvant être fournis à un prix inférieur si le volume augmente. Pour étaler la demande sur les systèmes, on peut utiliser des tarifs d'heures de pointe et d'heures creuses.

11.4.4 Rapports

En fonction des politiques de facturation, l'utilisation réelle des services informatiques est facturée ou communiquée au client. Les coûts sont traités lors de réunions régulières avec le client dans le cadre du processus de gestion des niveaux de service. La gestion des niveaux de service reçoit donc les informations suivantes :

- Dépenses en services informatiques par client
- Différence entre les frais réels et estimés
- Méthodes de facturation et de comptabilité utilisées
- Tous les litiges relatifs aux frais, avec leurs causes et leurs solutions

11.5 Contrôle des processus

La comptabilité fait partie de la structure globale de la gestion des services informatiques et doit être gérée par un directeur financier. Ce directeur est responsable de la mise en œuvre et de la gestion quotidienne du système de comptabilité et de facturation ainsi que des rapports destinés à la gestion informatique. Le directeur financier ne doit pas forcément appartenir à l'organisation informatique. Les facteurs critiques de succès, les rapports et les indicateurs de performance peuvent servir à améliorer la gestion financière.

11.5.1 Facteurs critiques de succès et indicateurs de performance

Avant l'implantation de la gestion financière, les utilisateurs, le personnel et la direction informatique doivent être informés de l'objectif de son implantation et des coûts ainsi que des avantages et des problèmes potentiels liés à cette implantation.

Les facteurs critiques de succès pour l'implantation d'un système de facturation efficace sont les suivants :

- Les utilisateurs doivent connaître les services qui leur sont facturés.
- Les utilisateurs doivent être informés des méthodes de facturation de façon à pouvoir contrôler leurs frais (par exemple, au moyen d'accords ou de rapports en termes d'unités de performance quantifiables).
- Le système de surveillance des coûts doit fournir des détails et une justification des dépenses.
- La gestion des services informatiques doit fournir des systèmes équilibrés offrant des services informatiques efficaces à des prix raisonnables.
- La gestion informatique doit être informée parfaitement de l'impact et des coûts de l'implantation de la gestion financière et doit être convaincue de son utilité.
- La gestion des configurations doit fournir les informations nécessaires sur la structure des services afin de mettre en œuvre un système de comptabilité approprié.

Les indicateurs de performance suivants peuvent contribuer à contrôler le processus :

- Une analyse coûts-bénéfices précise des services fournis
- Les clients considèrent les méthodes de facturation comme raisonnables
- L'organisation informatique respecte ses objectifs financiers
- L'utilisation des services par les clients change
- Rapports réguliers à la gestion des niveaux de service

11.5.2 Rapports de gestion

Le processus de gestion financière doit fournir des rapports réguliers pour la gestion informatique sur des questions telles que :

- Coûts et avantages globaux des services informatiques
- Analyse des coûts pour chaque département, plate-forme ou autre unité informatique
- Coûts associés au système de gestion financière
- Planification des investissements futurs
- Possibilités de réduction des coûts

11.5.3 Fonctions et rôles

Certaines organisations informatiques ont leur propre directeur financier alors que d'autres organisations ont des accords avec la direction financière qui travaille en étroite collaboration avec la direction informatique. À l'instar de tout autre processus, la gestion financière doit avoir un propriétaire de processus responsable du développement et de la maintenance du système financier.

Le directeur financier informatique, qui est responsable du processus, doit collaborer dans des conditions d'égalité avec la direction des autres processus et la direction financière afin établir des directives pour les systèmes de budgétisation, de comptabilité et de facturation.

11.6 Coûts et problèmes possibles

11.6.1 Coûts

Les coûts de ce processus se répartissent en deux catégories :

- Coûts administratifs et organisationnels associés à la planification, à l'implantation et à la mise en œuvre du processus.
- Coûts des outils nécessaires, tels qu'une application avec le matériel et une base de données.

11.6.2 Problèmes possibles

Les problèmes suivants peuvent survenir :

- Les activités requises pour enregistrer et surveiller les coûts ne sont souvent pas familières pour le personnel informatique
- La surveillance, le calcul et la facturation des coûts nécessitent souvent des informations sur la planification d'autres services que les services informatiques, comme les bâtiments pour lesquels il est souvent impossible d'obtenir des détails de planification
- Il est difficile de trouver du personnel à la fois compétent en informatique et en comptabilité
- Si la stratégie et les objectifs de l'entreprise en matière de développement des systèmes d'information n'ont pas été clairement formulés et documentés, il est difficile d'envisager les investissements nécessaires
- Les possibilités offertes par le processus ne sont souvent pas bien comprises, ce qui aboutit à un manque de coopération
- Un manque d'engagement de la direction peut signifier que le processus n'est pas pris au sérieux par l'organisation

12 Gestion de la capacité

12.1 Introduction

La gestion de la capacité a pour but de fournir la capacité nécessaire pour le traitement et le stockage des données au moment approprié et à un prix raisonnable. Il s'agit d'une action qui vise un équilibre. Une bonne gestion de la capacité permet d'éviter les achats effectués en catastrophe à la dernière minute ou d'une trop grande capacité. Ces deux situations coûtent cher. De nombreux centres de données fonctionnent ainsi en permanence environ 20% en dessous de l'utilisation moyenne (capacité utilisée), sur une journée de travail (sans tenir compte du type de système, mais y compris les serveurs de fichier et d'impression, etc.). La situation n'est pas très grave si vous n'avez que quelques serveurs. En revanche, si vous en avez des milliers, comme c'est le cas dans de nombreuses organisations informatiques, il s'agit d'un gaspillage pur et simple de sommes considérables.

La gestion de la capacité traite des questions suivantes :

- Est-il possible de justifier le prix d'achat d'une capacité de traitement à la lumière des besoins du business et la capacité de traitement est-elle utilisée de la manière la plus efficace (comparaison du coût et de la capacité)?
- La capacité actuelle de traitement répond-elle efficacement aux demandes actuelles et futures des clients (comparaison de l'offre et de la demande)?
- La capacité de traitement disponible a-t-elle une efficacité maximum (réglage de la performance)?
- À quel moment précis la capacité supplémentaire doit-elle être disponible?
- Devons-nous savoir qu'elle sera notre future capacité informatique et quand?

Pour atteindre ses objectifs, la gestion de la capacité doit entretenir une relation étroite avec les processus business et les processus de l'informatique stratégiques. Ainsi, ce processus est à la fois réactif (mesure et amélioration) et proactif (analyse et prévision).

12.1.1 Concepts de base

Les éléments principaux de la gestion de la capacité sont les suivants :

- **Gestion des performances** : mesure, surveillance et réglages des performances des composants de l'infrastructure informatique pour une performance optimum.
- **Évaluation des applications** : détermination de la capacité du matériel ou du réseau pour prendre en charge les services, nouveaux ou modifiés, et la future charge de travail prévue.
- **Modélisation** : utilisation de simulations analytiques ou de modèles de tendance pour déterminer les exigences en matière de capacité des applications et choisir les meilleures solutions de capacité. La modélisation permet d'envisager plusieurs scénarios à analyser et de répondre aux questions telles que : « que faire si? ».
- **Gestion de la charge de travail** - essayer de comprendre ce que pousse le business, et de quelles ressources ils ont besoin - c'est un composant fondamental de la modélisation, mais aussi un argument à part entière.
- **Planification de la capacité** : développement d'un plan des capacités basé sur une base de données de gestion des capacités, en analysant la situation actuelle et en prévoyant l'utilisation

future de l'infrastructure informatique et des ressources nécessaires pour répondre aux demandes prévues pour les services informatiques.

12.2 Objectifs

La gestion de la capacité a pour but de fournir, sur une base régulière, au moment approprié (lorsque c'est nécessaire) et à un prix raisonnable, les ressources requises par l'informatique, conformément aux exigences actuelles et futures du business.
Par conséquent, la gestion de la capacité doit tenir compte des futurs développements du business susceptibles d'influencer les clients tout en anticipant les développements techniques. Le processus de gestion de la capacité joue un rôle important dans la détermination du retour sur l'investissement et de la justification des coûts.

12.2.1 Bénéfices

Les bénéfices de la gestion de la capacité sont les suivants :
- Réduction des risques associés aux services existants grâce à la gestion efficace des ressources et à la surveillance constante des performances de l'équipement.
- Réduction des risques associés aux services, nouveaux ou modifiés, étant donné que l'évaluation des applications permet de connaître l'impact de ces services, nouveaux ou modifiés, sur les systèmes existants.
- Réduction des coûts, étant donné que les investissements sont faits au moment approprié, ni trop tard ni trop tôt, ce qui signifie que le processus d'achat ne comporte pas d'achat de dernière minute ou d'achat de capacité trop grande, effectué trop tôt par rapport aux besoins.
- Réduction des interruptions d'activités grâce à une implication étroite de la gestion des changements dans la détermination de l'impact sur la capacité. Prévention des changements urgents découlant d'estimations inadéquates ou erronées.
- Prévisions plus fiables fournissant une réponse plus rapide et plus précise aux demandes des clients.
- Meilleure efficacité étant donné que la demande et l'offre sont équilibrées à un stade précoce.
- Meilleure gestion, voire réduction des dépenses liées à la capacité en raison d'une utilisation plus efficace de la capacité.

Ces bénéfices améliorent les relations avec les clients. La gestion de la capacité consulte les clients à un stade précoce et anticipe leurs exigences. Les relations avec les fournisseurs s'en trouvent également améliorées. Les accords relatifs aux achats, aux livraisons, à l'installation et à la maintenance peuvent aussi être planifiés plus efficacement.

12.3 Processus

Comme beaucoup d'autres processus de l'ITIL, la gestion de la capacité remonte au temps des gros ordinateurs. Malheureusement, cela signifie que certaines personnes pensent que la gestion de la capacité concerne donc uniquement les environnements de gros ordinateurs. Cette opinion est encore renforcée par la baisse des prix du matériel au cours des dernières années. Pour ces raisons, certaines organisations ont pris l'habitude d'acheter du matériel dont la capacité excède les besoins sans tenir compte des questions posées par la gestion de la capacité. Le danger d'une telle pratique est que la source la plus importante de frais, de risques et de problèmes potentiels dans le domaine de l'informatique ne réside pas dans le matériel, mais dans la prolifération des problèmes de gestion supplémentaires, qui sont bien plus coûteux que le matériel lui-même.

La mise en œuvre de la gestion de la capacité contribue à éviter des investissements inutiles et des changements de capacité improvisés. Ces changements de capacité improvisés, en particulier, peuvent avoir des effets négatifs sur la fourniture des services. Actuellement, les coûts de l'informatique viennent moins des investissements en capacité que de leur gestion. Ainsi, une augmentation excessive de la capacité de mémoire a un impact sur les opérations de sauvegarde sur bande et il faut plus de temps pour retrouver les dossiers stockés sur le réseau. Cet exemple illustre un aspect important de la gestion de la capacité : une bonne gestion de la capacité est peut-être le facteur qui influence le plus le changement de la perception (et de la réalité) d'une organisation informatique qui peut être perçue comme un groupe auxiliaire ou comme un fournisseur de services. Dans un contexte de bonne gestion de la capacité, le prestataire de services informatiques se rend compte, par exemple, que les dix-huit projets stratégiques prévus cette année pour l'informatique supplanteront la méthode actuelle de sauvegarde. Sachant cela, le gestionnaire de la capacité peut s'assurer que le coût véritable de ces initiatives est perçu – c'est-à-dire que le coût d'une nouvelle solution de sauvegarde est réparti entre les dix-huit projets. Il s'agit d'une attitude proactive. Si, au contraire, il n'y a pas de gestion de la capacité, l'organisation informatique réagit uniquement lorsque la fenêtre de sauvegarde est dépassée. Dans ce cas, le client perçoit l'organisation informatique comme un groupe auxiliaire, venant « demander de l'argent », simplement parce qu'elle n'a pas su se montrer proactive en établissant des prévisions et en attribuant les coûts dès le départ.

La gestion de la capacité a pour but d'éviter les surprises et les achats effectués en catastrophe en faisant un meilleur usage des ressources disponibles et d'augmenter la capacité au bon moment ou de contrôler l'utilisation des ressources. La gestion de la capacité peut également contribuer à coordonner les capacités des différents aspects d'un service pour s'assurer que les investissements importants relatifs à certains composants sont utilisés efficacement.

Actuellement, les infrastructures informatiques sont extrêmement complexes, ce qui augmente l'interdépendance de capacité entre les composants. Ainsi, les niveaux de service convenus avec le client deviennent de plus en plus difficiles à respecter. Une organisation informatique professionnelle doit par conséquent adopter une approche intégrée de la gestion de la capacité.

La figure 12.1 illustre les principales activités de la gestion de la capacité.

La gestion de la capacité comporte trois sous-processus ou niveaux d'analyse dans lesquels on doit tenir compte de la capacité :

- **Gestion de la capacité business** – le but de ce sous-processus est de comprendre les besoins actuels et futurs du business. Pour cela, on peut obtenir des informations du client, telles que des plans stratégiques, des plans marketing ou analyser les tendances. Ce sous-processus est essentiellement proactif.
- **Gestion de la capacité des services** – le but de ce sous-processus est de déterminer et de comprendre l'utilisation des services informatiques (produits et services fournis au client). La performance et les charges en période de pointe doivent être comprises afin d'assurer l'établissement d'accords de service appropriés. Ce sous-processus a des liens étroits avec

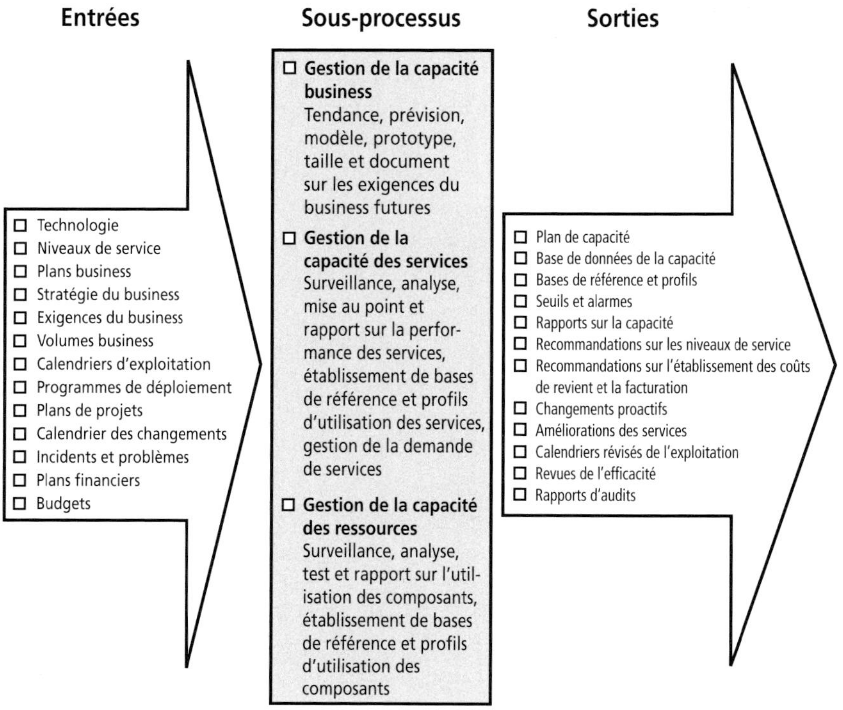

Figure 12.1 Processus de gestion de la capacité (source: OGC)

la gestion des niveaux de service en termes de définition et de négociation des accords de service.

- **Gestion de la capacité des ressources** – le but de ce sous-processus est de déterminer et de comprendre l'utilisation de l'infrastructure et des composants informatiques. Parmi les ressources, citons la largeur de bande de réseau, la capacité de traitement et la capacité des disques. Les problèmes potentiels doivent être détectés à un stade précoce pour gérer efficacement ces ressources. L'organisation doit également rester informée des développements techniques. Le suivi actif des tendances est aussi une activité importante de ce sous-processus.

Étant donné que la gestion de la capacité et les besoins du business sont liés, la gestion de la capacité est un élément essentiel du processus de planification. Le soutien qu'elle offre aux processus opérationnels ne doit toutefois pas être sous-estimé. Les liens avec les autres processus de gestion des services sont exposés ci-dessous.

12.3.1 Relation avec les autres processus

Gestion des incidents

La gestion des incidents informe la gestion de la capacité des incidents répertoriés, causés par des questions de capacité ou de performances. La gestion de la capacité peut fournir des scripts à la gestion des incidents pour l'aider au diagnostic ou à la résolution des problèmes de capacité.

Gestion des problèmes
La gestion de la capacité soutient la gestion des problèmes dans ses rôles réactif et proactif. Les outils, les informations, les connaissances et les compétences de la gestion de la capacité peuvent être utilisés pour assister la gestion des problèmes par diverses activités.

Gestion des changements
La gestion de la capacité devrait faire partie du comité consultatif sur les changements. La gestion de la capacité peut fournir des informations sur les besoins en capacité et sur l'impact potentiel d'un changement sur la fourniture de service. Les informations concernant les changements fournissent également des entrées pour le plan de capacité. La gestion de la capacité peut aussi soumettre des demandes de changement pendant la mise en oeuvre du plan.

Gestion des mises en production
La gestion de la capacité prend en charge la planification de la distribution lorsque le réseau et les serveurs de distribution sont utilisés pour une distribution automatique ou manuelle, assurant ainsi une capacité suffisante dans tous les domaines requis.

Gestion des configurations
Il existe un lien étroit entre la base de données de la capacité (CDB) et la base de données de gestion des configurations (CMDB), la première pouvant être une partie de la seconde. Les informations fournies par la gestion des configurations sont essentielles au développement d'une base de données de la capacité efficace (CDB).

Gestion des niveaux de service
La gestion de la capacité conseille la gestion des niveaux de service sur la réalisation des niveaux de service (par exemple, les temps de réponse et les exigences de niveau de service, SLR). La gestion de la capacité mesure et surveille les niveaux de performance et fournit des informations de vérification et, si nécessaire, de modification des niveaux de service convenus et des rapports correspondants.

Gestion financière des services informatiques
La gestion de la capacité apporte un soutien à la budgétisation des investissements, l'analyse coûts/avantages et les décisions d'investissements. La gestion de la capacité fournit également des informations essentielles pour la facturation des services liés à la capacité, comme, par exemple, l'usage de la capacité du réseau. Il est essentiel que le plan de capacité soit cohérent avec tous les aspects de la planification financière et du budget.

Gestion de la continuité des services informatiques
La gestion de la capacité spécifie la capacité minimale nécessaire pour continuer à fournir le service ou une reprise de service en cas de sinistre. Les besoins en capacité de la gestion de la continuité des services informatiques doivent être revus de façon continue pour s'assurer qu'ils reflètent les changements quotidiens dans l'environnement de fonctionnement.

Gestion de la disponibilité
Les gestions de la capacité et de la disponibilité sont étroitement liées. Les problèmes de performance et de capacité peuvent conduire à une qualité médiocre des services informatiques.

En fait, le client peut considérer qu'une mauvaise performance du service est équivalent à une indisponibilité du service. Étant donné leurs nombreuses interdépendances, les deux processus exigent une coordination efficace. Ils utilisent tous deux de nombreux outils et techniques identiques comme l'analyse d'impact de la défaillance d'un composant (CFIA) et l'analyse par arbre de pannes (FTA).

12.4 Activités

Les activités de la gestion de la capacité décrites ci-dessous sont exécutées dans une mesure plus ou moins grande pour chacun des sous-processus de gestion de la capacité business, des services et des ressources.
La figure 12.2 représente plusieurs activités essentielles dans ce domaine.

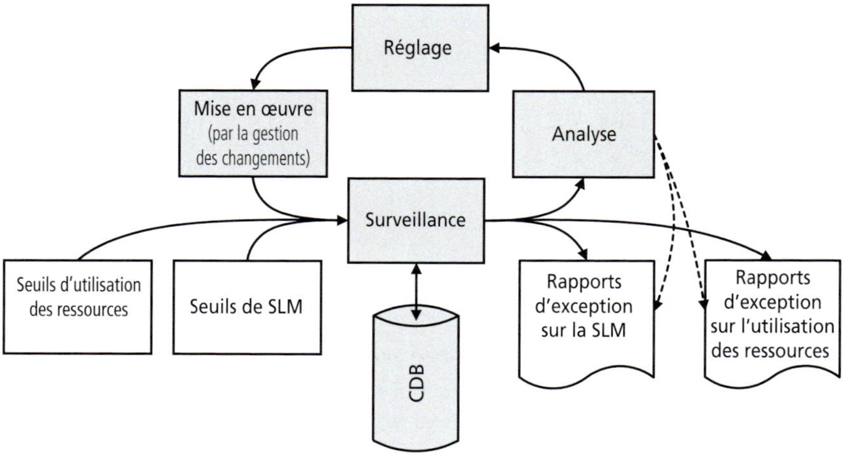

Figure 12.2 Activités itératives de la gestion de la capacité (source: OGC)

12.4.1 Élaboration du plan de capacité

Le plan de capacité décrit la capacité actuelle et les futures exigences de l'infrastructure informatique et les changements attendus en matière de demande de services informatiques, de remplacement des composants périmés et de développements techniques. Le plan de capacité définit également les changements nécessaires pour fournir les niveaux de service convenus dans les accords sur les niveaux de service à un prix acceptable et en fonction des besoins futurs des exigences sur les niveaux de service (SLR). Le plan de capacité décrit donc non seulement les changements attendus mais indique également les frais correspondants. Une version révisée du plan doit être établie chaque année et être revue chaque trimestre afin d'en confirmer la validité.

D'une certaine façon, le plan de capacité est le produit le plus important de la gestion de la capacité. Les résultats comportent souvent un plan annuel aligné sur le budget ou les plans financiers, un plan à long terme et des plans trimestriels contenant les détails sur les changements de capacité prévus. Le tout forme un ensemble cohérent de plans dans lequel le niveau de détails augmente au fur et à mesure que l'horizon de planification approche.

Un plan de capacité devrait contenir les performances espérées, les points de mise à niveau, les coûts envisagés pour les mises à niveau de l'infrastructure (capital, récurrents, fonctionnement, personnel), etc. Ces chiffres devraient être mis à jour régulièrement dans le cas des environnements dynamiques.

12.4.2 Modélisation

La modélisation est un outil puissant de gestion de la capacité qui est utilisé pour prévoir le comportement de l'infrastructure.

Les outils mis à la disposition de la gestion de la capacité vont des outils de mesure et d'estimation aux outils de test complet de qualification. Les premiers sont peu coûteux et concernent souvent les activités de routine. Les derniers, par contre, ne servent habituellement qu'aux grands projets de mise en oeuvre.

Entre ces deux extrêmes, il existe un certain nombre de techniques plus précises qu'une estimation et moins coûteuses qu'un pilotage complet. Ces méthodes sont énumérées ci-dessous par ordre de prix croissant :
- A vue de nez
- Projection linéaire (Analyse des tendances)
- Modélisation analytique
- Simulation
- Évaluation de base de référence (test de performance) (méthode la plus précise)
- Système réel

L'analyse des tendances peut être utilisée pour obtenir des informations sur la charge et peut aussi servir à prévoir les temps de réponse approximatifs. La modélisation analytique et la simulation ont leurs propres bénéfices et coûts. La simulation peut ainsi être utilisée pour prévoir précisément la performance d'un hôte, éventuellement en tant qu'élément de dimensionnement des applications. Cette méthode exige toutefois beaucoup de temps et de ressources. Les modèles analytiques mathématiques requièrent généralement moins de temps mais le résultat est moins fiable. La différence d'exactitude entre modélisation et simulation analytiques est fonction de l'outil, de la compétence de l'analyste/modélisateur et des suppositions/limites. La création d'un cadre d'exploitation réel, par exemple au centre informatique du fournisseur, constitue une base de référence. Cet environnement répond aux besoins de performance et est utilisé pour des simulations du type « que faire si? » ou les simulations de changement, du type « que se passe-t-il quand un composant d'une application est transféré dans un autre système informatique? » ou « que se passe-t-il si nous doublons le nombre de transactions? ».

12.4.3 Dimensionnement des applications

Le dimensionnement des applications considère les ressources nécessaires pour prendre en charge les services, nouveaux ou modifiés, tels que les applications en cours de développement ou en cours de maintenance ou celles qui sont achetées à la demande du client. Ces prévisions comprennent des informations concernant les niveaux de performance attendus, les ressources nécessaires et les coûts.

Cette discipline est particulièrement utile pendant les étapes initiales de développement du produit. Des informations claires concernant le matériel nécessaire, les autres ressources informatiques et les coûts envisagés à ce stade constituent un élément précieux pour la gestion. Cette discipline contribue également à l'établissement d'un nouvel accord, ou d'une révision, des accords sur les niveaux de service et les exigences de service.

Le dimensionnement des applications peut demander un effort considérable dans les environnements de grande taille ou complexes. En premier lieu, la gestion de la capacité convient avec les développeurs des exigences en matière de niveaux de service que celui-ci doit remplir. Une fois que le service a atteint le stade d'acceptation et de mise en production, sa performance est comparée avec l'objectif des niveaux de service convenus afin de s'assurer qu'ils peuvent être respectés.

La variation de la charge de travail influence les résultats du dimensionnement des applications. Ceci peut être utilisé pour estimer la capacité nécessaire en cas d'augmentation du nombre d'utilisateurs de 25 %, par exemple. Les autres caractéristiques de charge de travail pourraient être les besoins en capacité dans le temps (pointes par jour/semaine/année et croissance future).

12.4.4 Surveillance

La surveillance des composants de l'infrastructure a pour but de s'assurer que les niveaux de service convenus sont effectivement atteints. Les exemples de ressources à surveiller comprennent l'utilisation des UC, l'utilisation des disques, l'utilisation des réseaux, le nombre de licences (par exemple, il n'y a que dix licences gratuites disponibles), et cetera.

12.4.5 Analyse

Les données de surveillance doivent être analysées. L'analyse des tendances peut être utilisée pour prévoir la croissance future et identifier les «goulots d'étranglement» potentiels. Cela peut entraîner une amélioration de l'efficacité ou de l'achat de composants informatiques supplémentaires. L'analyse d'activité exige une compréhension parfaite de l'infrastructure globale, des processus business et des relations entre les éléments du business, du service et la gestion de la capacité en ressources.

12.4.6 Réglage

Le réglage optimise les systèmes pour les charges de travail actuelles ou prévues sur la base des données de surveillance analysées et interprétées.

12.4.7 Mise en œuvre

L'objectif de la mise en œuvre est d'introduire la capacité modifiée ou la nouvelle capacité. Si cela se traduit par un changement, la mise en œuvre implique le processus de gestion des changements.

12.4.8 Gestion de la demande

L'objectif de la gestion de la demande est d'influencer la demande en capacité. La gestion de la demande concerne le contrôle et l'influence de la demande utilisateur. Voici un exemple simple : un utilisateur exécute un rapport en SQL mal écrit au milieu de la journée, bloque la base de données et crée beaucoup d'encombrement du réseau. Le gestionnaire de la capacité suggère la création d'une tâche pour exécuter le rapport la nuit de façon à ce que l'utilisateur le trouve sur son bureau le lendemain matin.

La gestion de la demande fournit des informations importantes pour l'établissement, la surveillance et, le cas échéant, l'adaptation du plan de capacité et des accords sur les niveaux de service.

La gestion de la demande peut également impliquer des coûts différentiels (c'est-à-dire la facturation de tarifs différents aux heures de pointe et aux heures creuses) pour influencer le comportement des clients et des utilisateurs en contrôlant la demande pendant les périodes de pointe.

12.4.9 Gestion de la base de données de la capacité

La création et la gestion de la base de données de capacité se traduisent par la collecte et la mise à jour d'informations techniques et du business et de toutes les autres informations liées à la gestion de la capacité. Il arrive qu'il ne soit pas possible de stocker toutes les informations relatives à la capacité dans une seule base de données physique. Les gestionnaires chargés du réseau et du système informatique peuvent utiliser leurs propres méthodes. Souvent, la base de données de la capacité fait référence à un ensemble de bases de données contenant les informations de capacité appropriées.

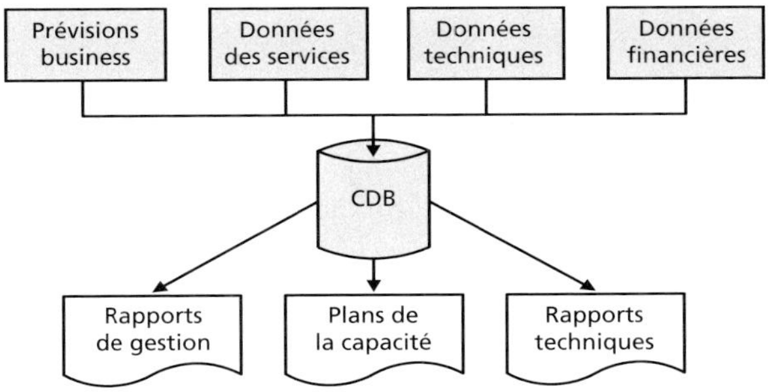

Figure 12.3 Sources d'informations de la base de données de la capacité

12.5 Contrôle des processus

Pour avoir une meilleure efficacité, la gestion de la capacité doit être étroitement liée à d'autres processus de planification de la gestion des services informatiques, et à des processus de planification stratégiques (Business et informatiques). La gestion de la capacité est un des rares processus utilisant des données historiques réelles pour établir des prévisions, en termes d'attentes business.

12.5.1 Facteurs clés de succès et indicateurs de performance

La qualité du processus de gestion de la capacité dépend des facteurs suivants :

- Prévisions business et attentes précises
- Compréhension de la stratégie et de la planification informatiques ainsi que de leur niveau de précision
- Coopération avec d'autres processus
- Capacité à démontrer sa rentabilité

Le succès de la gestion de la capacité est déterminé par les indicateurs clés de performance suivants :

- **Prévisibilité de la demande des clients** : identification des développements et des tendances de la charge de travail dans le temps et précision du plan de capacité.
- **Technologie** : options de mesure de la performance de tous les services informatiques, rapidité de mise en œuvre de la nouvelle technologie et capacité à respecter de façon continue l'accord sur les niveaux de service, même en utilisant des technologies anciennes.
- **Coûts** : réduction du nombre d'achats faits à la hâte, réduction de la surcapacité inutile ou coûteuse et élaboration de plans d'investissements à un stade précoce.
- **Exploitation** : réduction du nombre d'incidents dus à des questions de capacité ou de performance, capacité de répondre à la demande du client à tout moment et prise de conscience de l'importance du processus de gestion de la capacité.

12.5.2 Rapports de gestion

Les rapports de gestion fournis par le processus de gestion de la capacité comprennent, d'une part, des informations de contrôle des processus en termes de caractéristiques du plan de capacité, de ressources utilisées pour la mise en œuvre du processus et de progrès des activités d'amélioration, et, d'autre part, des rapports d'exception sur les sujets suivants :

- Divergences entre l'utilisation réelle et planifiée de la capacité.
- Tendances des divergences.
- Impact sur les niveaux de service.
- Augmentation/diminution prévue de l'utilisation de la capacité à court terme et long terme.
- Seuils qui, une fois atteints, nécessiteront l'acquisition de capacité supplémentaire.

Cette planification de la capacité et ces rapports de gestion de la performance devraient être rendus disponibles à toute personne intéressée - direction, application et informatique.

12.5.3 Fonctions et rôles

Le rôle du gestionnaire de la capacité est de gérer le processus et de s'assurer que le plan de capacité est établi et tenu à jour; il doit également vérifier que la base de données de la capacité (CDB) est à jour.

Les gestionnaires des systèmes, des réseaux et des applications jouent tous un rôle important dans le soutien du processus de gestion de la capacité. Non seulement ils sont tenus d'aider à l'optimisation des ressources dans leur propre domaine, mais ils doivent également fournir des conseils et une assistance sur les questions techniques dans leur domaine de compétences.

12.6 Coûts et problèmes possibles

12.6.1 Coûts

Les coûts de mise en œuvre de la gestion de la capacité doivent être estimés pendant la préparation. Ces coûts se répartissent de la manière suivante :

- Achats d'outils matériels et logiciels, tels qu'outils de surveillance, bases de données de gestion de la capacité, outils d'analyse de tendances et de modélisation pour les simulations et les analyses statistiques et outils de création de rapports
- Coûts de gestion de projet liés à la mise en œuvre du processus
- Frais de personnel, de formation et d'assistance
- Locaux et services

Une fois le processus mis en œuvre, il faut prévoir des coûts récurrents en personnel, contrats de maintenance, et cetera.

12.6.2 Problèmes possibles

Les problèmes potentiels de la gestion de la capacité sont les suivants :

- **Attentes irréalistes** – les concepteurs, les dirigeants et les clients ont souvent des attentes irréalistes en raison d'un manque de compréhension des possibilités techniques des applications, des systèmes informatiques ou des réseaux. Une des tâches de la gestion de la capacité est de guider ces attentes en informant, par exemple, les concepteurs de l'impact de ce qu'ils créent, comme dans le cas d'une base de données, de la capacité et de la performance. L'effet de la gestion de la capacité peut également être surestimé, en particulier en ce qui concerne le réglage du système et la planification de la charge de travail. Si le fonctionnement des systèmes nécessite un réglage important, il est vraisemblable que la conception de l'application ou de la base de données laisse à désirer. En général, le réglage ne peut pas être effectué pour obtenir un niveau de performance plus élevé que celui pour lequel le système a été conçu à l'origine. La plupart des grands systèmes disposent d'algorithmes d'ordonnancement qui sont généralement plus efficaces que les interventions des gestionnaires des systèmes. Il ne faut pas oublier bien sûr les frais liés au réglage. Ainsi, il est insensé d'un point de vue économique d'occuper pendant une semaine un ingénieur à haut salaire à obtenir une amélioration de performance de 3 % alors que l'achat d'une barrette de mémoire d'une centaine d'euros permettrait une amélioration de 10 %. La gestion de systèmes qui ne sont pas des systèmes « génériques » dans des limites raisonnables entraîne des coûts encore plus élevés que le recours excessif au réglage. Des paramètres hautement « élaborés » sur différentes unités, applications ou bases de données ont des conséquences imprévues et retardent tous les processus de gestion des services, la maintenance, le dépannage, et cetera.
- **Manque d'informations appropriées** – il est souvent difficile d'obtenir les informations nécessaires pour le plan de capacité. Il peut être difficile d'obtenir des informations fiables sur la charge de travail prévue car les plans business sont souvent peu clairs, voire inconnus. Cette situation entraîne également des difficultés pour le client étant donné que le cycle de vie des produits devient de plus en plus court. La seule solution est de faire la meilleure estimation possible et de mettre cette estimation fréquemment à jour quand de nouvelles informations sont disponibles.
- **Participation des fournisseurs** – s'il n'existe pas de données historiques (par exemple, en cas d'achat d'un nouveau système), la gestion de la capacité dépend souvent des informations

fournies par les fournisseurs. Ceux-ci utilisent habituellement des tests de performance pour fournir des informations sur leurs systèmes mais comme les méthodes de mesure et de test présentent de grandes différences, il est souvent difficile de comparer les informations des divers fournisseurs. De plus ces informations risquent souvent de ne pas refléter les véritables performances de la solution système finale.

- **Mise en œuvre dans des environnements complexes** – la mise en œuvre dans des environnements décentralisés complexes est difficile étant donné la complexité de la solution, l'importance des interfaces techniques et le grand nombre d'interdépendances de performance.
- **Détermination du niveau approprié de surveillance** – les outils de surveillance offrent souvent de nombreuses options et peuvent encourager des études trop détaillées. Le niveau de surveillance requis doit être établi avant d'acheter et d'utiliser de tels outils.
- **Manque de soutien à la direction** - lorsque le processus a la visibilité et de la direction, l'espérance, le soutien et la cohérence des autres groupes peuvent considérablement aider la fonction et la précision de la fonction de planification de la capacité. Si le soutien de la direction est variable, ou minimal, ce manque d'enthousiasme descend rapidement dans le bas de la hiérarchie, rendant difficile l'accès aux informations cruciales et importantes, ainsi que la publication des avertissements.

Ces problèmes concernent la gestion de la capacité des systèmes informatiques ainsi que les réseaux, les grands systèmes d'impression et les systèmes d'autocommutateurs privés. La situation se complique encore quand plusieurs unités se partagent la responsabilité de ces domaines, ce qui peut conduire à des conflits en matière de responsabilité de la gestion de la capacité.

13 Gestion de la continuité des services informatiques

13.1 Introduction

De nombreux gestionnaires considèrent que la gestion de la continuité des services informatiques est un luxe qui ne nécessite aucune attribution de ressources. Toutefois, les statistiques démontrent que les sinistres associés à une interruption de services sont en fait très fréquents.

Sinistre – événement touchant un service ou un système et nécessitant des efforts importants pour rétablir le niveau de performance d'origine

Un sinistre est beaucoup plus grave qu'un «incident». Un sinistre est une interruption du business. Cela signifie que la totalité ou une partie du business n'est plus « opérationnelle » à la suite d'un sinistre. Les sinistres les plus communs sont le feu, la foudre, les dégâts des eaux, les cambriolages, le vandalisme et la violence, les pannes d'électricité importantes et les défaillances du matériel. De plus, les attaques terroristes deviennent de plus en plus fréquentes. Internet peut également causer des sinistres, comme dans le cas d'attaques de déni de service qui provoquent l'interruption des communications dans l'ensemble d'une organisation. Certaines sociétés auraient pu éviter de graves problèmes en planifiant et en développant des plans de continuité des services. De plus, comme les entreprises dépendent de plus en plus des services informatiques, l'impact d'une perte de services est plus grand et moins acceptable. En fait, les activités d'un grand nombre de sociétés se résument à l'utilisation de l'informatique et, sans elle, ces entreprises n'ont aucun moyen de générer des revenus. Il est par conséquent essentiel de considérer de quelle façon on peut assurer la continuité de business.

La planification traditionnelle des contingences faisait partie des attributions de l'organisation informatique. Actuellement, l'informatique est beaucoup plus intégrée à de nombreux aspects du business. Alors que le processus traditionnel de planification des contingences était principalement réactif (que faire en cas de sinistre?), le nouveau processus de gestion de la continuité des services informatiques donne la priorité à la prévention et vise donc à éviter les sinistres.

13.2 Objectifs

Le but de la gestion de la continuité des services informatiques est de soutenir la gestion globale de la continuité du business en s'assurant que l'infrastructure et les services informatiques nécessaires, y compris le soutien et le centre de services, puissent être rétablis dans un délai donné après un sinistre. La gestion de la continuité des services informatiques peut avoir un certain nombre d'objectifs différents, devant être définis sur la base des objectifs business. Lors de l'évaluation des risques envers le business, des décisions doivent être prises selon qu'ils se trouvent dans les limites du processus de gestion de la continuité des services informatiques ou hors de ces limites.

13.2.1 Avantages

Étant donné que les entreprises dépendent de plus en plus des services informatiques, le coût d'un manque de planification pour le business et la continuité des services informatiques, et les avantages d'une planification ne peuvent être identifiés qu'à l'aide d'une analyse des risques. Une fois qu'on a identifié un risque pour le business, et non pas uniquement pour ses services informatiques, il est possible d'investir dans des mesures de prévention et des mesures de traitement des sinistres, telles que des plans de reprise. Les grandes lignes de ce chapitre peuvent être utilisées pour limiter et gérer l'impact des sinistres.

Quand un sinistre se produit, les entreprises disposant d'un processus de gestion de la continuité des services informatiques bénéficient des avantages suivants :
- Elles peuvent gérer la reprise de leurs systèmes.
- Elles perdent moins de temps de disponibilité du service et offrent une meilleure continuité à leurs utilisateurs.
- Elles réduisent au minimum l'interruption de leurs activités business.

13.3 Processus

13.3.1 Activités de la gestion de la continuité des services informatiques

La gestion de la continuité des services a les responsabilités suivantes :
- Évaluer le risque et l'impact d'une interruption des services informatiques suite à un sinistre
- Identifier les services essentiels pour le business qui ont besoin de mesures de prévention supplémentaires
- Définir les délais dans lesquels les services doivent être restaurés
- Prendre des mesures afin d'éviter, de détecter et d'atténuer les effets d'un sinistre, de s'y préparer ou d'en réduire l'impact
- Définir la méthode à utiliser pour rétablir les services
- Développer, tester et tenir à jour un plan de reprise suffisamment détaillé pour faire face à un sinistre et pour rétablir les services normaux après une période définie.

Étant donné que les activités business dans son ensemble et de l'informatique en particulier entretiennent des liens de plus en plus étroits, les deux domaines sont décrits dans le cadre de l'ITIL :
- La gestion de la continuité de business couvre l'analyse et la gestion des risques de façon à ce que l'organisation puisse assurer, à tout moment, la capacité de production ou la fourniture de services minimale requise prédéterminée. Le but de la gestion de la continuité de business est de réduire les risques à un niveau acceptable et de développer des plans de reprise du business en cas d'interruption de ces activités suite à un sinistre.
- La gestion de la continuité des services informatiques est le processus de traitement des sinistres touchant les services informatiques et de maintien des services afin de permettre au business de continuer de fonctionner.

La gestion de la continuité des services informatiques fait partie de la gestion globale de la continuité de business et dépend des informations fournies par le processus de gestion de la continuité de business. La disponibilité des services informatiques est assurée en combinant les mesures de réduction des risques (par exemple, installation de systèmes fiables) avec des options de reprise comme des systèmes de sauvegarde et des systèmes redondants. La réussite de sa mise en œuvre exige le soutien inconditionnel et l'engagement permanent de toute l'organisation. En particulier, le soutien visible des cadres et des membres de la direction est tout à fait crucial pour une gestion efficace de la continuité des services informatiques.

13.3.2 Relations avec les autres processus

La gestion de la continuité des services est en interaction avec tous les autres processus de gestion des services informatiques, particulièrement avec les processus suivants :

- La gestion des niveaux de service fournit les informations relatives aux obligations des services informatiques.
- La gestion de la disponibilité apporte son soutien à la gestion de la continuité des services informatiques en développant et en mettant en œuvre des mesures de prévention.
- La gestion des configurations définit les configurations de référence et l'infrastructure informatiques afin de fournir à la gestion de la continuité des services informatiques des informations concernant ce qu'il est nécessaire de restaurer après un sinistre.
- La gestion de la capacité s'assure que les exigences du business sont couvertes totalement par les ressources informatiques appropriées.
- La gestion des changements vérifie que les plans de gestion de la continuité des services informatiques sont corrects et à jour, en impliquant ce processus de gestion dans tous les changements pouvant influencer les mesures de prévention et les plans de reprise.

13.4 Activités

La figure 13.1 illustre les activités de la gestion de la continuité des services informatiques. Les chiffres font référence aux sous-sections de la section 13.4 qui décrit les activités.

13.4.1 Définition de l'étendue de la gestion de la continuité des services informatiques

L'organisation dans son ensemble doit être prise en considération lors du lancement de la gestion de la continuité des services informatiques et les activités suivantes doivent être entreprises :

- **Définition des politiques** – les politiques doivent être définies dès que possible et être communiquées à toute l'organisation de façon à ce que toutes les personnes concernées soient conscientes du besoin en gestion de la continuité des services informatiques. La direction doit manifester son engagement.
- **Définition de l'étendue et des domaines liés** – on utilise les exigences en matière d'assurance, les normes de qualité, telles que la série de normes ISO 9000, les normes de gestion de la sécurité, telles que la norme BS7799, et les principes généraux de politique du business pour sélectionner l'approche et les méthodes d'évaluation des risques et d'analyse d'impact sur le business (BIA). On doit également identifier la structure de gestion appropriée, avec l'attribution des responsabilités et la structure des processus de traitement des sinistres.
- **Attribution des ressources** – la mise en œuvre d'un environnement de gestion de la continuité des services informatiques nécessite un investissement important en personnel et en ressources. Une formation doit également être prévue afin que le personnel soit prêt pour la mise en place de l'étape 2 du processus de gestion de la continuité des services informatiques (Exigences et stratégie).

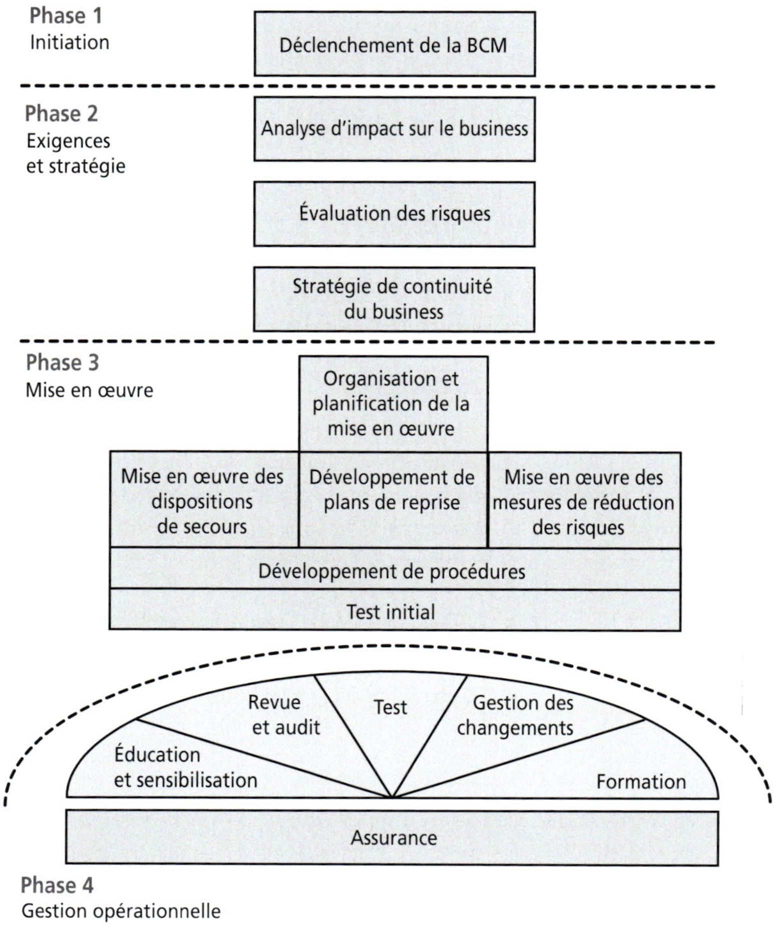

Figure 13.1 Modèle de processus de gestion de la continuité des services informatiques (basé sur le modèle OGC)

- **Mise en place de l'organisation du projet** – il est conseillé d'utiliser une méthode de gestion des projets formelle, par exemple PRINCE2, soutenue par des logiciels de planification.

13.4.2 Analyse d'impact sur le business

Avant d'analyser les services informatiques, il est recommandé d'identifier les raisons qui incitent l'entreprise à intégrer la gestion de la continuité des services informatiques à la gestion de la continuité du business et d'identifier l'impact potentiel d'une interruption grave des services. Quand le business peut continuer à fonctionner pendant un certain temps, on donne la priorité au rétablissement des services. Il arrive que le business ne puisse pas fonctionner sans les services informatiques. Dans ce cas, on accorde la priorité à la prévention. La plupart des entreprises doivent trouver un équilibre entre ces deux extrêmes. Elles peuvent être motivées par une des raisons suivantes :

- Protection des processus business
- Protection contre les infractions à la loi
- Reprise rapide des services

- Survie à la concurrence
- Sauvegarde de la part de marché
- Maintien de la rentabilité
- Protection de la réputation acquise auprès des clients

Les raisons mentionnées ci-dessus peuvent également être combinées. Dans le domaine des finances, par exemple chez les cambistes, la perte d'informations sur l'état du marché se traduit par une perte d'argent, puisque les opérations de change (le processus business principal) sont interrompues. De plus, si la législation exige l'enregistrement de toute transaction de change sur un système spécifique, les opérations de change peuvent se poursuivre en cas de panne de ce système, mais tôt ou tard, une exigence légale ne sera pas respectée et des amendes pourront être imposées. Dans les deux cas, la société risque de perdre des clients et des parts de marché.

Analyse des services

Une fois les raisons de lancer la gestion de la continuité des services informatiques identifiés, on procède à l'analyse des services indispensables au business (par exemple, systèmes d'information, applications bureautiques, applications comptables, courriel, et cetera) qui doivent être disponibles conformément aux accords sur les niveaux des services. Pour certains services non essentiels, la fourniture d'un service d'urgence de capacité et de disponibilité limitées peut être convenue. Toutefois, les niveaux des services pendant la reprise après sinistre peuvent être modifiés uniquement en concertation avec le client. En ce qui concerne les services essentiels, il faut arriver à un équilibre entre les options de prévention et de reprise.

Infrastructure

L'analyse des services est suivie de l'évaluation des dépendances entre les services et les ressources informatiques. Les informations de gestion de la disponibilité sont utilisées pour analyser la mesure dans laquelle les ressources informatiques ont une fonction essentielle de soutien des services informatiques dont il a été question plus haut. La gestion de la capacité fournit des informations relatives à la capacité nécessaire. Il est nécessaire de déterminer la mesure dans laquelle ces services peuvent être interrompus dans le temps, entre le moment initial de la perte des services et celui de leur reprise complète. Cette information sera utilisée à un stade ultérieur pour identifier les options de reprise pour chaque service.

13.4.3 Évaluation des risques

Il n'existe pas de statistiques officielles en matière de sinistres, mais on peut citer les événements à hauts risques suivants :

- Gaz toxique
  - Métro de Tokyo, Japon (mars 1995)
- Panne électrique
  - Auckland, Nouvelle-Zélande (décembre 1997)
- Tremblements de terre
  - Los Angeles, États-Unis (janvier 1994)
  - Kobé, Japon (janvier 1995)
- Actes terroristes
  - World Trade Center, New York, États-Unis (février 1993)
  - Bishopsgate, Londres, Angleterre (avril 1993)

  - Oklahoma City, Oklahoma, États-Unis. (avril 1995)
  - Docklands, Londres, Angleterre (février 1996)
  - Manchester, Angleterre (juin 1996)
  - World Trade Center, New York, États-Unis (septembre 2001)
- Inondations
  - Bangladesh (juillet 1996)
  - Pakistan (août 1996)
  - Tsunami, Sud-Est Asiatique (décembre 2004)

Une analyse des risques peut aider à identifier les risques auxquels est exposé un business. L'analyse fournit à la direction du business des informations précieuses en identifiant les menaces et les vulnérabilités, ainsi que les mesures préventives appropriées. Étant donné que le maintien d'un plan de reprise après sinistre coûte relativement cher, il convient de considérer d'abord l'usage de mesures de prévention. Une fois que des mesures ont été prises, il est nécessaire de déterminer s'il existe d'autres risques nécessitant un plan de contingence.

La figure 13.2 illustre les liens entre l'analyse des risques et la gestion des risques; établis sur la base de la méthode CCTA Risks Analysis and Management Method (CRAMM ou méthode d'analyse et de gestion des risques de la CCTA).

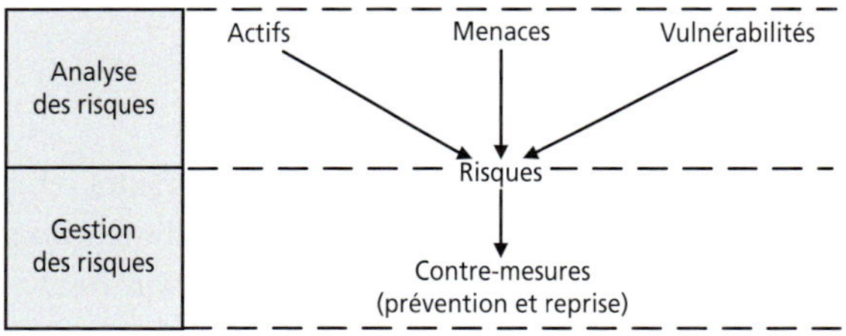

Figure 13.2 Modèle d'évaluation des risques de la CCTA (source: OGC)

Le modèle prend en charge une planification de contingence efficace en adoptant une approche par phases.

Analyse des risques

Quatre étapes composent l'analyse des risques :

- En premier lieu, les **composants informatiques** (actifs), bâtiments, systèmes, données, et cetera doivent être identifiés. Pour une identification efficace des actifs, le propriétaire et la raison d'être de chaque composant doivent être documentés.
- L'étape suivante consiste à analyser les **menaces envers ces actifs** et en conséquence à leurs dépendances et à estimer la probabilité (forte, moyenne, faible) d'un sinistre. Par exemple, la combinaison d'une source d'alimentation électrique peu fiable et d'une zone géographique souvent victime d'orages.

- Ensuite, les **vulnérabilités de ces actifs** sont identifiées et classées (forte, moyenne, faible). Un paratonnerre offre une certaine protection contre la foudre mais il a des effets importants sur le réseau et les systèmes informatiques.
- Pour finir, les menaces et les vulnérabilités sont évaluées dans le contexte des composants informatiques afin de fournir une estimation du niveau de **risque**.

Il est nécessaire de prendre en considération l'étendue du processus de gestion de la continuité des services informatiques (ITSCM), défini à la phase 1, lors de l'évaluation des risques. Ainsi, des problèmes mineurs peuvent être traités par le centre de services et/ou le processus de gestion des incidents, ou être résolus par des mesures de gestion de la disponibilité alors que certains risques du business sortent du cadre de la gestion de la continuité des services informatiques.

13.4.4 Stratégie informatique de la continuité des services

La plupart des entreprises cherchent à atteindre un équilibre entre la réduction des risques et la planification de la reprise. Il faut faire la distinction entre la réduction des risques, les actions de reprise des activités et les options de reprise informatique. La relation entre la réduction des risques (prévention) et la planification de la reprise (options de reprise) est décrite plus bas.

Il est impossible d'éliminer tout à fait les menaces. Ainsi, un incendie qui se déclare dans un immeuble voisin peut également endommager votre bâtiment. De plus, la réduction d'un risque peut en augmenter d'autres, la sous-traitance peut ainsi augmenter les risques en matière de sécurité.

Mesures de prévention

Des mesures de prévention peuvent être prises sur la base de l'analyse des risques, tout en tenant compte des coûts des mesures et des niveaux de risques à prévoir. Certaines mesures peuvent avoir pour but la réduction de la probabilité ou de l'impact des sinistres et donc limiter l'étendue du plan de reprise. Par exemple, il est possible de prendre des mesures contre la poussière, des températures excessivement élevées ou basses, les incendies, les fuites, les pannes électriques et les vols et de laisser les autres risques être couverts par le plan de reprise.

La méthode Forteresse est la forme de prévention la plus complète. Elle élimine la plus grande partie de la vulnérabilité, par exemple en construisant un bunker muni de ses propres sources d'alimentation en électricité et en eau. Cette méthode peut néanmoins introduire d'autres vulnérabilités, comme des risques de panne ou de blocage de réseau, par exemple, étant donné que la reprise hors site sera encore plus difficile. La méthode forteresse convient aux centres informatiques importants qui sont trop complexes pour un plan de reprise. À notre époque, il est vital de compléter la méthode forteresse par une capacité d'escarmouche, c'est-à-dire une capacité organisationnelle permettant d'attaquer directement le problème et de le traiter rapidement avant qu'il ne devienne tout à fait incontrôlable.

Sélection des options de reprise

Les risques qui n'ont pas été éliminés par les mesures de prévention doivent être traités par la planification de la reprise. Les options de reprise doivent être fournies de la manière suivante, afin d'assurer la continuité de business :

- **Personnel et locaux** – comment traiter les problèmes de locaux de remplacement, mobilier, transport et distances de parcours, et cetera, et d'équipe essentielle au soutien du business.
- **Systèmes informatiques et réseaux**– les options de reprise sont décrites ci-dessous.
- **Services de soutien** – services d'électricité, d'eau, de téléphone, de poste et de messagerie.
- **Archives** – fichiers, documents, systèmes sur papier et documents de référence.
- **Services de fournisseurs indépendants** – par exemple, fournisseurs de services de courriel et Internet.

Il existe un certain nombre d'options disponibles pour assurer une reprise rapide des services informatiques :

- **Ne rien faire** – peu d'entreprises peuvent réellement fonctionner avec cette approche, c'est plutôt pour indiquer un manque d'informations. Les départements du business qui établissent pouvoir continuer à fonctionner sans installations de reprise informatique peuvent donner l'impression que de leur point de vue, les services perdus fournissaient peu de soutien aux fonctions business du département et sont donc superflus. Néanmoins, cette option doit être étudiée pour chaque service pour savoir si elle est acceptable, par exemple comme solution à court terme.
- **Retour à un système manuel (sur papier)** – cette option est normalement inacceptable pour des services essentiels au business, parce qu'il n'y a pas suffisamment de personnel ayant l'expérience des systèmes traditionnels. De plus, les systèmes sur papier peuvent ne plus être disponibles et peuvent être difficiles à reproduire dans un court laps de temps. Il se peut cependant que ces systèmes puissent être utilisés pour certains services de moindre importance. La plupart des plans de reprise comprennent certaines procédures de sauvegarde sur papier. L'option de reprise d'un terminal de cartes de crédit peut être, par exemple, l'utilisation de bordereaux de carte de crédit sur papier.
- **Arrangements mutuels** – cette option peut être utilisée si deux organisations disposent d'un matériel similaire et consentent à se prêter leurs installations en cas de sinistre. Pour cette option, les deux entreprises doivent conclure un accord et s'assurer que les changements sont coordonnés de manière à ce que les deux environnements restent interchangeables. La gestion de la capacité doit veiller à ce que la capacité réservée ne soit pas utilisée pour d'autres besoins ou qu'elle soit rapidement disponible à nouveau. Toutefois, cette option est de moins en moins applicable dans nos environnements informatisés d'aujourd'hui où il y a une forte de demande en puissance de calcul individualisée et une forte disponibilité des systèmes, tels que les guichets automatiques et certains services bancaires en ligne.
- **Reprise graduelle** – cette option peut être utilisée par les entreprises capables de se passer de leurs services informatiques pendant un certain temps, par exemple 72 heures. Dans ce cadre, on dispose d'un local informatique vide dans une installation fixe ou d'un local informatique mobile livré sur le site du client, une installation mobile. Le local informatique est doté d'une alimentation électrique, d'une climatisation, d'installations de réseau et de branchements téléphoniques. Cette option de reprise peut être offerte sous contrat par un fournisseur indépendant. Des accords séparés doivent être conclus avec les fournisseurs des composants informatiques pour garantir une livraison rapide. L'avantage de cette méthode est que l'on dispose toujours d'une installation. Les bénéfices et les coûts sont différents suivant qu'il s'agit d'installations fixes ou mobiles et sont liés aux aspects suivants :

   - *Éloignement de l'installation* – peu de fournisseurs offrent des installations fixes. Celles-ci risquent donc d'être éloignées, un inconvénient qu'on peut éviter en utilisant une installation mobile.
   - *Temps* – les installations fixes ne sont disponibles que pendant une période de temps limitée.
   - *Délai* – dans les deux cas, la livraison du matériel informatique nécessaire peut prendre un certain temps.
   - *Réseau* – il est souvent difficile de fournir des installations de réseau appropriées. Les branchements des installations mobiles peuvent être prévus dans le bâtiment utilisé pour l'exploitation normale.
- **Reprise intermédiaire** – cette option permet d'accéder à un environnement opérationnel similaire dans lequel les services peuvent continuer normalement après une courte période de permutation (entre 24 et 72 heures). Cette option se présente sous trois formes :
   - *Forme interne* : (secours mutuel) quand le business possède plusieurs sites ou environnements de test spécialisés qui peuvent être utilisés pour la production. Cette option assure une reprise totale et une période de permutation minimale. Les organisations disposant de plusieurs systèmes décentralisés utilisent souvent une variante de cette méthode où une partie de la capacité nécessaire est réservée sur chaque système. Cette capacité de secours est surveillée par la gestion de la capacité (cela est similaire à l'option de reprise par arrangements mutuels).
   - *Forme externe* : un service commercial offert par des organisations de reprise tierces, à plusieurs clients. Les coûts sont partagés entre les clients et dépendent des besoins en matériel et logiciels, ainsi que de la période convenue de fourniture du service (par exemple, 16 semaines). Ces arrangements sont souvent conclus pour couvrir la période nécessaire pour mettre en place une installation de secours manuel. Cette méthode est relativement chère et l'installation risque de se trouver à une certaine distance.
   - *Forme mobile* : l'infrastructure pour cette option est fournie prête à l'emploi dans une remorque. Elle sert de local informatique et offre des installations de régulation des conditions de l'environnement, comme l'air conditionné. L'organisation informatique doit fournir un emplacement pour le stationnement de la remorque. L'alimentation électrique, des branchements téléphoniques et de transmission de données doivent être disponibles à des endroits précis, à une certaine distance du bâtiment. Parmi les bénéfices de cette option, citons un temps de réponse court et la proximité par rapport au site du business. Cette option est uniquement disponible pour un nombre limité de plates-formes matérielles. Certains grands fournisseurs de matériel assurent ce service en offrant un certain nombre de remorques équipées de configurations matérielles standard. À des moments convenus, par exemple une fois par an, la remorque est amenée dans le business afin de tester les installations de reprise.
- **Reprise immédiate** – cette option assure une reprise immédiate ou très rapide des services, c'est-à-dire en moins de 24 heures. Ceci peut être réalisé en offrant un environnement de production identique et une écriture miroir de toutes les données et même des processus de production, en étroite collaboration avec la gestion de la disponibilité.
- **Combinaisons d'options** – dans de nombreux cas, un plan anti-sinistre peut constituer une option de reprise à court terme plus coûteuse permettant de faire le lien entre «pas de reprise» et la mise en œuvre d'une option à long terme moins onéreuse. Une remorque transportant un centre informatique opérationnel (secours automatique mobile) peut, par exemple, fournir une solution temporaire jusqu'à la mise en place des installations mobiles et la livraison de

nouveaux ordinateurs hôtes (secours manuel mobile). L'exploitation normale est rétablie après la remise en état du bâtiment et le déménagement de nouveaux ordinateurs hôtes dans le bâtiment.

13.4.5 Planification de l'organisation et de la mise en œuvre

Une fois la stratégie du business déterminée et les choix faits, la gestion de la continuité des services informatiques doit être mise en œuvre et les plans des installations informatiques doivent être élaborés en détail. Une organisation doit être constituée pour la mise en œuvre du processus de gestion de la continuité des services informatiques. Cette organisation peut comprendre des équipes de gestion (gestionnaire des crises), de coordination et de reprise pour chaque département.

Au niveau le plus haut, il doit exister un plan global traitant des problèmes suivants :
- Plan de réponse d'urgence
- Plan d'évaluation des dommages
- Plan de reprise
- Plan des enregistrements vitaux (que faire avec les données, y compris celles sur papier?)
- Plans de gestion de crise et de relations publiques

Tous ces plans sont utilisés pour évaluer les urgences et y répondre. On peut ensuite décider du lancement du processus de reprise des activités. Dans ce cas, le niveau suivant des plans doit être activé, lequel niveau comprend les plans ci-dessous :
- Plan d'hébergement et des services
- Plans du système informatique et du réseau
- Plan des télécommunications (accessibilité et liens)
- Plan de sécurité (intégrité des données et des réseaux)
- Plan du personnel
- Plans financier et administratif

13.4.6 Mesures de prévention et options de reprise

Il s'agit du moment où les mesures de prévention et les options de reprise identifiées plus haut sont appliquées.

Les mesures de prévention destinées à réduire l'impact d'un incident sont adoptées en concertation avec la gestion de la disponibilité et peuvent comprendre :
- Utilisation d'unités d'alimentation électrique non interruptibles et de secours.
- Systèmes dotés d'un haut niveau de tolérance aux pannes.
- Systèmes de stockage externes et systèmes RAID, et cetera.

On doit également commencer par élaborer des accords de principe. Ceux-ci doivent porter sur le personnel, les bâtiments et les télécommunications. Même pendant la période de sinistre, il est possible de commencer à rétablir la situation normale et à commander de nouveaux composants informatiques. Des contrats « en veilleuse » peuvent être conclus à l'avance avec les fournisseurs. Cela signifie qu'il existe des commandes signées pour les composants à livrer à un prix convenu. Quand le sinistre se produit, le fournisseur peut traiter la commande sans devoir présenter de devis. De tels contrats « en veilleuse » doivent être mis à jour chaque année en raison de l'évolution des prix et des modèles des équipements. Il convient de tenir compte des bases de référence de la gestion des configurations lors de la mise à jour de ces contrats.

Les activités suivantes peuvent être réalisées pour l'élaboration des accords de secours :
- Négociation des installations de reprise hors site avec des fournisseurs indépendants
- Entretien et équipement des installations de reprise
- Achat et installation de matériel de secours (contrats « en veilleuse »)
- Gestion des contrats « en veilleuse »

13.4.7 Élaboration des plans et procédures de reprise

Les plans de reprise doivent être détaillés et soumis au contrôle formel des changements, ils doivent identifier toutes les procédures nécessaires à leur soutien. Ces questions doivent également faire l'objet de communications à tous ceux qui sont impliqués ou affectés par ces plans. Un problème typique du plan de reprise concerne les changements apportés à l'infrastructure et aux niveaux de service convenus. Ainsi, le passage à une nouvelle plate-forme intermédiaire peut signifier, dans le cas d'une reprise, qu'il n'existera pas d'unité équivalente dans les installations de secours pour un redémarrage à chaud externe. La gestion des configurations joue par conséquent un rôle important dans le processus de surveillance des configurations de référence inscrites dans le plan de reprise.

Plan de reprise

Le plan de reprise doit inclure tous les éléments liés à la restauration des activités business et des services informatiques, à savoir :
- **Introduction** – décrit la structure du plan et les installations de reprise prévues.
- **Mise à jour** – explique les procédures et accords nécessaires pour tenir à jour le plan et enregistre les changements apportés à l'infrastructure.
- **Liste de routage** – le plan est divisé en sections. Chaque section spécifie les actions à entreprendre pour un groupe spécifique. La liste de routage indique les membres du personnel auxquels les différentes sections doivent être confiées.
- **Déclenchement de la reprise** – décrit quand et dans quelles conditions on doit lancer le plan.
- **Classification des sinistres** – si le plan décrit des procédures pour différents sinistres, ces derniers doivent être décrits en termes de gravité (faible, moyenne, élevée), de durée (jour, semaine, mois) et de dommages (faibles, moyens, limités et graves).
- **Sections spécialisées** – le plan doit être divisé en sections sur la base de six domaines et groupes couverts par le plan :
  - *Administration* – quand et comment fait-on appel au plan, quels directeurs et quels membres du personnel sont impliqués et où est basé le centre de contrôle?
  - *Infrastructure informatique* – matériel, logiciels et télécommunications à fournir par le système de reprise, procédures de reprise et contrats « en veilleuse » pour l'achat de nouveaux composants informatiques.
  - *Personnel* – personnel nécessaire dans les installations de reprise et, si ces installations sont éloignées du business, services de transport et de logement.
  - *Sécurité* – instructions de protection contre le vol, les incendies et les explosions sur le site principal et sur le site distant et informations concernant les installations de stockage externes, comme les entrepôts ou les chambres fortes.

- *Sites de reprise* – informations sur les contrats, le personnel avec fonctions spécifiées, la sécurité et le transport.
- *Restauration* – procédures visant à rétablir la situation normale (par exemple, le bâtiment), conditions dans lesquelles on utilise ces procédures et contrats « en veilleuse ».

Procédures

Le plan de reprise fournit un cadre de travail pour l'établissement des procédures. Il est essentiel d'élaborer des procédures efficaces de façon à ce que n'importe qui puisse entreprendre la reprise en suivant ces procédures. Celles-ci doivent englober les aspects suivants :

- Installation et test des composants matériels et du réseau
- Restauration des applications, des bases de données et des données

Ces procédures et d'autres procédures connexes sont jointes au plan de reprise.

13.4.8 Test initial

Le test initial des plans, des procédures et des composants techniques impliqués est un aspect essentiel de la gestion de la continuité des services informatiques. Les tests doivent être réalisés selon des scénarios définis et doivent avoir des objectifs et des critères de succès clairs. Un test ultérieur est ensuite nécessaire après l'introduction de changements importants et ce, au moins une fois par an. Le département informatique est responsable des tests d'efficacité des composants informatiques des plans et des procédures. Ces tests peuvent être annoncés ou non, mais impliquer les cadres concernés aidera à la compréhension mutuelle et permet de gagner le soutien et l'engagement de la direction.

13.4.9 Formation et sensibilisation

Une formation efficace du personnel informatique et des autres départements de l'entreprise ainsi qu'une sensibilisation de tout le personnel et de l'organisation sont essentiels pour la réussite de tout le processus de continuité des services informatiques.

Le personnel informatique peut former le personnel n'appartenant pas au département informatique et faisant partie des équipes de reprise des activités afin de s'assurer que tout le monde connaît bien les problèmes et est compétent pour apporter son concours aux opérations de reprise. Les installations de secours sur place ou extérieures doivent également être incluses dans la formation et les tests.

13.4.10 Revue et audit

Il importe de vérifier régulièrement si les plans sont encore à jour et de les réviser. Cela concerne tous les aspects de la gestion de la continuité des services informatiques. Dans le domaine informatique, un tel audit doit être effectué chaque fois qu'un changement important est apporté à l'infrastructure informatique, comme l'introduction de nouveaux systèmes, réseaux et fournisseurs de service.

Les audits doivent également être effectués en cas de changement de la stratégie du business ou de celle du département informatique. Dans les organisations où des changements rapides et fréquents sont monnaie courante, il est prudent d'établir un programme régulier de vérification des concepts de la gestion de la continuité des services informatiques. Tout changement des plans et de la stratégie qui en résulte doit être mis en œuvre sous la direction de la gestion des changements.

13.4.11 Tests

Le plan de reprise doit être testé régulièrement, un peu comme on procède à un exercice d'urgence sur un bateau. Si chacun est obligé d'étudier le plan quand un sinistre se produit, il est vraisemblable que de nombreux problèmes surgiront. Le test peut également permettre d'identifier les faiblesses du plan ou les changements négligés.

13.4.12 Gestion des changements

La gestion des changements joue un rôle important en tenant tous les plans de l'ITSCM à jour et en s'assurant que l'impact de tout changement du plan de reprise est analysé.

13.4.13 Assurance

L'assurance correspond à la vérification effectuée pour s'assurer que la qualité du processus (procédures et documents) et des services fournis répond aux besoins du business de l'entreprise.

13.5 Contrôle des processus

Un contrôle efficace des processus dépend des rapports de gestion, des facteurs critiques de succès et des indicateurs de performance.

13.5.1 Facteurs critiques de succès et indicateurs de performance

Le succès de la gestion de la continuité des services informatiques dépend des facteurs suivants :

- Processus efficace de gestion des configurations
- Soutien et engagement de toute l'organisation
- Outils efficaces et modernes
- Formation spécialisée de toute personne impliquée dans le processus
- Tests réguliers et non annoncés du plan de reprise

Les indicateurs de performance sont les suivants :

- Nombre de carences identifiées dans les plans de reprise
- Pertes de revenus dues à un sinistre
- Coût du processus

13.5.2 Rapports de gestion

En cas de sinistre, on dresse des rapports sur ses causes, ses effets et la mesure dans laquelle on a réussi à y faire face. Toute faiblesse constatée est traitée dans les plans d'amélioration.

Les rapports de gestion issus du processus de l'ITSCM comprennent également des rapports d'évaluation des tests du plan de reprise. Ceux-ci sont utilisés pour l'assurance. Le processus comprend aussi les rapports concernant le nombre de changements apportés aux plans de reprise suite à des changements importants introduits ailleurs. Des rapports sur de nouvelles menaces peuvent également être produits.

13.5.3 Fonctions et rôles

Le gestionnaire de la continuité des services informatiques est responsable de la mise en œuvre et de la tenue à jour du processus de l'ITSCM afin d'assurer qu'il réponde, à tout moment, aux exigences de la gestion de la continuité du business et de représenter la fonction des services informatiques dans le cadre de la gestion de la continuité du business.

On peut identifier un certain nombre de rôles et de responsabilités. Il y a également des différences de responsabilités suivant qu'il s'agit de conditions normales ou de crise.

Rôle	Responsabilités dans des conditions normales	Responsabilités dans des conditions de crise
Conseil d'administration	Mise en œuvre BCM (gestion de la continuité du business). Attribution du personnel et des ressources. Définition des politiques. Définition de l'autorité en matière de procédés.	Gestion de la crise. Prise des décisions de l'entreprise / du business.
Cadres supérieurs	Gestion du processus ITSCM (gestion de la continuité des services informatiques) Acceptation des plans, rapports de tests, etc. Transfert et maintien des connaissances. Intégration ITSCM à BCM.	Coordination et arbitrage. Mise à disposition de personnel, ressources et financement.
Cadres	Réalisation de l'analyse des risques. Définition des produits à livrer. Préparation des contrats. Gestion des tests, évaluations et rapports.	Demande de mise en œuvre de mécanismes de reprise et continuité. Direction des équipes. Génération de rapports.
Chefs d'équipe et membres d'équipe	Développement des produits à livrer. Négociation des services. Réalisation des tests, évaluations et rapports. Développement et mise en oeuvre des procédures.	Mise en oeuvre du plan de reprise.

Table 13.1 Exemples des responsabilités de la gestion de la continuité des services informatiques

13.6 Coûts et problèmes possibles

13.6.1 Coûts

Les principaux coûts associés à l'introduction de la gestion de la continuité des services informatiques sont les suivants :

- Temps et coûts de lancement, de développement et de mise en œuvre de la gestion de la continuité des services informatiques.
- Investissement lié aux résultats de l'introduction de la gestion des risques c'est-à-dire au besoin en matériel supplémentaire nécessaire. Ces coûts peuvent être réduits si les mesures sont étudiées dans le cadre de la gestion de la disponibilité au moment de la conception des nouvelles configurations.

- Coûts permanents des préparatifs de reprise, tels que les frais des contrats externes de reprise automatique, le coût des facilités de tests et la période pendant laquelle les installations de reprise sont disponibles.
- Coûts d'exploitation permanents de la gestion de la continuité des services informatiques correspondant aux tests, aux audits et aux mises à jour du plan.

Ces coûts ne peuvent être engagés qu'après avoir fait un choix mûrement réfléchi et avoir comparé les coûts potentiels associés à l'absence d'un plan de reprise. Bien que les coûts de maintien d'un plan de reprise puissent paraître élevés, ils sont souvent raisonnables comparés aux dépenses globales en assurance incendie et vol. De plus, une gestion efficace de la continuité des services informatiques peut faire baisser le prix des assurances.

13.6.2 Problèmes possibles

Lors de la mise en œuvre du processus, il faut tenir compte des problèmes potentiels :

- **Ressources** – l'organisation peut fournir une capacité supplémentaire pour qu'une équipe de projet élabore et teste le plan.
- **Engagement** – les coûts annuels doivent être compris dans les budgets de l'organisation, ce qui exige un engagement.
- **Accès aux installations de reprise** – toutes les options présentées ci-dessus exigent des tests réguliers des installations de reprise. Tous les contrats de service de reprise doivent donc prévoir un droit d'accès régulier de l'organisation informatique aux installations de reprise.
- **Estimation des dommages** – certains dommages, comme la perte de réputation, peuvent être difficiles à quantifier pour établir une estimation.
- **Budgétisation** – le besoin d'installations de contingence coûteuses n'est pas toujours bien compris et les plans font souvent l'objet de restrictions budgétaires.
- **Absence d'engagement de la part du directeur administratif** – cela entraîne l'absence d'une gestion efficace de la continuité des services informatiques bien que le client soit persuadé que de tels arrangements aient été pris.
- **Situation d'attente perpétuelle** – situation dans laquelle l'ensemble ou la plupart des structures de gestion de la continuité des services informatiques ne sont pas encore en place et le processus est continuellement retardé. Dans de tels cas, si on pose des questions concernant la gestion de la continuité des services informatiques, la réponse est : « oui, nous avons une réunion à ce sujet la semaine prochaine » « nous sommes en train de nommer un comité pour s'en occuper », et cetera.
- **Principe de la « boîte noire »** – situation dans laquelle le fournisseur des services informatiques a abandonné toute responsabilité et tout contrôle de la gestion de la continuité des services informatiques : « quelqu'un d'autre s'en occupe ». Étant donné que l'organisation a dépensé beaucoup d'argent pour ses systèmes et ses services informatiques ou a sous-traité une partie de ses fonctions à un fournisseur, la direction s'attend à ce que l'argent dépensé assure la capacité de reprise ou que le fournisseur dispose de plans assurant une reprise en cas d'interruption des affaires.
- **Département informatique** – doit être guidé par les souhaits et besoins réels du business et non pas par les hypothèses du département informatique en ce qui la concerne.
- **Connaissance du business** – il est essentiel que le business apporte son soutien au développement de la gestion de la continuité des services informatiques en identifiant les principaux problèmes.

- **Manque de sensibilisation** – il est essentiel que l'organisation ait conscience de l'importance de la gestion de la continuité des services informatiques. Sans cette sensibilisation et le soutien de tout le personnel, le processus est voué à l'échec.

14 Gestion de la disponibilité

14.1 Introduction

Le rythme du développement technologique s'accélère de plus en plus. Par conséquent, les moyens nécessaires en matériels et logiciels sont de plus en plus importants et variés dans de nombreuses organisations malgré tous les efforts pour les normaliser. Les anciennes et les nouvelles technologies doivent cohabiter, d'où la nécessité de structures de réseau, d'interfaces et d'installations de communications supplémentaires. L'exploitation du business dépend de plus en plus d'une technologie fiable.

L'arrêt d'un ordinateur durant quelques heures peut avoir des conséquences graves sur le chiffre d'affaires et l'image d'une entreprise, surtout depuis qu'Internet se transforme en marché électronique. Étant donné que l'accès aux entreprises concurrentes dépend d'un simple clic de souris, la fidélité et la satisfaction des clients sont devenues plus importantes que jamais. C'est une des raisons pour lesquelles on attend maintenant des systèmes informatiques qu'ils soient disponibles 7 jours sur 7 et 24 heures par jour.

14.1.1 Concepts de base

La figure 14.1 illustre les concepts de base de la gestion de la disponibilité.

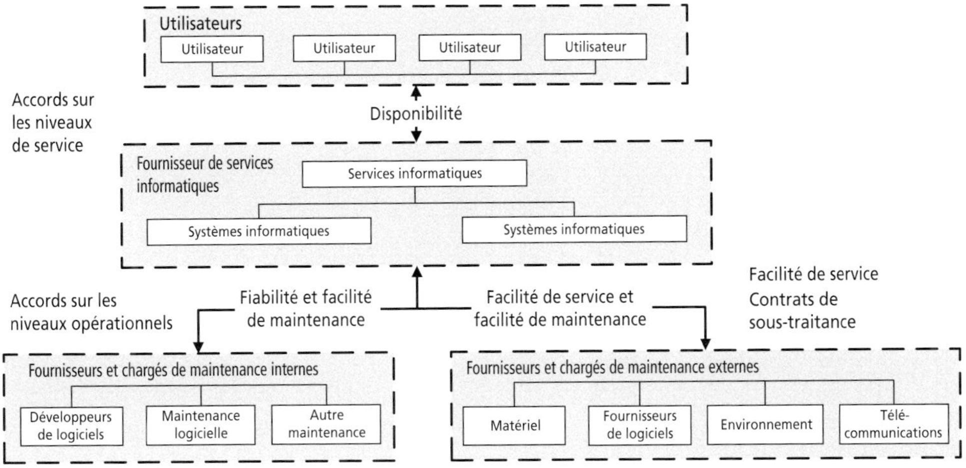

Figure 14.1 Concepts de la gestion de la disponibilité (source : OGC)

Disponibilité

Une disponibilité élevée signifie que le service informatique est toujours disponible pour le client car il n'y a que peu de temps d'indisponibilité et la reprise du service est rapide. La disponibilité ainsi obtenue est mesurable. La disponibilité des services informatiques dépend des facteurs suivants :

- Complexité de l'architecture de l'infrastructure informatique.
- Fiabilité des composants.
- Capacité de réagir rapidement et efficacement aux pannes.
- Qualité des organisations et des fournisseurs de maintenance et d'assistance.
- Qualité et étendue des processus de gestion opérationnelle.

Fiabilité

Une fiabilité adéquate signifie que le service est disponible pendant une période convenue sans interruption. Ce concept comprend également la résilience. La fiabilité d'un service augmente s'il est possible d'éviter les périodes d'indisponibilité. La fiabilité est calculée au moyen de statistiques. La fiabilité d'un service est déterminée par la combinaison des facteurs suivants :

- Fiabilité des composants utilisés pour la fourniture du service
- Capacité d'un service ou d'un composant de fonctionner efficacement malgré une défaillance d'un ou de plusieurs sous-systèmes (résilience)
- Maintenance préventive pour éviter les périodes d'indisponibilité

Facilité de maintenance

La facilité de maintenance et la facilité de récupération concernent les activités nécessaires pour maintenir le fonctionnement du service et permettre sa reprise en cas de panne. Ces activités comprennent la maintenance préventive et les inspections programmées. Ces concepts impliquent les activités suivantes :

- Adoption de mesures pour éviter les pannes
- Détection des pannes
- Établissement d'un diagnostic, notamment diagnostic automatique effectué par les composants eux-mêmes
- Résolution des pannes
- Reprise après une panne
- Reprise du service

Facilité de service

Elle est liée aux obligations contractuelles des fournisseurs de services externes (sous-traitants, tiers). Les contrats définissent l'assistance qui doit être fournie pour les services sous-traités. Étant donné qu'il est question d'une partie des services informatiques, ce terme ne fait pas référence à la disponibilité générale du service. Si un sous-traitant est responsable du service dans son ensemble, par exemple, lorsqu'un contrat de gestion des installations est conclu, l'obligation de maintenance et la disponibilité deviennent synonymes.

Une gestion efficace de la disponibilité nécessite une parfaite compréhension du business et de son environnement informatique. Il est important de savoir que la disponibilité ne peut pas être simplement « achetée ». La disponibilité doit faire partie de la conception et de la mise en œuvre initiales. Enfin, la disponibilité dépend de la complexité de l'infrastructure, de la fiabilité des composants, du professionnalisme de l'organisation informatique et de ses sous-traitants ainsi que de la qualité du processus.

14.2 Objectifs

La gestion de la disponibilité a pour but de fournir un niveau de disponibilité des services informatiques rentable et prédéfini permettant au business d'atteindre ses objectifs.

Ceci signifie que les demandes du client (le business) doivent correspondre à ce que l'infrastructure informatique et son organisation sont en mesure d'offrir. S'il y a une différence entre l'offre et la demande, la gestion de la disponibilité doit fournir une solution. De plus, la gestion de la disponibilité veille à ce que les niveaux de disponibilité atteints soient mesurés et, si nécessaire, améliorés de manière continue. Le processus comprend donc des activités proactives et réactives.

On doit tenir compte des conditions suivantes lors de l'élaboration du processus :

- L'implantation de la gestion de la disponibilité est essentielle pour obtenir un haut niveau de satisfaction de la clientèle. La disponibilité et la fiabilité déterminent dans une grande mesure la façon dont le client perçoit le service fourni par une organisation.
- Malgré un haut niveau de disponibilité, il y aura toujours des pannes. La gestion de la disponibilité assume en grande partie la responsabilité de réagir de façon professionnelle à de telles situations indésirables.
- La conception du processus exige non seulement une parfaite compréhension de l'informatique mais également une appréciation des processus et services du client. Les objectifs peuvent être atteints en combinant ces deux aspects.

La gestion de la disponibilité a une grande étendue et comprend à la fois les nouveaux services et les services existants offerts aux clients, les relations avec les fournisseurs internes et externes, tous les composants de l'infrastructure (matériels, logiciels, réseaux, et cetera) et les aspects organisationnels susceptibles d'influencer la disponibilité, comme les compétences du personnel, les processus de gestion, les outils et les procédures.

14.2.1 Avantages

Le principal avantage de la gestion de la disponibilité est que les services informatiques, conçus, mis en œuvre et gérés, répondent aux exigences de niveaux de disponibilité convenus. Une parfaite compréhension des processus business des clients et de leur informatique, combinée à un effort constant d'amélioration de la disponibilité et de la satisfaction de la clientèle, malgré les contraintes, peut contribuer de façon importante à une culture de service efficace. La gestion de la disponibilité offre les autres avantages suivants :

- Il y a un contact unique et une seule personne responsable de la disponibilité des produits et des services.
- Les nouveaux produits et services répondent aux besoins et aux normes de disponibilité convenues avec le client.
- Les coûts connexes sont acceptables.
- Les normes de disponibilité sont sous surveillance constante et sont améliorées si nécessaire.
- On peut prendre des mesures correctives appropriées quand un service n'est pas disponible.
- La fréquence et la durée des périodes d'indisponibilité sont réduites.
- L'effort est concentré sur l'amélioration du service plutôt que sur la résolution des pannes.
- Il est plus facile pour l'organisation informatique d'apporter la preuve de sa valeur ajoutée.

14.3 Processus

14.3.1 Activités de la gestion de la disponibilité

Dans la mesure du possible, les composants essentiels sont dupliqués et des systèmes de détection et de correction des pannes sont utilisés pour répondre aux hautes normes de disponibilité. Souvent, des systèmes automatiques de solution de secours sont activés en cas de panne. Il convient également de prendre des mesures organisationnelles qui peuvent être fournies par l'implantation de la gestion de la disponibilité.

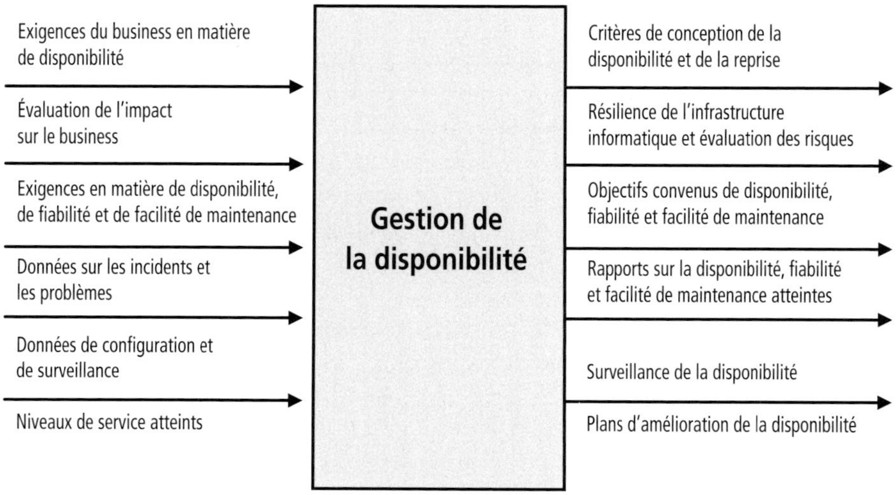

Figure 14.2 Données d'entrée et de sortie de la gestion de la disponibilité (Sources: OGC)

La gestion de la disponibilité peut démarrer dès que le business a clairement indiqué ses exigences en matière de disponibilité du service. Il s'agit d'un processus permanent qui ne se termine qu'au moment de la suppression du service.

Les **données d'entrée** du processus de gestion de la disponibilité (figure 14.2) sont les suivantes :

- Exigences du business en matière de disponibilité
- Évaluation de l'impact sur tous les processus business soutenus par l'informatique
- Exigences en matière de disponibilité, de fiabilité et de facilité de maintenance pour les composants informatiques de l'infrastructure
- Données relatives aux pannes touchant les services ou les composants, généralement sous forme de rapports et d'enregistrements d'incident et de problème
- Données de configuration et de surveillance relatives aux services et aux composants
- Niveaux de service atteints, comparés aux niveaux de service convenus, pour tous les services couverts par l'accord sur les niveaux de service

Données de sortie :
- Critères de disponibilité et de reprise pour les nouveaux services informatiques et les services informatiques améliorés
- Technologie nécessaire pour obtenir la résilience requise d'infrastructure afin de réduire ou d'éliminer l'impact des composants défectueux de l'infrastructure
- Garanties de disponibilité, de fiabilité et de facilité de maintenance des composants de l'infrastructure nécessaires pour le service informatique
- Rapports sur les résultats atteints en matière de disponibilité, de fiabilité et de facilité de maintenance
- Exigences en matière de surveillance de la disponibilité, de la fiabilité et de la facilité de maintenance
- Plan de disponibilité pour l'amélioration proactive de l'infrastructure informatique

14.3.2 Relations avec les autres processus

Gestion des niveaux de service
La gestion des niveaux de service est responsable de la négociation et de la gestion des accords sur les niveaux de service dont la disponibilité est un des éléments les plus importants.

Gestion des configurations
La gestion des configurations dispose d'informations sur l'infrastructure et peut fournir des informations précieuses à la gestion de la disponibilité.

Gestion de la capacité
Les changements de capacité influencent souvent la disponibilité d'un service et les changements de la disponibilité influent sur la capacité. La gestion de la capacité dispose d'informations complètes, notamment sur l'infrastructure informatique. Ainsi, ces deux processus échangent souvent des informations relatives à des scénarios de mise à niveau ou de suppression graduelle de composants informatiques et les informations relatives aux tendances de disponibilité qui peuvent nécessiter un changement des besoins en capacité.

Gestion de la continuité des services informatiques
La gestion de la disponibilité n'est pas responsable du rétablissement des processus business après un sinistre. Cette responsabilité relève de la gestion de la continuité des services informatiques. Celle-ci fournit à la gestion de la disponibilité des informations portant sur les processus business essentiels. En pratique, de nombreuses mesures visant à améliorer la disponibilité améliorent également la continuité des services informatiques et vice versa.

Gestion des problèmes
La gestion des problèmes est impliquée directement dans l'identification et la résolution des causes des problèmes de disponibilité existants ou potentiels.

Gestion des incidents
La gestion des incidents indique comment résoudre les incidents. Ce processus fournit des rapports contenant des informations sur les temps de reprise, les temps de réparation, et cetera. Ces informations sont utilisées pour déterminer la disponibilité effectivement atteinte.

Gestion de la sécurité

La gestion de la disponibilité a des liens étroits avec la gestion de la sécurité. Les trois principales préoccupations de la gestion de la sécurité sont les suivantes :
- Confidentialité
- Intégrité
- Disponibilité

On doit prendre en considération les critères de sécurité pour déterminer les exigences en matière de disponibilité. La gestion de la disponibilité peut fournir des informations précieuses à la gestion de la sécurité, en particulier en ce qui concerne les nouveaux services. Dans l'ITIL les meilleures pratiques concernant la gestion de sécurité sont décrites dans le livre séparé intitulé «Gestion de sécurité». La gestion de sécurité est décrite en détails au chapitre 15 de ce livre.

Gestion des changements

La gestion de la disponibilité informe la gestion des changements des problèmes de maintenance liés aux nouveaux services et à leurs composants. Elle respecte le processus de gestion des changements afin de mettre en œuvre les changements requis par les mesures de disponibilité. La gestion des changements informe la gestion de la disponibilité des changements prévus (calendrier des changements).

14.4 Activités

La gestion de la disponibilité comprend un certain nombre d'activités clés qui concernent la planification et la surveillance . Ces activités sont les suivantes :
- **Planification** :
  - Détermination des exigences en matière de disponibilité
  - Conception visant la disponibilité
  - Conception visant la facilité de récupération
  - Problèmes de sécurité
  - Gestion de la maintenance
  - Élaboration du plan de disponibilité
- **Surveillance** :
  - Mesures et établissement de rapports
  - Ces activités clés sont décrites ci-dessous.

14.4.1 Détermination des exigences en matière de disponibilité

Cette activité doit avoir lieu avant de conclure un accord sur les niveaux de service et doit considérer les nouveaux services informatiques et les changements apportés aux services existants. On doit décider au plus tôt si l'organisation informatique est en mesure de répondre aux exigences et de quelle manière elle peut y répondre.

Cette activité doit identifier :
- Les fonctions business essentielles
- La définition convenue de la période d'indisponibilité des services informatiques
- Les exigences quantifiables en matière de disponibilité

- L'impact quantifiable sur les fonctions business des périodes d'indisponibilité informatique non planifiées
- Les horaires de travail du client
- Les accords relatifs aux fenêtres de maintenance

La définition claire des exigences en matière de disponibilité à un stade précoce est primordiale pour éviter toute confusion et différence d'interprétation à un stade ultérieur.

Les exigences du client doivent être comparées à ce qu'il est possible de fournir. En cas de discordance, l'impact financier doit être déterminé.

14.4.2 Conception visant la disponibilité

Les vulnérabilités influençant les normes de disponibilité doivent être identifiées le plus tôt possible pour éviter les coûts de développement excessifs, les dépenses non planifiées lors des étapes suivantes, les défaillances localisées, les frais supplémentaires facturés par les fournisseurs et les mises à jour retardées.

Une bonne conception, basée sur des normes de disponibilité appropriées, permet de conclure des contrats de maintenance efficaces avec les fournisseurs. Le processus de conception utilise un certain nombre de techniques telles que l'analyse d'impact de la défaillance d'un composant pour identifier des points de défaillance uniques (SPOF), la méthode CRAMM (voir le chapitre traitant de la gestion de la continuité des services informatiques) et des techniques de simulation.

S'il n'est pas possible de respecter les normes de disponibilité, la meilleure solution est de vérifier si la conception peut être améliorée. L'utilisation d'une technologie supplémentaire, d'autres méthodes, d'une stratégie de mise en production différente, d'une meilleure conception ou d'une conception différente et d'outils de développement peut offrir des possibilités permettant le respect de ces normes.

Si les demandes sont particulièrement exigeantes, on peut envisager d'utiliser une autre technologie de tolérance aux pannes, d'autres processus de service (gestion des incidents, des problèmes et des changements) ou d'autres ressources de gestion des services. Les ressources financières disponibles déterminent en grande partie les options et les choix.

14.4.3 Conception visant la facilité de maintenance

Étant donné qu'une disponibilité ininterrompue est pratiquement impossible, il convient de prévoir des périodes d'indisponibilité. Lorsqu'un service informatique est interrompu, il est important de remédier à la panne de façon rapide et efficace et de respecter les normes de disponibilité convenues. Une conception visant la facilité de maintenance implique un processus efficace de gestion des incidents avec des procédures appropriées d'escalade, de communication, de sauvegarde et de reprise.

Les tâches, les responsabilités et les niveaux d'autorité doivent être clairement définis.

14.4.4 Problèmes clés de sécurité

La sécurité et la fiabilité sont étroitement liées. Une mauvaise conception de la sécurité des informations peut avoir des répercussions sur la disponibilité du service. Une sécurité efficace des informations peut contribuer à une bonne disponibilité. Pendant l'étape de planification, il convient de prendre en considération les problèmes de sécurité et d'analyser leur impact sur la fourniture des services.

Problèmes de sécurité :
- Déterminer les personnes autorisées à accéder aux zones d'accès limité
- Déterminer les autorisations essentielles qui peuvent être délivrées

14.4.5 Gestion de la maintenance

Il y a toujours des périodes d'indisponibilité programmées. Ces périodes peuvent être utilisées pour des actions préventives, telles que des mises à niveau du matériel et des logiciels. Les changements peuvent également être mis en œuvre pendant ces périodes. Dans une économie fonctionnant 24 heures sur 24, il devient cependant de plus en plus difficile de déterminer des périodes de maintenance appropriées. La définition, la mise en œuvre et la vérification des activités de maintenance sont devenues de véritables problèmes pour la gestion de la disponibilité.

La maintenance doit être effectuée lorsque l'impact sur les services est minimum. Cela signifie que l'on doit connaître à l'avance les objectifs de la maintenance, les moments où elle doit être effectuée et les activités de maintenance impliquées (ces données peuvent être obtenues par l'analyse d'impact de la défaillance d'un composant). Ces informations sont essentielles pour la gestion des changements et d'autres activités.

14.4.6 Prise de mesures et établissement de rapports

La prise de mesures et l'établissement de rapports sont des activités importantes de la gestion de la disponibilité car elles fournissent les bases de vérification des accords de service, de résolution des problèmes et de définition des propositions d'amélioration.

> *Si vous ne mesurez pas, vous ne pouvez pas gérer.*
> *Si vous ne mesurez pas, vous ne pouvez pas améliorer.*
> *Si vous ne mesurez pas, c'est que probablement, ça ne vous intéresse pas.*
> *Si vous ne pouvez pas influencer, ne mesurez pas.*

Le cycle de vie de chaque incident comprend les éléments suivants :
- **Occurrence de l'incident** : heure à laquelle l'utilisateur prend conscience de la panne ou à laquelle la panne est identifiée par d'autres moyens (techniquement ou physiquement).
- **Détection** : le fournisseur de services est informé de la panne. L'incident est « signalé » à présent. Le temps qu'il a fallu pour cela est le *temps de détection*.
- **Réponse** : le fournisseur de services a besoin de temps pour répondre. Cela s'appelle le *temps de réponse*. Ce temps est utilisé pour le diagnostic qui peut être suivi de la réparation. Le processus de gestion des incidents comprend l'acceptation et l'enregistrement, la classification, la correspondance, l'analyse et le diagnostic.
- **Réparation** : le fournisseur de services rétablit le service ou les composants ayant causé la panne.

- **Reprise du service** : le service est rétabli. Cela comprend des activités comme la configuration et l'initialisation.

La figure 14.3 illustre les périodes qui peuvent être mesurées.

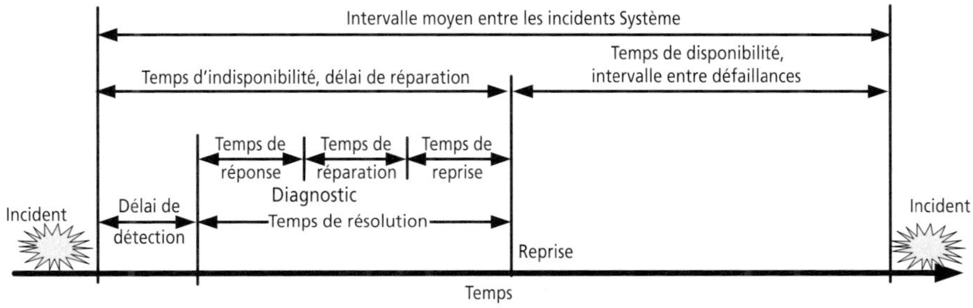

Figure 14.3 Mesures de disponibilité (source : OGC)

Comme le montre la figure, le temps de réponse de l'organisation informatique et de tout sous-traitant externe est un des facteurs déterminants de la période d'indisponibilité. Étant donné que ce facteur peut être contrôlé par l'organisation informatique et qu'il influence directement la qualité du service, il est possible d'inclure des accords à ce propos dans l'accord sur les niveaux de service. On peut établir une moyenne de ces mesures pour obtenir une bonne image des facteurs correspondants. Les moyennes peuvent être utilisées pour déterminer les niveaux de service atteints et pour estimer la disponibilité future prévue d'un service. Cette information peut également être utilisée pour élaborer des plans d'amélioration.

Les mesures suivantes sont couramment utilisées dans la gestion de la disponibilité :
- **Délai moyen de réparation - MTTR** : temps moyen s'écoulant entre l'apparition d'une panne et la reprise du service, également connu sous le terme de *temps d'indisponibilité*. C'est la somme du temps de détection et du temps de résolution. Cette mesure reflète la faculté de récupération et l'obligation de maintenance d'un service.
- **Intervalle moyen entre les défaillances - MTBF** : temps moyen écoulé entre la reprise après un incident et les occurrences d'un autre incident; appelé également *temps de disponibilité*. Cette mesure reflète la fiabilité du service.
- **Intervalle moyen entre les incidents système – MTBSI** : temps moyen écoulé entre deux incidents consécutifs. Il correspond à la somme du délai moyen de réparation et de l'intervalle moyen entre les défaillances.

Le rapport entre le MTBF et le MTBSI indique s'il s'est produit un grand nombre de pannes mineures ou seulement quelques pannes majeures.

Les rapports de disponibilité peuvent comprendre les mesures suivantes :
- Taux de disponibilité (ou d'indisponibilité) en termes de MTTR, de MTBF et de MTBSI
- Période globale de disponibilité et d'indisponibilité
- Nombre de pannes

- Informations complémentaires relatives aux pannes qui provoquent ou pourraient provoquer des indisponibilités plus fréquentes que prévu.

Le problème des rapports de disponibilité est que les mesures présentées peuvent ne pas correspondre à la perception du client. Il est important par conséquent d'établir des rapports de disponibilité du point de vue du client. Le rapport doit en premier lieu fournir des informations sur la disponibilité du service pour les fonctions business essentielles, les services d'application et la disponibilité des données (vue business), plutôt que des informations relatives à la disponibilité des composants techniques informatiques. Les rapports doivent être rédigés dans un langage compréhensible par le client.

14.4.7 Développement du plan de disponibilité

Le plan de disponibilité est un des principaux produits de la gestion de la disponibilité. Il s'agit d'un plan à long terme portant sur la disponibilité pour les prochaines années. Il ne s'agit pas du plan d'implantation de la gestion de la disponibilité.

Ce plan doit être un document vivant. Au départ, il doit décrire la situation présente et peut être étendu ultérieurement et inclure les activités d'amélioration des services existants ainsi que des recommandations et des plans pour de nouveaux services et des directives sur leur maintenance. Un plan précis et complet requiert des liens entre des domaines tels que la gestion des niveaux de service, la gestion de la continuité des services informatiques, la gestion de la capacité, la gestion financière des services informatiques et le développement des applications (directement ou par l'intermédiaire de la gestion des changements).

14.4.8 Outils

Pour être efficace, la gestion de la disponibilité doit utiliser un certain nombre d'outils pour les activités suivantes :

- Détermination de la période d'indisponibilité
- Enregistrement des informations historiques
- Établissement de rapports
- Analyses statistiques
- Analyse d'impact

La gestion de la disponibilité utilise les informations provenant des enregistrements de la gestion des incidents, de la base de données de gestion des configurations et de la base de données de la capacité. Les informations peuvent être conservées dans une base de données de gestion de la disponibilité.

14.4.9 Méthodes et techniques

Nous disposons aujourd'hui d'une grande gamme de méthodes et de techniques de gestion de la disponibilité soutenant la planification, l'amélioration et l'établissement de rapports. Les méthodes et techniques les plus importantes sont décrites ci-dessous.

Analyse d'impact de la défaillance d'un composant (CFIA)

Cette méthode utilise une matrice de disponibilité avec les composants stratégiques et leurs rôles dans chaque service. Une base de données de gestion des configurations efficace, qui définit les relations entre les services et les ressources de production, peut être extrêmement utile pour le développement de cette matrice.

La figure 14.4 présente un exemple de matrice d'analyse d'impact de la défaillance d'un composant et montre que les éléments de configuration marqués d'un « X » dans de nombreux services sont des composants importants de l'infrastructure informatique (analyse horizontale) et que les services souvent marqués d'un « X » sont complexes et sensibles aux pannes (analyse verticale). Cette méthode peut également être appliquée aux dépendances vis-à-vis des tiers (analyse évoluée de l'impact de la défaillance d'un composant).

Éléments de configuration	Service A	Service B
PC n° 1	B	B
PC n° 2		B
Câble n° 1	B	B
Câble n° 2		B
Prise n° 1	X	X
Prise n° 2		X
Segment Ethernet	X	X
Routeur	X	X
Lien WAN	X	X
Routeur	X	X
Segment	X	X
Carte réseau	A	A
Serveur	B	B
Logiciel système	B	B
Application	B	B
Base de données	X	X

X = Panne impliquant une indisponibilité du service
A = Configuration à sécurité intégrée
B = À sécurité intégrée, avec temps de permutation
" " = Pas d'impact

Figure 14.4 Matrice de l'analyse d'impact de la défaillance d'un composant (source : OGC)

Analyse par arbre de pannes

L'analyse par arbre de pannes est une technique utilisée pour identifier la chaîne des événements conduisant à la défaillance d'un service informatique. Un arbre séparé est tracé pour chaque service, en utilisant les symboles booléens. L'arbre est orienté de bas en haut. L'analyse par arbre de pannes fait la distinction entre les événements suivants :

- **Événements de base** : présentés dans le schéma (cercles) comme des pannes d'alimentation électrique et des erreurs de l'opérateur. Ces événements ne font pas l'objet d'une enquête.
- **Événements résultants** : les nœuds dans le schéma, résultant d'une combinaison d'événements antérieurs.
- **Événements conditionnels** : événements se produisant uniquement dans certaines conditions, comme une défaillance du système de climatisation, par exemple.
- **Événements déclencheurs** : événements causant d'autres événements, comme un arrêt automatique causé par une alimentation non interruptible, par exemple.

Les événements peuvent être combinés à des opérations logiques comme :

- **Opération ET** : l'événement résultant se produira si toutes les entrées se produisent simultanément.

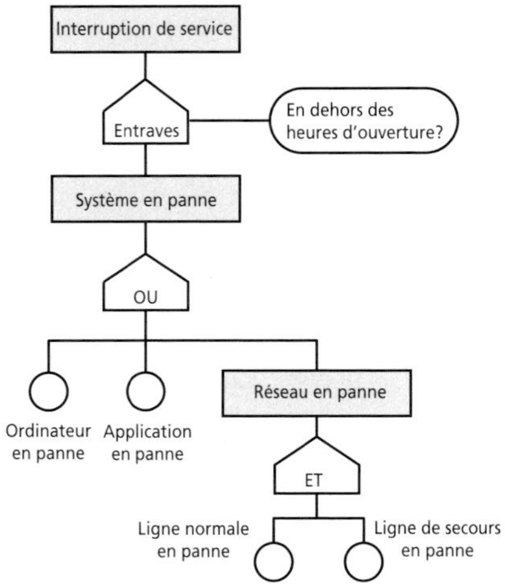

Figure 14.5 Analyse par arbre de pannes

- **Opération OU** : l'événement résultant se produira si une ou plusieurs entrées se produisent.
- **Opération OU exclusif** : l'événement résultant se produira uniquement si une seule des entrées se produit.
- **Opération d'inhibition** : l'événement résultant se produira si les conditions d'entrée ne sont pas remplies.

Méthode de gestion et d'analyse des risques de la CCTA (CRAMM)

La CRAMM décrit un moyen d'identifier des contre-mesures justifiables afin de protéger la confidentialité, l'intégrité et la disponibilité de l'infrastructure informatique. Cette méthode est étudiée un peu plus en détails dans le chapitre portant sur la gestion de la continuité des services informatiques.

Calculs de la disponibilité

Les mesures présentées plus haut peuvent être utilisées pour conclure des accords de disponibilité des services avec le client. Ces accords sont intégrés à l'accord sur les niveaux de service. La formule ci-dessous peut être utilisée pour déterminer si la disponibilité obtenue répond aux exigences requises en matière de disponibilité.

$$\text{\% de disponibilité} = \frac{\text{Temps de disponibilité atteint}}{\text{Temps de disponibilité convenu}} * 100\%$$

Figure 14.6 Formule de disponibilité [AST = Temps de service convenu ; DT = Période d'indisponibilité réelle au cours du temps de service convenu] (source : OGC)

Le temps de disponibilité obtenu est égal à la différence entre le temps de service convenu (AST) et la période d'indisponibilité (DT) effective pendant ce temps de service. Ainsi, s'il a été convenu

que la disponibilité d'un service doit être de 98 % entre 7 heures et 19 heures les jours ouvrables et que le service a été indisponible pendant deux heures dans ce laps de temps, le temps de disponibilité (pourcentage de disponibilité) a été :
(5 x 12 - 2)/(5 x 12) x 100% = 96,7 %

Analyse des interruptions du service (SOA)
L'analyse des interruptions du service est une technique qui peut être utilisée pour identifier les causes des pannes, pour enquêter sur l'efficacité de l'organisation informatique et de ses processus, ainsi que pour présenter et mettre en œuvre des propositions d'amélioration.

L'analyse des interruptions du service présente les caractéristiques suivantes :
- Cette analyse a une envergure considérable. Elle ne se limite pas à l'infrastructure mais couvre également les processus, les procédures et les aspects culturels.
- Les problèmes sont examinés du point de vue du client.
- L'analyse est mise en place conjointement par des représentants du client et de l'organisation informatique (équipe d'analyse des pannes de système).

Parmi les avantages, citons une approche plus efficace, des communications directes entre le client et le fournisseur et une base plus large pour l'élaboration de propositions d'amélioration.

Poste d'observation technique (TOP)
Lorsqu'on utilise la méthode de poste d'observation technique, une équipe de spécialistes informatiques se concentre sur un seul aspect de la disponibilité. Cette méthode peut convenir dans les cas où les outils habituels n'offrent pas une aide suffisante. La méthode de poste d'observation technique peut également combiner les compétences des concepteurs et des administrateurs du système.

L'avantage clé de cette méthode est son approche informelle efficiente et efficace qui produit rapidement des résultats.

14.5 Contrôle du processus

14.5.1 Facteurs clés de succès et indicateurs de performance
Les facteurs clés de la gestion de la disponibilité sont les suivants :
- Le business doit avoir des objectifs et des souhaits clairement définis en matière de disponibilité.
- La gestion des niveaux de service doit avoir été mise en œuvre pour officialiser les accords.
- Les deux parties doivent utiliser les mêmes définitions de disponibilité et d'indisponibilité.
- Le business et l'organisation informatique doivent avoir pris conscience des avantages de la gestion de la disponibilité.

Les indicateurs de performance suivants démontrent l'efficacité et l'efficience de la gestion de la disponibilité :
- Pourcentage de disponibilité (temps de disponibilité) par département ou groupe d'utilisateurs.

- Durée des périodes d'indisponibilité.
- Fréquence des périodes d'indisponibilité.

14.5.2 Rapports

Les rapports de disponibilité destinés au client ont été présentés ci-dessus. Les mesures suivantes peuvent être intégrées aux rapports destinés au contrôle du processus :

- Temps de détection
- Temps de réponse
- Temps de réparation
- Temps de reprise
- Utilisation fructueuse des méthodes appropriées (analyse d'impact de la défaillance d'un élément (CFIA), méthode d'analyse et de gestion des risques de la CCTA (CRAMM), poste d'observation technique (TOP))
- Étendue de la mise en œuvre du processus : services, accords sur les niveaux de service et groupes de clients couverts par les accords

Certaines mesures peuvent être déterminées pour chaque département, équipe ou domaine de l'infrastructure (réseau, centre informatique et environnement des postes de travail).

14.5.3 Fonctions et rôles

L'organisation peut établir le rôle du gestionnaire de la disponibilité dans la définition et le contrôle du processus. Celui-ci peut recevoir l'objectif d'accomplir les tâches suivantes :

- Définir et développer le processus dans l'organisation.
- S'assurer que les services informatiques sont conçus pour que les niveaux de service atteints (en termes de disponibilité, de fiabilité, de facilité et d'obligation de maintenance et de facilité de récupération) correspondent aux niveaux de service convenus.
- Établir des rapports.
- Optimiser la disponibilité de l'infrastructure informatique afin d'améliorer de manière rentable le service fourni au business.

14.6 Coûts et problèmes possibles

14.6.1 Coûts

Les coûts de la gestion de la disponibilité comprennent :

- Les coûts de mise en œuvre
- Les coûts de personnel
- Les coûts des locaux
- Les outils de mesure et de production des rapports

La gestion de la disponibilité doit déterminer le plut tôt possible l'investissement nécessaire pour améliorer la disponibilité. Une analyse coûts/avantages doit être effectuée dans tous les cas. En général, les coûts augmentent proportionnellement à la disponibilité requise. La recherche de la solution optimale représente une tâche importante de la gestion de la disponibilité. L'expérience montre que l'équilibre optimal est atteint dans la plupart des cas avec des ressources limitées et qu'en général, il ne requiert pas d'investissement important.

La discussion des coûts et des avantages peut être orientée en étudiant les coûts sans tenir compte de la gestion de la disponibilité ce qui conduit à une situation où les exigences convenues en matière de disponibilité ne sont pas satisfaites. L'impact sur l'entreprise du client est le suivant :
- Productivité réduite
- Chiffre d'affaires et bénéfices réduits
- Coûts de reprise
- Demandes potentielles d'indemnités de la part de tiers, et cetera

Les problèmes suivants sont difficiles à quantifier mais ils sont également importants :
- Perte d'image de marque et de clients
- Perte de réputation et de confiance
- Perte de motivation et de satisfaction du personnel

Le processus de gestion de la disponibilité peut contribuer aux objectifs de l'organisation informatique en offrant les services requis à un prix acceptable et justifiable.

14.6.2 Problèmes possibles

La plupart des problèmes sont liés à l'organisation. Les problèmes suivants peuvent se présenter :
- Les cadres supérieurs ont tendance à partager la responsabilité de la disponibilité entre plusieurs disciplines (cadres hiérarchiques, gestionnaires de processus).
- Chaque directeur ou gestionnaire se sent responsable de son propre domaine et il n'y a pas de coordination générale.
- La direction informatique ne comprend pas la valeur ajoutée apportée aux processus de gestion des incidents, de gestion des problèmes et de gestion des changements.
- Le niveau de disponibilité actuel est considéré comme suffisant.
- Personne n'est en faveur de la nomination d'un gestionnaire de processus unique et responsable.
- Le gestionnaire de processus ne dispose pas de l'autorité nécessaire.

Même avec un soutien suffisant de la direction, des problèmes peuvent encore surgir pour les raisons suivantes :
- Sous-estimation des ressources.
- Manque d'outils de mesure et d'élaboration de rapports efficaces.
- Manque d'autres processus tels que la gestion des niveaux de service, la gestion des configurations et la gestion des problèmes.

Ces problèmes peuvent être résolus avec le soutien de la direction, avec la personne adéquate entièrement responsable du processus, avec des outils appropriés et par une résolution rapide et efficace des problèmes existants.

Si la gestion de la disponibilité est utilisée de manière inefficace, les problèmes suivants peuvent apparaître :
- Il est difficile de définir les normes appropriées de disponibilité.
- Il est plus difficile de donner des instructions aux fournisseurs internes et externes.
- Il est difficile de comparer les coûts de la disponibilité et de l'indisponibilité.

- Si l'on n'a pas tenu compte des normes de disponibilité pendant la conception, les modifications apportées ultérieurement pour garantir l'observation de ces normes peuvent s'avérer beaucoup plus coûteuses.
- Les normes de disponibilité ne sont pas respectées, ce qui peut empêcher d'atteindre les objectifs business.
- La satisfaction de la clientèle risque de diminuer.

La recherche d'une disponibilité trop élevée présente un autre problème potentiel. Elle entraîne une hausse sensible des coûts disproportionnée par rapport aux avantages et comporte toujours des risques de périodes d'indisponibilité. La gestion de la disponibilité joue un rôle important dans la résolution de ces événements indésirables.

15 Gestion de la sécurité

15.1 Introduction

Les processus business ne peuvent plus fonctionner sans information. De plus en plus de ces processus se composent essentiellement d'un ou de plusieurs systèmes d'information. La gestion de la sécurité de l'information est une activité importante qui a pour but de contrôler la fourniture de l'information et d'empêcher toute utilisation non autorisée de l'information.

Durant de nombreuses années, la sécurité de l'information a fait l'objet de peu d'attention mais les choses sont en train de changer. On considère aujourd'hui la sécurité comme un des principaux défis que les gestionnaires devront relever dans les années à venir. L'intérêt pour cette discipline augmente en raison de l'utilisation de plus en plus répandue d'Internet et du commerce en ligne en particulier. De plus en plus d'entreprises ouvrent des passerelles électroniques, ce qui, à son tour, introduit le risque d'intrusion et pose des problèmes importants au business. Contre quels risques voulons-nous nous prémunir et quelles mesures doivent être prises maintenant et durant la prochaine période budgétaire? Les dirigeants doivent prendre des décisions. Ces décisions ne peuvent être prises qu'à condition d'effectuer une analyse des risques sérieuse. Cette analyse doit fournir des informations à la gestion de la sécurité pour déterminer les exigences dans ce domaine. Les exigences du business en matière de sécurité concernent les prestataires de services informatiques et doivent figurer dans les accords sur les niveaux de service. La gestion de la sécurité veille à ce que la sécurité des services offerts soit conforme en permanence au niveau convenu avec le client. La sécurité est devenue un aspect qualitatif essentiel de la gestion.

La gestion de la sécurité intègre la sécurité dans l'organisation informatique du point de vue du prestataire de services. La norme internationale ISO17799 contient des recommandations pour le développement, l'implantation et l'évaluation des mesures de sécurité.

La sécurité est abordée dans l'ITIL en tant qu'élément de la gestion de la disponibilité. La gestion de la sécurité est devenue une question importante dans la gestion moderne des services informatiques et une publication séparée fait partie de l'ensemble des ouvrages de l'ITIL. Un récapitulatif de ce livre, aligné sur la structure de l'ITIL, est inclus dans ce chapitre.

15.1.1 Concepts de base

La gestion de la sécurité est placée sous l'égide de la sécurité de l'information dont le but principal est d'assurer la protection de l'information. Cette dernière consiste à protéger l'information des risques connus et, dans la mesure du possible, à éviter les risques inconnus. L'outil utilisé pour ce faire est la sécurité. Le but est de protéger la valeur de l'information. Cette valeur dépend de la confidentialité, de l'intégrité et de la disponibilité.

- **Confidentialité** : protection de l'information contre toute utilisation et tout accès non autorisés.
- **Intégrité** : l'information doit être précise, complète et à jour.
- **Disponibilité** : l'information doit être accessible au moment convenu. Ceci dépend de la *continuité* assurée par les systèmes de traitement de l'information.

Parmi les aspects secondaires, citons le caractère privé (confidentialité et intégrité de l'information relative aux individus), l'anonymat et la possibilité de vérification (possibilité de vérifier que l'information est utilisée correctement et que les mesures de sécurité sont efficaces).

15.2 Objectifs

Durant les dernières décennies, la grande majorité des entreprises sont devenue plus dépendante des systèmes d'information. L'utilisation des réseaux informatiques s'est également répandue, non seulement au sein des entreprises mais également entre les entreprises et le monde extérieur. La complexité croissante de l'infrastructure informatique signifie une plus grande vulnérabilité des organisations face aux défaillances techniques, aux erreurs humaines, aux actes de malveillance délibérés, aux pirates informatiques, aux virus informatiques, et cetera. Cette complexité croissante exige une approche commune de la gestion. La gestion de la sécurité a des liens étroits avec les autres processus. Certaines activités de sécurité sont prises en charge par d'autres processus de l'ITIL, sous la supervision de la gestion de la sécurité.

La gestion de la sécurité a deux objectifs :

- Respecter les exigences en matière de sécurité définies dans les accords sur les niveaux de service et les exigences externes inhérentes aux contrats, à la législation et à des politiques imposées de l'extérieur.
- Fournir un niveau de base de sécurité, indépendant des exigences externes.

La gestion de la sécurité est essentielle pour assurer le fonctionnement ininterrompu de l'organisation informatique. Elle contribue également à simplifier la gestion des niveaux de service de sécurité de l'information étant donné qu'il est beaucoup plus difficile de gérer un grand nombre d'accords sur les niveaux de service différents que d'en gérer un petit nombre.

Les données d'entrée du processus sont fournies par l'accord sur les niveaux de service qui définit avec précision les exigences en matière de sécurité, lesquelles sont complétées éventuellement par des documents sur les politiques et les autres exigences externes. Le processus reçoit également des informations relatives aux problèmes de sécurité provenant d'autres processus, comme les incidents de sécurité.

Les données de sortie comprennent des informations relatives à la mise en place effective des accords sur les niveaux de service, notamment les rapports d'exception et la planification régulière de la sécurité.

De nos jours, de nombreuses organisations traitent la sécurité de l'information au niveau stratégique de la politique de l'information et des plans d'information ainsi qu'au niveau opérationnel par l'acquisition d'outils et d'autres produits de sécurité. L'attention accordée à la sécurité de l'information n'est pas suffisante dans les domaines de la gestion active de la sécurité de l'information, de l'analyse permanente et de la transcription des politiques en options techniques. Il conviendrait d'attacher une plus grande attention également à la vérification de l'efficacité des mesures de sécurité en cas de changement des exigences et des environnements. La conséquence de cette absence de lien entre les niveaux stratégique et tactique est que d'importants investissements sont faits, au niveau de la gestion tactique, dans des mesures qui ne sont plus d'actualité alors qu'il faudrait adopter de nouvelles mesures plus efficaces. La gestion de la sécurité a pour but de veiller à ce que des mesures efficaces soient prises dans le domaine de la sécurité de l'information aux niveaux stratégique, tactique et opérationnel.

15.2.1 Avantages

La sécurité de l'information n'est pas un but en soi mais elle vise à servir les intérêts du business ou de l'organisation. Certaines informations et certains services d'information sont plus d'importants pour l'organisation que d'autres. La sécurité de l'information doit être adaptée à l'importance de l'information. On obtient une sécurité sur mesure quand on parvient à établir un équilibre entre les mesures de sécurité et la valeur de l'information ainsi que les menaces sur l'environnement du processus. La fourniture efficace d'information, associée à une sécurité adéquate de l'information, est essentielle à l'organisation pour deux raisons :

- **Raison interne** : une organisation ne peut fonctionner efficacement que si une information correcte et complète est disponible lorsque cela est nécessaire. Le niveau de sécurité de l'information doit donc être approprié.
- **Raison externe** : les processus d'une organisation créent des produits et des services qui sont mis à la disposition du marché ou de la société afin de répondre à des besoins définis. Une information inadéquate entraîne la création de produits et de services de qualité inférieure à la norme qui ne peuvent pas être utilisés pour atteindre les objectifs et qui menacent la survie de l'organisation. Une sécurité de l'information appropriée constitue une condition importante pour bénéficier d'une fourniture adéquate d'information. La signification externe de la sécurité de l'information est ainsi déterminée en partie par sa signification interne.

La sécurité peut offrir une grande valeur ajoutée à un système d'information. Une sécurité efficace contribue à la continuité de l'organisation et l'aide à atteindre ses objectifs.

15.3 Processus

15.3.1 Activités de la gestion de la sécurité

Les organisations et leurs systèmes d'information évoluent. Les listes de vérification comme le code de pratique de gestion de la sécurité de l'information sont statiques et ne traitent pas suffisamment les changements informatiques rapides. Par conséquent, les activités de gestion de la sécurité doivent être revues régulièrement pour rester efficaces. La gestion de la sécurité se résume en fait à un cycle perpétuel de planification, de réalisation, de vérification et d'action. Les activités de la gestion de la sécurité ou d'autres processus sous le contrôle de la gestion de la sécurité sont présentées ci-dessous.

La figure 15.1 illustre le cycle de gestion de la sécurité. Les exigences du client apparaissent en haut, en tant qu'entrées du processus. La section sur la sécurité de l'accord sur les niveaux de service définit les exigences en termes de services de sécurité et de niveaux de sécurité à fournir. Le fournisseur de services communique ces accords à l'organisation sous la forme d'un plan de sécurité définissant les normes de sécurité et les accords sur les niveaux opérationnels. Ce plan est mis en œuvre, puis évalué. Le plan et sa mise en œuvre sont ensuite mis à jour. La gestion des niveaux de service produit des rapports sur ces activités destinés au client. Ainsi, le client et le fournisseur de services forment ensemble un processus cyclique complet. Le client peut modifier ses exigences sur la base de ces

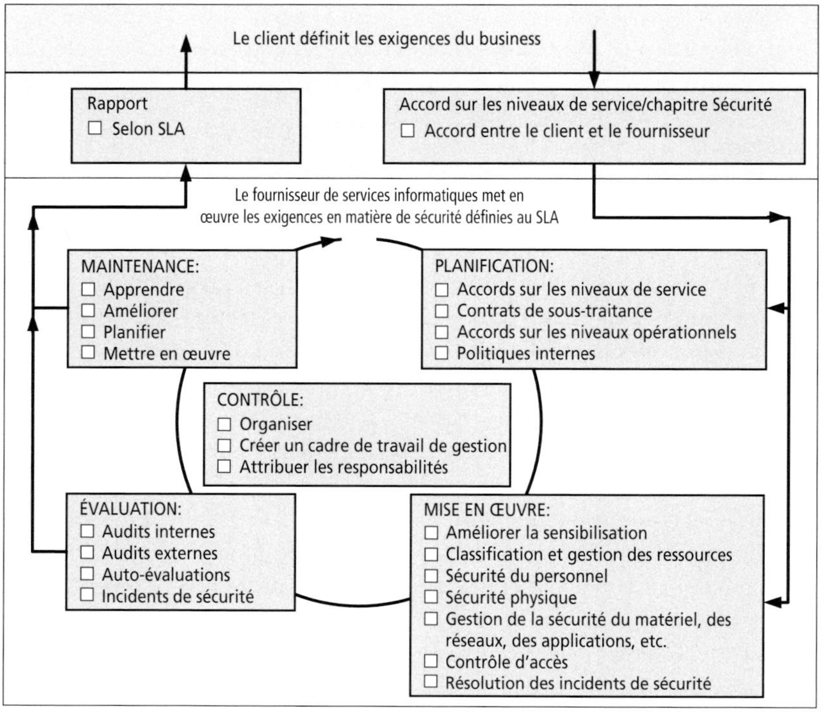

Figure 15.1 Processus de gestion de la sécurité (source : OGC)

rapports alors que le fournisseur de services peut modifier le plan ou sa mise en œuvre sur la base de ces observations ou procéder au changement des clauses de l'accord sur les niveaux de service. La fonction de contrôle apparaît au centre de la figure 15.1. Ce schéma est utilisé maintenant pour traiter des activités de la gestion de la sécurité.

15.3.2 Relations avec les autres processus

La gestion de la sécurité a des liens avec les autres processus de l'ITIL (voir la figure 15.2) car les autres processus concernent des activités liées à la sécurité. Ces activités sont exécutées de façon normale sous la responsabilité du processus et du gestionnaire de processus concernés. La gestion de la sécurité donne aux autres processus des instructions sur la structure des activités liées à la sécurité. Normalement, ces accords sont définis après consultation entre le gestionnaire de la sécurité et les autres gestionnaires de processus.

Gestion des configurations

La gestion des configurations occupe une place importante dans le contexte de la sécurité de l'information étant donné qu'elle peut classifier les éléments de configuration. Cette classification relie les éléments de configuration aux mesures et aux procédures de sécurité spécifiées.

La classification d'un élément de configuration précise ses exigences en matière de confidentialité, d'intégrité et de disponibilité. Cette classification est basée sur les exigences dans le domaine de la sécurité de l'accord sur les niveaux de service. Le client de l'organisation informatique établit la classification étant donné qu'il est le seul à pouvoir statuer sur l'importance de l'information

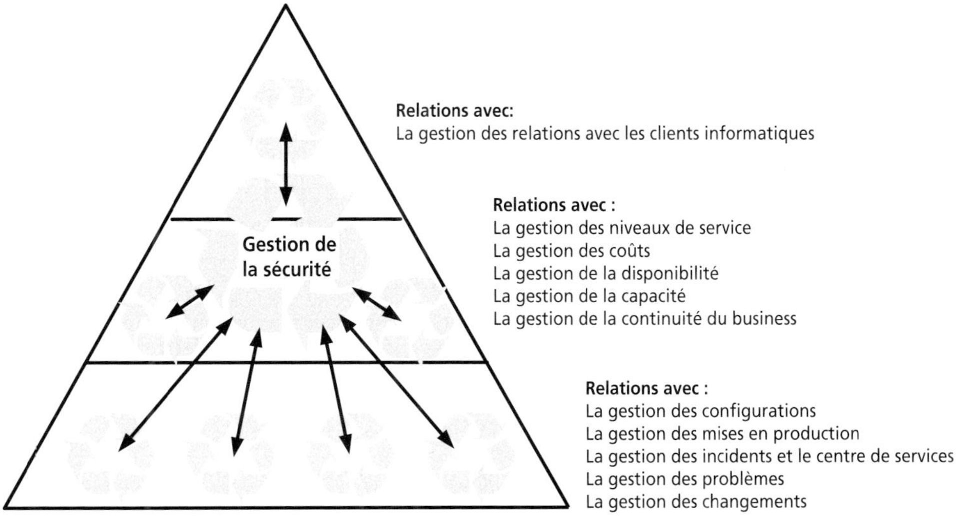

Figure 15.2 Relations entre la gestion de la sécurité et les autres processus (source : OGC)

ou des systèmes d'information pour ses processus business. La classification établie par le client est basée sur une analyse de la dépendance de ses processus business vis-à-vis des systèmes d'information et de l'information. L'organisation informatique applique ensuite la classification aux éléments de configuration concernés. L'organisation informatique doit également mettre en place cet ensemble de mesures de sécurité pour chaque niveau de classification. Ces ensembles de mesures peuvent être décrits sous forme de procédures. Exemple : « Procédure de traitement des supports de stockage de données personnelles ». L'accord sur les niveaux de service peut définir les ensembles de mesures de sécurité pour chaque niveau de classification.

Le système de classification doit toujours être adapté à l'organisation du client. Il est conseillé toutefois, pour simplifier la gestion, d'essayer de créer un système de classification unifié, même lorsque l'organisation informatique compte plusieurs clients.

La classification est donc un élément clé. La base de données de gestion des configurations doit indiquer la classification de chaque élément de configuration. Cette classification associe l'élément de configuration à l'ensemble de mesures et de procédures de sécurité correspondant.

Gestion des incidents

La gestion des incidents est un processus important permettant de produire des rapports sur les incidents liés à la sécurité. En fonction de la nature de l'incident, les incidents de sécurité peuvent relever d'une procédure différente de celle prévue pour les autres incidents. Il est essentiel par conséquent que la gestion des incidents reconnaisse les incidents de sécurité comme tels. Tout incident pouvant nuire au respect des exigences en matière de sécurité définies dans l'accord sur les niveaux de service est classifié comme un incident de sécurité. Il est utile d'inclure dans l'accord sur les niveaux de service une description du type d'incident à considérer comme un incident de sécurité. Un incident qui empêche de respecter le niveau de sécurité interne (base de référence) est toujours considéré comme un incident de sécurité.

Les rapports sur les incidents ne sont pas générés uniquement par les utilisateurs mais également par le processus de gestion, éventuellement sur la base des alarmes ou des données d'audits en provenance des systèmes.

Il est essentiel que la gestion des incidents reconnaisse tous les incidents de sécurité pour garantir le lancement des procédures appropriées pour le traitement des incidents de sécurité. Il est conseillé d'inclure les procédures pour différents types d'incidents de sécurité dans les plans des accords sur les niveaux de service et d'appliquer ces procédures. Il est également recommandé de convenir d'une procédure de communication pour les incidents de sécurité. Il arrive que la circulation de rumeurs exagérées provoque une situation de panique. De même, une communication trop lente des incidents de sécurité peut occasionner des dommages. Il est conseillé de faire transiter toutes les communications extérieures liées aux incidents de sécurité par le gestionnaire de la sécurité.

Gestion des problèmes

La gestion des problèmes est responsable de l'identification et de la résolution des problèmes de sécurité structurelle. Un problème peut également introduire un risque pour la sécurité. Dans ce cas, la gestion des problèmes doit impliquer la gestion de la sécurité dans la résolution du problème. Enfin, la solution définitive ou de contournement d'un problème ou d'une erreur connue doit toujours être vérifiée afin de s'assurer qu'elle ne va pas introduire de nouveaux problèmes de sécurité. Cette vérification doit être conforme à l'accord sur les niveaux de service et aux exigences en matière de sécurité interne.

Gestion des changements

Les activités de la gestion des changements sont souvent étroitement liées à la sécurité car la gestion des changements et la gestion de la sécurité sont interdépendantes. Si un niveau de sécurité acceptable a été atteint et que ce niveau est géré par le processus de gestion des changements, on peut être assuré qu'il sera conservé après les changements. Plusieurs opérations standard assurent le maintien de ce niveau de sécurité. Chaque demande de changement est associée à un certain nombre de paramètres qui régissent la procédure d'acceptation. Les paramètres d'urgence et d'impact peuvent être complétés par un paramètre de sécurité. Quand une demande de changement risque d'avoir un impact important sur la sécurité de l'information, il faut avoir recours à des procédures et des tests d'acceptation plus élaborés.

La demande de changement doit également inclure une proposition de traitement des problèmes de sécurité. Celle-ci doit, à nouveau, être basée sur les exigences définies dans l'accord sur les niveaux de service et le niveau de base de sécurité interne exigé par l'organisation informatique. La proposition renferme donc un ensemble de mesures de sécurité basé sur le code de pratique.

Il est préférable que le gestionnaire de la sécurité (et éventuellement le responsable de la sécurité du client) soit membre du comité consultatif sur les changements.

Le gestionnaire de la sécurité ne doit toutefois pas être consulté pour tous les changements. La sécurité doit normalement être intégrée aux opérations de routine. Le gestionnaire des changements doit être en mesure de décider si ces opérations sur les changements requièrent des informations venant du gestionnaire de la sécurité. Il n'est pas nécessaire non plus d'impliquer ce gestionnaire dans le choix des mesures destinées aux éléments de configuration couverts par la demande de changement étant donné que le cadre de ces mesures doit déjà exister. Les questions doivent concerner uniquement la façon de mettre en œuvre ces mesures.

Toutes les mesures de sécurité associées à un changement doivent être mises en œuvre en même temps que le changement lui-même et être intégrées aux tests. Les tests de sécurité sont différents des tests fonctionnels normaux. Les tests normaux ont pour but de vérifier si les fonctions définies sont disponibles. Les tests de sécurité vérifient non seulement la disponibilité des fonctions de sécurité mais également l'absence d'autres fonctions indésirables susceptibles de nuire à la sécurité du système.

En termes de sécurité, la gestion des changements représente un des processus les plus importants car elle introduit de nouvelles mesures de sécurité dans l'infrastructure informatique au moment où des changements sont apportés à cette infrastructure.

Gestion des mises en production

Toutes les nouvelles versions de logiciels, de matériels, d'équipements de communication de données, et cetera doivent être contrôlées et mises en œuvre par la gestion des mises en production. Ce processus vérifie les points suivants :

- Les versions correctes du logiciel et du matériel sont utilisées.
- Les matériels et les logiciels sont testés avant leur utilisation.
- L'implantation est autorisée correctement au moyen d'un changement.
- Le logiciel est légal.
- Le logiciel ne comporte pas de virus et des virus ne sont pas introduits pendant la distribution.
- Les numéros des versions sont connus et enregistrés par la gestion des configurations dans sa base de données.
- Le déploiement est géré efficacement.

Ce processus utilise également une procédure d'acceptation normale qui doit inclure des aspects de la sécurité de l'information. Il est particulièrement important de tenir compte des aspects de la sécurité pendant les tests et l'acceptation. Cela signifie que les exigences et mesures de sécurité définies dans l'accord sur les niveaux de service doivent toujours être respectées.

Gestion des niveaux de service

La gestion des niveaux de service s'assure que les accords sur les services à fournir au client sont définis et respectés. Les accords sur les niveaux de service doivent également inclure des mesures de sécurité. L'objectif est d'améliorer le niveau de service fourni.

La gestion des niveaux de service comprend un certain nombre d'activités liées à la sécurité dans lesquelles la gestion de la sécurité joue un rôle important :

1. Identification des besoins en sécurité du client. C'est bien entendu le client qui détermine les besoins en sécurité puisque ces besoins sont basés sur ses intérêts business.
2. Vérification de la faisabilité des exigences en matière de sécurité du client.
3. Proposition, discussion et définition du niveau de sécurité des services informatiques dans l'accord sur les niveaux de service.

4. Identification, développement et définition des exigences internes en matière de sécurité pour les services informatiques (accords sur les niveaux opérationnels).
5. Surveillance des normes de sécurité (accords sur les niveaux opérationnels).
6. Établissement des rapports sur les services informatiques fournis.

La gestion de la sécurité fournit des renseignements et apporte un soutien à la gestion des niveaux de service pour les activités 1 à 3. La gestion de la sécurité exécute les activités 4 et 5. La gestion de la sécurité et les autres processus fournissent des renseignements pour l'activité 6. Le gestionnaire des niveaux de service et le gestionnaire de la sécurité déterminent conjointement les personnes chargées de ces activités.

Lors de la définition d'un accord sur les niveaux de service, on part normalement de l'hypothèse qu'il existe un niveau de sécurité général de base (base de référence). Les exigences supplémentaires du client en matière de sécurité doivent être clairement définies dans l'accord sur les niveaux de service.

Gestion de la disponibilité

La gestion de la disponibilité se charge de la disponibilité technique des éléments informatiques en relation avec la disponibilité du service. La qualité de la disponibilité est assurée par la continuité, la facilité de maintenance et la résilience. La gestion de la disponibilité est le processus le plus important lié à la sécurité. Étant donné que de nombreuses mesures de sécurité bénéficient à la fois de la disponibilité et des aspects de sécurité comme la confidentialité et l'intégrité, une coordination efficace des mesures entre la gestion de la disponibilité, la gestion de la continuité des services informatiques et la gestion de la sécurité est essentielle.

Gestion de la capacité

La gestion de la capacité est responsable de l'utilisation optimale des ressources informatiques, conformément aux accords avec le client. Les exigences en matière de performance sont basées sur les normes qualitatives et quantitatives définies par la gestion des niveaux de service. Presque toutes les activités de la gestion de la capacité influent sur la disponibilité et, par voie de conséquence, sur la gestion de la sécurité.

Gestion de la continuité des services informatiques

La gestion de la continuité des services informatiques veille à limiter l'impact de tout sinistre au niveau convenu avec le client. Les sinistres ne se transforment pas obligatoirement en désastres. Les principales activités sont la définition, la tenue à jour, la mise en œuvre et les tests du plan de contingence et l'adoption d'actions préventives. En raison des problèmes de sécurité, il existe des liens avec la gestion de la sécurité. Par contre, le non respect des exigences de base en matière de sécurité peut être considéré comme un sinistre.

15.3.3 Section sur la sécurité de l'accord sur les niveaux de service

L'accord sur les niveaux de service définit les arrangements passés avec le client. Le processus de gestion des niveaux de service est responsable de l'accord (voir aussi chapitre 10). L'accord sur les niveaux de service est l'organe moteur le plus important de tous les processus de l'ITIL.

L'organisation informatique indique la mesure dans laquelle les exigences définies dans l'accord sur les niveaux de service sont respectées, et notamment les exigences en matière de sécurité. Les éléments de sécurité présentés dans l'accord sur les niveaux de service doivent correspondre aux besoins du client en matière de sécurité. Le client doit comprendre l'importance de tous les processus business (voir la figure 15.3).

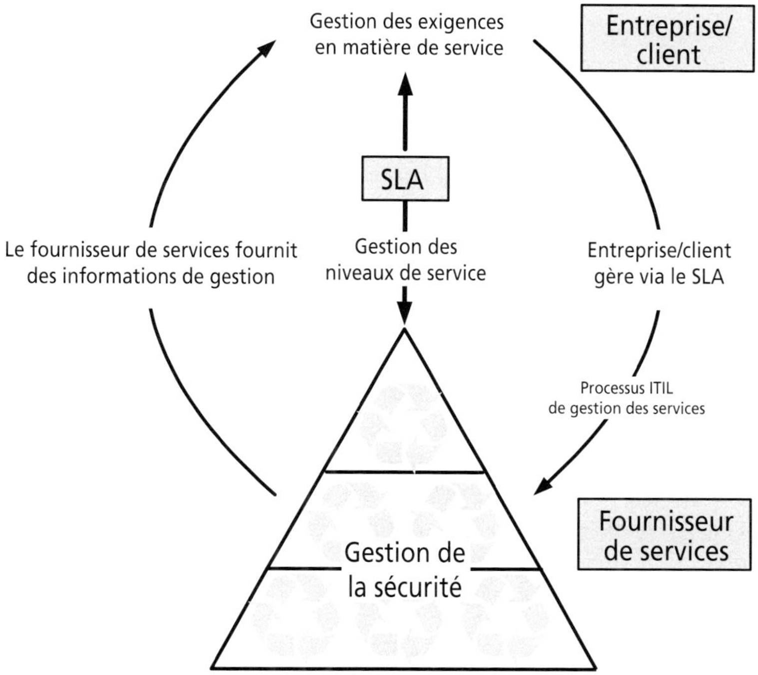

Figure 15.3 Relations entre les processus (source : OGC)

Ces processus business dépendent des services informatiques et donc de l'organisation informatique. Le client définit les exigences en matière de sécurité (exigences en matière de sécurité de l'information définies dans l'accord sur les niveaux de service, non comprises dans la figure 15.3) sur la base de l'analyse des risques. La figure 15.4 illustre comment sont définis les éléments de sécurité de l'accord sur les niveaux de service.

Les éléments de sécurité sont discutés par le représentant du client et le représentant du prestataire de services. Le prestataire de services compare les exigences de niveaux de service du client à son catalogue des services, qui décrit ses propres normes de sécurité (base de référence de sécurité). Le client peut avoir des exigences supplémentaires.

Le client et le prestataire comparent les exigences des niveaux de service et le catalogue des services.

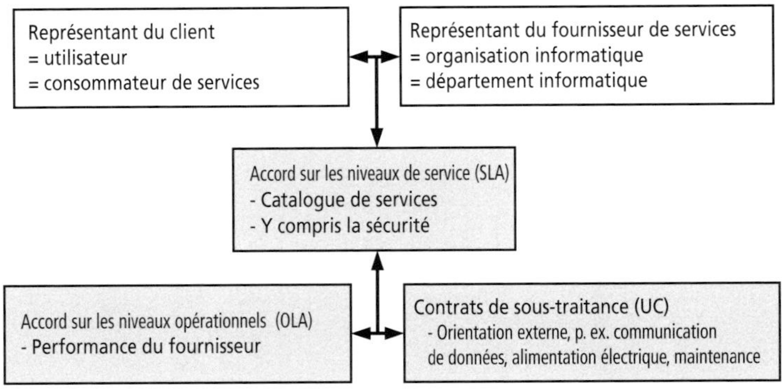

Figure 15.4 Développement de la section sur la sécurité de l'accord sur les niveaux de service (source : OGC)

La section sur la sécurité de l'accord sur les niveaux de service peut traiter de questions telles que la politique générale en matière de sécurité de l'information, la liste des personnes autorisées, les procédures de protection des actifs, les restrictions de copie des données, et cetera.

15.3.4 Section sur la sécurité de l'accord sur les niveaux opérationnels

L'accord sur les niveaux opérationnels est un autre document important qui décrit les services offerts par le prestataire de services. Il doit associer ces accords aux responsabilités au sein de l'organisation. Le catalogue des services présente une description générale des services. L'accord sur les niveaux opérationnels traduit cette description ainsi que les descriptions générales pour tous les services et leurs composants en indiquant de quelle façon les accords sur les niveaux de service sont respectés au sein de l'organisation.

Exemple : le catalogue des services parle de « gestion des autorisations par utilisateur et par individu ». Les accords sur les niveaux opérationnels en donnent les détails pour tous les services associés fournis par l'organisation informatique. De cette façon, la mise en place de la mesure est définie pour les départements offrant les services UNIX, VMS, NT, Oracle, et cetera.

Dans la mesure du possible, les exigences de niveaux de service du client sont interprétées dans les termes du catalogue des services du fournisseur et des accords supplémentaires sont conclus si nécessaire. De telles mesures supplémentaires dépassent le niveau de sécurité standard.

Lors de la formation de l'accord sur les niveaux de service, on doit convenir des indicateurs clés de performance mesurables et des critères de performance pour la gestion de la sécurité. Les indicateurs clés de performance sont des paramètres mesurables et les critères de performance sont fixés à des niveaux accessibles. Il arrive qu'il soit difficile de convenir de paramètres de sécurité mesurables. Ces paramètres sont plus faciles à déterminer pour la disponibilité, qui peut généralement être exprimée en chiffres. La tâche est beaucoup plus difficile pour l'intégrité et la confidentialité. C'est la raison pour laquelle la section sur la sécurité de l'accord sur les niveaux de service décrit normalement les mesures exigées en termes abstraits. Le code de pratique de gestion de la sécurité de l'information est utilisé comme ensemble de base de mesures de sécurité. L'accord sur les niveaux de service décrit également la façon dont la performance est mesurée.

L'organisation informatique (prestataire de services) doit fournir régulièrement des rapports à l'organisation des utilisateurs (client).

15.4 Activités

15.4.1 Contrôle - Politiques et organisation de la sécurité de l'information

L'activité de contrôle qui occupe le centre de la figure 15.1 est le premier sous-processus de la gestion de la sécurité et concerne l'organisation et la gestion du processus. Elle comprend le cadre de gestion de la sécurité de l'information. Ce cadre décrit les sous-processus suivants : définition des plans de sécurité et mise en œuvre de ces plans, évaluation de la mise en œuvre et intégration de l'évaluation dans les plans annuels de sécurité (plans d'action). Les rapports fournis au client par l'intermédiaire de la gestion des niveaux de service sont également étudiés.

Cette activité définit les sous-processus, les fonctions de sécurité, les rôles et les responsabilités de sécurité. Elle décrit également la structure organisationnelle, les dispositions relatives aux rapports et la hiérarchie de contrôle (qui donne des instructions à qui? qui fait quoi? comment sont produits les rapports sur la mise en œuvre?). Cette activité met en place les mesures suivantes qui font partie du code de pratique.

Politiques :
- Développement et mise en œuvre des politiques, liens avec d'autres politiques
- Objectifs, principes généraux et importance
- Description des sous-processus
- Attribution des fonctions et responsabilités des sous-processus
- Liens avec les autres processus de l'ITIL et leur gestion
- Responsabilité générale du personnel
- Traitement des incidents de sécurité

Organisation de la sécurité de l'information :
- Cadre de gestion
- Structure de gestion (structure organisationnelle)
- Attribution plus détaillée des responsabilités
- Mise en place d'un comité directeur chargé de la sécurité de l'information
- Coordination de la sécurité de l'information
- Adoption d'outils (par exemple pour l'analyse des risques et l'amélioration de la sensibilisation)
- Description du processus d'autorisation des installations informatiques, en consultation avec le client
- Conseil spécialisé
- Coopération entre les organisations, communications internes et externes
- Audit indépendant des systèmes d'information
- Principes de sécurité d'accès pour les tiers
- Sécurité de l'information dans les contrats avec les tiers

15.4.2 Planification

Le sous-processus de planification comprend la définition de la section sur la sécurité de l'accord sur les niveaux de service en consultation avec la gestion des niveaux de service et des activités liées aux contrats de sous-traitance de sécurité. Les objectifs de l'accord sur les niveaux de service, qui sont définis en termes généraux, sont présentés de manière détaillée et spécifiés sous la forme d'un accord sur les niveaux opérationnels. Un accord sur les niveaux opérationnels peut être considéré comme un plan de sécurité pour une unité organisationnelle du fournisseur de services et comme un plan spécifique de sécurité, par exemple pour chaque plate-forme, application et réseau informatique.

Les sous-processus de planification reçoivent des données d'entrée qui proviennent non seulement de l'accord sur les niveaux de service mais également des principes qui régissent les politiques du fournisseur de services (depuis le sous-processus de contrôle). Exemples de ces principes : « Chaque utilisateur doit être identifiable de façon unique » et « Un niveau de sécurité de base est offert à tous les clients en tout temps. »

Les accords sur les niveaux opérationnels pour la sécurité de l'information (plans de sécurité spécifiques) sont établis et mis en place à l'aide des procédures normales. Cela implique une coordination avec d'autres processus quand les activités sont nécessaires dans ces processus. La gestion des changements, au moyen des données d'entrée fournies par la gestion de la sécurité, effectue tous les changements nécessaires à l'infrastructure informatique. Le gestionnaire des niveaux de service est responsable du processus de gestion de ces changements.

Le sous-processus de planification est traité avec la gestion des niveaux de service afin de définir, mettre à jour et respecter la section sécurité de l'accord sur les niveaux de service. Le gestionnaire des niveaux de service est responsable de cette coordination.

L'accord sur les niveaux de service doit définir les exigences en matière de sécurité, si possible en termes mesurables. La section sur la sécurité de l'accord doit assurer que toutes les exigences et normes en matière de sécurité du client peuvent être respectées de manière vérifiable.

15.4.3 Implantation

Le sous-processus d'implantation a pour but de mettre en place toutes les mesures spécifiées dans les plans. Ce sous-processus peut se fonder sur la liste de vérification suivante :

Classification et gestion des ressources informatiques :
- Fourniture de données d'entrée pour la tenue à jour des éléments de configuration dans la base de données de gestion des configurations
- Classification des ressources informatiques en accord avec les directives convenues

Sécurité du personnel :
- Tâches et responsabilités dans les descriptions de postes
- Présélection
- Accords de confidentialité pour le personnel
- Formation

- Directives destinées au personnel pour le traitement des incidents de sécurité et les faiblesses constatées en matière de sécurité
- Mesures disciplinaires
- Amélioration de la sensibilisation en matière de sécurité

Gestion de la sécurité :
- Mise en place des responsabilités, mise en place des séparations d'emploi
- Instructions d'utilisation écrites
- Règlements internes
- La sécurité doit couvrir le cycle de vie complet; des directives de sécurité doivent être définies pour les phases de développement, de tests, d'acceptation, d'exploitation, de maintenance et de retrait progressif
- Séparation entre les environnements de développement et de test et l'environnement de production
- Procédures de traitement des incidents (réalisées par la gestion des incidents)
- Mise en place des installations de reprise
- Fourniture des données d'entrée pour la gestion des changements
- Mise en place des mesures de protection contre les virus informatiques
- Mise en place des mesures de gestion pour les ordinateurs, les applications, les réseaux et les services de réseaux
- Traitement et sécurité des supports de données

Contrôle d'accès :
- Mise en place des conditions d'accès et des politiques de contrôle d'accès
- Maintenance des privilèges d'accès des utilisateurs et des applications aux réseaux, aux services de réseau, aux ordinateurs et aux applications
- Maintenance des barrières de sécurité de réseau (pare-feu, services de renseignements par téléphone, passerelles et routeurs)
- Mise en place des mesures d'identification et d'authentification des systèmes informatiques, postes de travail et PC sur le réseau

15.4.4 Évaluation

Une évaluation indépendante de la mise en place des mesures planifiées est essentielle. Cette évaluation est nécessaire pour estimer la performance et est également requise par les clients et les tiers. Les résultats du sous-processus d'évaluation peuvent être utilisés pour mettre à jour les mesures convenues en consultation avec les clients ainsi que pour leur mise en place. Les résultats de l'évaluation peuvent indiquer un besoin de changement, auquel cas une demande de changement est définie et soumise au processus de gestion des changements.

Il existe trois formes d'évaluation :
- **Auto-évaluations** : mises en place essentiellement par l'organisation hiérarchique des processus
- **Audits internes** : effectués par les vérificateurs informatiques internes
- **Audits externes** : effectués par les vérificateurs informatiques externes.

Contrairement aux auto-évaluations, les audits ne sont pas effectués par le même personnel que celui chargé des autres sous-processus. Ce, afin d'assurer la séparation des responsabilités. Les audits peuvent être effectués par un département d'audit interne.

Les évaluations sont également faites suite à des incidents de sécurité.

Les principales activités sont les suivantes :
- Vérification de la conformité aux politiques de sécurité et mise en place des plans de sécurité.
- Exécution d'audits de sécurité des systèmes informatiques.
- Identification et réponse à une utilisation inappropriée des ressources informatiques.
- Prise en charge des aspects de la sécurité d'autres audits informatiques.

15.4.5 Maintenance
La sécurité exige une maintenance car les risques changent à cause des changements de l'infrastructure informatique, de l'organisation et des processus business. La mise à jour de la sécurité comprend la maintenance de la section sécurité de l'accord sur les niveaux de service et la maintenance des plans de sécurité détaillés (accords sur les niveaux opérationnels).

La maintenance est réalisée sur la base des résultats du sous-processus d'évaluation et d'une évaluation des changements des risques. Ces propositions peuvent soit être introduites dans le sous-processus de planification, soit incluses dans la mise à jour de l'accord sur les niveaux de service dans son ensemble. Dans les deux cas, les propositions peuvent conduire à l'intégration des activités dans le plan annuel de sécurité. Tous les changements doivent être soumis au processus normal de gestion des changements.

15.4.6 Élaboration des rapports
L'élaboration des rapports n'est pas un sous-processus mais le résultat des autres sous-processus. Les rapports sont produits afin de fournir des informations concernant les performances effectives dans le domaine de la sécurité et afin d'informer les clients des problèmes de sécurité. Ces rapports sont généralement exigés en vertu des accords passés avec le client.

L'établissement des rapports est très important, aussi bien pour le client que pour le fournisseur de services. Les clients doivent être informés correctement de l'efficacité des efforts (par exemple, en ce qui concerne la mise en place des mesures de sécurité) et des mesures de sécurité réelles. Le client doit également être informé de tout incident de sécurité. Une liste de suggestions de rapports est présentée ci-après.

Exemples de rapports programmés et d'événements devant être rapportés :
- **Sous-processus de planification** :
  - Rapports sur la conformité avec l'accord sur les niveaux de service et les indicateurs clés de performance convenus en matière de sécurité
  - Rapports sur les contrats de sous-traitance et les problèmes connexes
  - Rapports sur les accords sur les niveaux opérationnels (plan de sécurité interne) et les principes de sécurité propres au fournisseur dans la base de référence, par exemple
  - Rapports sur les plans annuels de sécurité et les plans d'action

- **Sous-processus d'implantation** :
  - Rapports d'état sur la mise en place de la sécurité de l'information. Cela comprend les rapports d'avancement sur la mise en place du plan annuel de sécurité, éventuellement la liste des mesures mises en place ou à mettre en place, la formation, les résultats des analyses supplémentaires des risques, et cetera
  - Liste des incidents de sécurité et des réponses à ces incidents, accompagnée éventuellement d'une comparaison avec la période ayant fait l'objet du rapport précédent
  - Identification des tendances en matière d'incidents
  - État du programme de sensibilisation
- **Sous-processus d'évaluation** :
  - Rapports sur la performance du sous-processus
  - Résultats des audits, revues et évaluations internes
  - Mises en garde, identification de nouvelles menaces

Rapports particuliers
Pour produire les rapports sur les incidents de sécurité définis dans l'accord sur les niveaux de service, le fournisseur de services doit disposer d'une voie de communication directe avec le représentant du client (éventuellement le responsable de la sécurité de l'information de l'entreprise) par l'intermédiaire du gestionnaire des niveaux de service, le gestionnaire des incidents ou celui de la sécurité. Une procédure doit être définie également pour les communications dans des circonstances spéciales.

Sauf dans le cas exceptionnel de circonstances spéciales, les rapports sont communiqués par l'intermédiaire de la gestion des niveaux de service.

15.5 Contrôle du processus

15.5.1 Facteurs clés de succès et indicateurs clés de performance
Les facteurs sont les suivants :
- Engagement total et implication de la direction
- Implication des utilisateurs dans le développement du processus
- Responsabilités clairement établies et séparées

Les indicateurs de performance de la gestion de la sécurité correspondent aux indicateurs de performance de la gestion des niveaux de service dans la mesure où ces derniers sont liés aux questions de sécurité couvertes par l'accord sur les niveaux de service.

15.5.2 Fonctions et rôles
Dans les petites organisations informatiques, une seule personne peut gérer plusieurs processus. Dans les organisations de plus grande taille, plusieurs personnes travaillent à un processus, comme la gestion de la sécurité, par exemple. Dans ce cas, une personne occupe généralement le poste de gestionnaire de la sécurité. Ce gestionnaire est responsable du fonctionnement efficace du processus de gestion de la sécurité. Son homologue dans l'organisation du client est l'officier de sécurité de l'information ou le responsable de la sécurité de l'information de l'entreprise.

15.6 Coûts et problèmes possibles

15.6.1 Coûts

La sécurisation de l'infrastructure informatique exige du personnel, et par conséquent, de l'argent pour prendre, maintenir à jour et vérifier les mesures. Cependant, ne pas sécuriser l'infrastructure informatique coûte également beaucoup d'argent (coûts de perte de production, coûts de remplacement, données, matériels ou logiciels endommagés, perte de réputation, amendes ou compensations liées à la non exécution d'obligations contractuelles). Comme toujours, il convient de trouver le juste milieu.

15.6.2 Problèmes possibles

Les aspects suivants sont essentiels pour la réussite de la mise en œuvre de la gestion de la sécurité :

- **Engagement** : il est rare que les mesures de sécurité soient acceptées immédiatement. On constate plus souvent une résistance qu'une acceptation. Les utilisateurs n'aiment pas l'idée de perdre certains privilèges à cause de mesures de sécurité, même si ces privilèges ne sont pas essentiels à leur travail. La raison en est que ces privilèges leur confèrent un certain statut. Un effort particulier doit être fait pour motiver les utilisateurs et s'assurer du respect par la direction des mesures de sécurité. Dans le domaine de la gestion de la sécurité en particulier, les cadres supérieurs doivent donner l'exemple. S'il n'y a pas d'incidents de sécurité, la direction peut être tentée de réduire le budget de gestion de la sécurité.
- **Attitude** : l'insécurité des systèmes d'information ne résulte pas de faiblesses techniques mais d'une mauvaise utilisation de la technologie qui est liée à l'attitude et au comportement humain. Cela signifie que les procédures de sécurité doivent être intégrées aux opérations de routine.
- **Sensibilisation** : la sensibilisation ou plutôt la communication est un concept clé. On a parfois l'impression qu'il existe un conflit d'intérêts entre la communication et la sécurité : la communication ouvre le chemin alors que la sécurité crée des obstacles. Ceci signifie que la mise en place des mesures de sécurité requiert l'utilisation de toutes les méthodes de communication pour s'assurer que les utilisateurs adopteront le comportement voulu.
- **Vérification** : il doit être possible de contrôler et de vérifier la sécurité. Cela concerne à la fois les mesures prises et les raisons motivant ces mesures. Il doit être possible de vérifier que les décisions correctes ont été prises dans certaines circonstances. La vérification du niveau d'autorité des personnes qui prennent les décisions doit également être possible.
- **Gestion des changements** : bien souvent, la vérification continue de la conformité avec le niveau de sécurité de base se relâche avec le temps lorsqu'on évalue les changements.
- **Ambition** : lorsqu'une organisation veut tout faire à la fois, elle commet souvent des erreurs. Lors du lancement de la gestion de la sécurité, la mise en place des mesures techniques est moins importante que les mesures organisationnelles. Changer une organisation exige une méthode progressive et prend beaucoup de temps.
- **Manque de systèmes de détection** : les nouveaux systèmes, comme Internet, n'ont pas été conçus pour la sécurité et la détection d'intrus. La raison en est qu'il faut plus de temps pour construire un système sécurisé que pour en construire un non sécurisé, ce qui va à l'encontre des exigences du business de coûts de développement bas et de mise en marché rapide.
- **Confiance excessive dans les techniques dites de « forteresse »** : de plus en plus souvent, les menaces pour la sécurité viennent d'endroits inattendus. Il suffit de penser aux virus ILOVEYOU et Nimda et à la première apparition des attaques de déni de service (DoS). S'il

est important de protéger les actifs de l'information à l'aide des méthodes traditionnelles de type « forteresse », il est devenu très important également de disposer d'une capacité d'attaque rapide lorsqu'il s'agit d'un problème de sécurité. On peut faire ici l'analogie avec la nécessité d'avoir à la fois des muscles « à contraction rapide » et « à contraction lente ». L'organisation doit pouvoir transférer rapidement des ressources aux endroits où se manifestent les problèmes et le faire avant que ces problèmes ne puissent plus être contrôlés.

16 Le Schéma de Qualification ITIL dans la Gestion des Services Informatiques (ITSM)

16.1 Introduction

La qualification des professionnels de la Gestion des Services Informatiques (ITSM) est d'une importance croissante, tant pour les organisations que pour les individus. Beaucoup d'organisations souhaitent que leur personnel parle un langage commun et ait des qualifications communes, indépendamment de leur lieu de résidence ou de l'endroit où la qualification a été acquise.

Tout professionnel désire améliorer ses perspectives de carrière et fournir la preuve évidente de sa maîtrise d'un langage commun et de son savoir-faire dans la Gestion des Services Informatiques.

L'optimisation du professionnalisme est un facteur important de réussite des programmes d'amélioration des services informatiques et l'engagement du personnel dans de tels programmes peut être accru en incitant et en récompensant les employés par le biais de certifications internationalement reconnues.

Du fait que l'ITIL fournit un langage commun à la Gestion des Services Informatiques, les qualifications internationales en Gestion des Services Informatiques basées sur le matériel de l'ITIL permettent à l'évidence d'accéder à un professionnalisme reconnu dans ce domaine.

Le schéma de qualification de l'ITIL est le seul parcours de formation et de qualification menant aux qualifications officielles de l'ITIL en Gestion des Services Informatiques. Il est approuvé par l'OGC et l'itSMF International, et par les deux Instituts d'examen existants : l'EXIN et l'ISEB.

Le schéma de qualification certifie la compréhension, le savoir-faire et les compétences des individus dans les processus complexes et nécessaires impliqués. Ces qualifications, ainsi que la formation et les examens reliés à ces qualifications sont disponibles dans le monde entier et continuent à évoluer pour satisfaire les besoins du marché et suivre les développements de la Gestion des Services Informatiques.

Une certification internationalement reconnue est la base même du succès de l'ITIL en tant que norme. Pour les utilisateurs, en particulier dans les organisations qui fonctionnent à l'international, il est d'une importance capitale que le «langage commun» que l'ITIL prétend fournir soit vraiment employé d'une manière cohérente de Sydney à Stockholm et de Cincinnati à Kuala Lumpur. À cet égard, l'ITIL délivre un certificat dont la fonction est d'être une «règle d'or mondiale».

16.2 Les Instituts d'Examen

Les qualifications sont fournies uniquement par des Instituts d'Examen (EI) accrédités. Ce sont des organismes ayant une expérience professionnelle éprouvée dans la fourniture d'examens ainsi qu'une excellente réputation. Les instituts d'examen sont dirigés par le Conseil d'Administration de Certification de l'ITIL (ICMB) et leurs processus et procédures doivent refléter une qualité et une intégrité constantes des examens. Les examens en Gestion des Services Informatiques sont basés sur les meilleures pratiques documentées dans les ouvrages de l'ITIL et adaptées aux derniers développements dans le domaine de la Gestion des Services Informatiques.

L'EI est chargé de produire des questions d'examen basées sur des "syllabus" communs. Ceci permet de développer des questions/examens dans la langue locale et autorise ainsi de prendre en compte les différences culturelles et les diverses perspectives business, tout en maintenant un niveau homogène de la qualification résultante.

Afin de faciliter la fourniture globale d'examens, un institut d'examen peut nommer des Agents d'Examen (EA) pour agir en son nom. Un tel agent aura une expérience professionnelle démontrée dans la fourniture d'examens et sera accrédité par l'EI, en fonction des règles et du règlement de celui-ci.

Le lieu de l'examen est fourni par un institut d'examen, un agent d'examen ou un centre d'examen agréé par un des instituts d'examen accrédités. Le centre d'examen agréé s'assurera que l'examen est bien organisé et dirigé selon les règles et règlements de l'institut d'examen.

Les détails concernant les agents et les centres d'examen peuvent être obtenus auprès des deux instituts d'examen accrédités, l'EXIN et l'ISEB.

16.3 Fournisseurs de Cours Accrédités

La plupart des qualifications reconnues exigent que le candidat suive un cours de formation proposé par un fournisseur de cours accrédité (ACP). Les fournisseurs de cours sont accrédités par un institut d'examen selon les règles et les règlements de l'EI.

Pour assurer l'impartialité des instituts d'examen dans l'accréditation des fournisseurs de cours et l'inscription aux examens, les instituts d'examen ne fournissent pas la formation en Gestion des Services Informatiques et opèrent indépendamment des intérêts du marché des fournisseurs de cours.

Le programme de certification ITIL facilitera également l'évaluation des fournisseurs de formation et du matériel pédagogique.

16.4 Schéma de Qualification

Le schéma de certification international de l'ITIL comporte actuellement trois sortes de certificats :

- Le certificat Fondamental de l'ITIL en Gestion des Services Informatiques
- Les certificats de Praticiens ITIL en Gestion des Services Informatiques
- Le certificat de Direction ITIL en Gestion des Services Informatiques

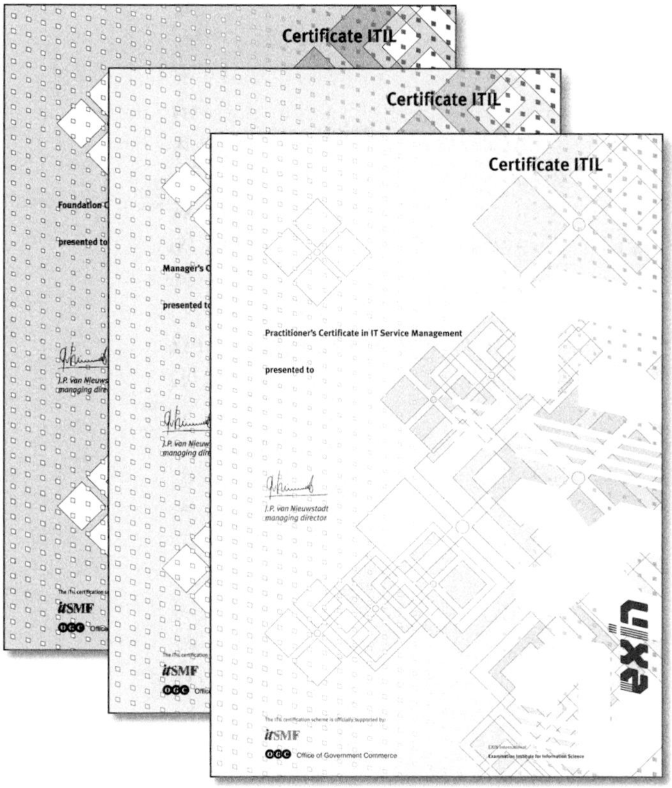

Figure 16.1 Les Certificats en Gestion des Services Informatiques

Le *Certificat Fondamental* est conçu pour fournir un niveau de connaissances de base en Gestion des Services Informatiques. Il est destiné à tout le personnel souhaitant se familiariser avec les meilleures pratiques de Gestion des Services Informatiques, comme défini dans les directives de la Bibliothèque d'Infrastructure des TI (ITIL). Il permet en particulier à des personnes de comprendre la terminologie utilisée dans l'approche de l'ITIL.

Les *Certificats de Praticien* sont destinés à ceux qui participent dans leur organisation à la gestion et à l'optimisation des processus spécifiques dans la discipline de Gestion des Services Informatiques, et exécutent les tâches qui appartiennent à ces processus. Les instituts d'examen fournissent la certification de Praticien pour plusieurs processus de Gestion des Services Informatiques, ou modules, tels que Praticien en Mise en Production et Contrôle (Gestion des Mises en Production, Gestion des Changements et Gestion des Configurations) ou Praticien en Assistance et Restauration (Gestion des Incidents, Gestion des Problèmes et Centre de Services). Un cours de formation accrédité pour les Certificats de Praticien fournira non seulement les connaissances de base et la compréhension des processus appropriés de Gestion des Services Informatiques, mais donnera également l'occasion de développer des qualifications pratiques au cours de missions.

Alors que le Certificat Fondamental est principalement axé sur la compréhension de la terminologie et les Certificats de Praticien sur les processus d'un secteur spécifique, le *Certificat de Direction* est destiné à ceux qui doivent démontrer leur capacité à gérer les solutions basées sur l'ITIL sur tous les thèmes de la Gestion des Services. Un cours de formation accrédité pour le Certificat de Direction fournira également l'occasion de développer des savoir-faire de gestionnaire par une série de missions reliées à des études de cas.

Chaque institut édite le programme des examens qu'il propose, basé sur le **syllabus commun agréé**. Les instituts d'examen, les agents d'examen et les fournisseurs de cours accrédités éditeront leurs propres règles et règlements régissant le fonctionnement de leur partie du schéma, par exemple honoraires, échéanciers de paiement, délais d'exécution des examens, inscriptions, etc... Ceux-ci doivent se conformer aux principes généraux.

Il est de tradition, pendant les années de passage d'un examen ITIL, que non seulement il en résulte un certificat, mais également de porter une petite médaille, verte pour le passage de l'examen Fondamental de l'ITIL, bleue pour le Praticien ITIL et rouge pour le Directeur ITIL.

Figure 16.2 Les médailles ITIL

16.4.1 Disponiblité

Les examens Fondamentaux sont disponibles en hollandais, anglais, français, espagnol, allemand, portugais, chinois, japonais et russe. Les examens de Praticien sont disponibles en hollandais et en anglais. Les examens combinés de Praticien (modules) sont également disponibles en allemand. Les examens de Directeur sont disponibles en anglais, allemand et russe. Les détails sur la disponibilité de la formation et des examens accrédités peuvent être obtenus auprès des instituts d'examen.

16.5 Certificat Fondamental

16.5.1 Syllabus

En termes simples le programme commun agréé est un aperçu de la Gestion des Services Informatiques (ITSM) tel qu'il est décrit dans les livres de l'ITIL et particulièrement une introduction aux 2 volumes ITIL essentiels "Soutien des Services et Fourniture des Services". Le programme exact et convenu est commun à tous les instituts d'examen qui dispensent le Certificat Fondamental, et est édité par chaque institut d'examen.

Cet examen vise à établir si un candidat pourrait agir en tant que membre informé d'une organisation impliquée dans le développement ou le fonctionnement d'une gestion des services basée sur l'ITIL. À cet effet ils doivent montrer qu'ils comprennent les principes de base et la terminologie clé de l'approche. Spécifiquement, les candidats doivent pouvoir être capables de :

- identifier le but et la teneur principale de la Gestion des Services Informatiques.
- identifier les 10 processus clé des services de Soutien des Services et de Fourniture des Services.
- identifier le rôle de la fonction de Centre de Services et du processus de Gestion de la Sécurité.
- décrire les principales activités que les différents processus/fonctions impliquent.
- différencier les principales responsabilités de chaque fonction.
- identifier les principaux regroupements d'affinité des processus.

Syllabus et services EXIN

Le Syllabus (condition d'examen) du certificat Fondamental de l'examen en Gestion des Services Informatiques (ITSM) est disponible via www.exin-exams.com. L'examen et les conditions sont disponibles en 11 langues. Les examens sont également disponibles en anglais et japonais via (www.prometric.com) et VUE (www.vue.com).

Syllabus et services ISEB

Le Syllabus du certificat Fondamental de l'examen en Gestion des Services Informatiques (ITSM) est disponible via www.bcs.org/iseb. L'examen et les conditions sont disponibles en 4 langues. Les examens sont également disponibles en anglais via Prometric (www.prometric.com).

16.5.2 Règles et règlements

Prérequis

Il n'y a aucun critère ni prérequis formel pour les candidats souhaitant passer l'examen Fondamental. Toutefois, il leur est vivement conseillé de suivre un cours de formation accrédité (qui peut être suivi via Internet, en candidat libre ou un cours traditionnel). Il est recommandé aux candidats suivant un cours de formation de choisir un des fournisseurs de cours accrédités.

Là non plus, il n'y a aucun critère strict pour ceux qui souhaitent suivre un cours de formation, cependant la connaissance de la terminologie informatique et une appréciation de leur propre environnement business est vivement recommandée.

Format de l'examen
L'examen se compose d'une session d'une heure, livre fermé, 40 questions, réponses à choix multiples (QCM). Pour chaque question, quatre options sont données. Le candidat doit choisir la réponse correcte. Un point est attribué par réponse correcte.

Les questions de chaque feuille d'examen sont choisies dans un ensemble de question régulièrement mis à jour. Les questions et les questionnaires peuvent être employés plusieurs fois, c'est pourquoi les fournisseurs, les candidats ou les contrôleurs ne sont pas autorisés à garder des copies des feuilles d'examen.

Afin de préparer correctement les candidats à l'examen, tous les fournisseurs de cours accrédités détiennent une feuille d'examen témoin et une grille de marquage. Les examens passés sur ordinateur ou via Internet sont automatiquement corrigés et les résultats sont annoncés au candidat immédiatement. Pour les examens sur papier, les feuilles sont retournées à l'institut ou à l'agent d'examen pour être corrigées.

Pour réussir, les candidats doivent marquer au moins 26 points. Si un candidat échoue, il peut repasser l'examen. Il n'y a aucune limite au nombre de passages de l'examen.

Évidemment, les taux de réussite fluctuent. Au cours de la dernière année le taux de réussite à l'examen Fondamental était approximativement entre 85% et 90%.

La plupart des candidats passeront l'examen à la fin du cours de formation. Les fournisseurs de cours peuvent coopérer avec un centre d'examen accrédité (AEC) afin d'organiser l'examen dans ce lieu. L'AEC sera responsable de l'intégrité du processus d'examen et de renvoyer les feuilles complétées à l'EI ou à l'EA. Les instituts et les agents d'examen rendront également public les horaires des épreuves, afin que les candidats puissent s'inscrire et passer l'examen.

Toute condition spéciale pour tenir des examens en dehors du pays d'origine de l'EI/EA, telle qu'une prolongation des délais d'exécution, sera publiée par le corps d'examen.

Conflits
En cas de conflit, les étudiants pourront poursuivre le fournisseur de cours, l'institut d'examen ou l'agent d'examen approprié. Chaque institut d'examen et agent d'examen dispose d'une procédure de résolution des conflits (DRP) couvrant sa relation avec les fournisseurs de cours et les étudiants. Cette résolution doit être publiée ; par exemple par l'intermédiaire d'un site Web.

16.6 Préparation à l'examen
Pour augmenter vos chances de succès aux examens et obtenir le certificat Fondamental de l'ITIL, vous pouvez prendre certaines précautions, la première étant de prendre l'examen au sérieux.

16.6.1 Préparation de l'examen
- Rejoignez un cours de formation accrédité. L'étude des principes de Gestion des Services Informatiques est plus amusant et plus efficace au sein d'un groupe de professionnels partageant

des expériences et avec un directeur d'études expérimenté ayant une profonde connaissance et une expérience professionnelle pratique.
- Prévoyez de passer suffisamment de temps à l'étude personnelle et à la révision des cours, dans les livres ITIL et ce manuel d'instructions. En général, il est conseillé de passer environ 30 heures à l'étude personnelle.
- Discutez de ce que vous avez appris dans le cours de formation et les livres avec des collègues et des amis. Le partage des expériences sur la meilleure pratique vous aide à comprendre les principes de la Gestion des Services Informatiques.
- Employez la feuille d'examen témoin la plus récente fournie par votre corps d'examen pour vous préparer aux types de questions utilisées dans l'examen Fondamental.

16.6.2 Préparation pour le jour

- Planifiez votre trajet jusqu'au centre d'examen. Prévoyez d'arriver quinze minutes avant pour commencer tranquillement l'examen, par exemple en prenant une boisson.
- Passez une bonne nuit de sommeil afin de commencer la session d'examen bien reposé. N'essayez pas d'étudier vos cours tard dans la nuit.
- Choisissez des vêtements dans lesquels vous vous sentez à l'aise, ils ne doivent pas représenter votre société, mais vous représenter vous.
- N'oubliez pas d'apporter une pièce d'identié en cours de validité (passeport, carte d'identité).

16.6.3 Conseils et astuces pour l'examen

- Lisez attentivement toutes les questions.
- Commencez par répondre aux questions les plus faciles en premier.
- Pour les réponses à choix multiples, essayez d'abord de penser à une réponse par vous-même avant de choisir une des options. Rappelez-vous, votre première impression est souvent la bonne.
- Rappelez-vous que seule une des options proposées est la réponse correcte. Choisissez celle qui répond le plus exactement à la question précise posée. Cette réponse peut ne pas refléter nécessairement tout ce que vous avez appris sur le sujet.
- Ne compliquez pas la question en essayant de trouver des contre-exemples à la réponse que vous pensez être la meilleure. Les questions ne sont pas censées être des pièges.
- Avant la fin des sessions d'examen, contrôlez si vous avez répondu à toutes les questions. Lorsque vous n'êtes pas sûr, essayez votre meilleur choix.
- Ne paniquez pas. Avec une bonne préparation, l'examen n'est pas si difficile, vous pouvez y arriver !

16.7 Bénéfices du schéma de certification ITIL

Obtenir un certificat indépendant représente à l'évidence votre réussite dans l'assimilation du contenu du cours. Cela illustre votre attachement à devenir plus compétent et apporte une valeur supplémentaire à votre organisation et aux clients que vous servez.

16.7.1 Bénéfices pour les participants

Etre certifié vous aide à :
- Renforcer vos qualifications et améliorer votre rendement.
- Mettre à jour vos connaissances dans le domaine de votre choix.

- Accroître votre valeur auprès de votre employeur.
- Vous qualifier pour des travaux qui exigent une connaissance spécialisée.
- Vous lancer dans une nouvelle carrière valorisante.
- Recevoir une reconnaissance de l'industrie et de vos pairs.
- Rester concurrentiel.

16.7.2 Bénéfices pour le business

Etre certifié fournit également des avantages aux affaires de votre compagnie :

- Meilleur usage des ressources humaines.
- Qualité prouvée de votre personnel informatique.
- Possibilités de distinguer qui est apte pour ce travail.
- Connaissances et qualifications spécifiques nécessaires pour exécuter une tâche avec succès.
- Incitations, récompenses et défis pour des employés.

Le schéma de certification a aidé des compagnies à identifier leur besoin en formation du personnel de Gestion des Services Informatiques.Toute organisation qui décide d'employer vraiment les principes de l'ITIL pour améliorer ses services informatiques doit être consciente que beaucoup de personnel sera impliqué d'une manière ou d'une autre. La plupart d'entre eux n'ont probablement pas besoin d'être des experts, mais une certaine maîtrise du langage commun, c'est-à-dire ITIL, est crucial.

La formation basée sur les Fondations de la Gestion des Services Informatiques (ITSM) apporte aux participants une vue d'ensemble de la Gestion des Services Informatiques, des principaux processus et de leurs relations. Elle aide souvent également à préparer le terrain pour les changements d'attitude, de culture et de procédures, nécessaires pour mieux se concentrer sur le client et le professionnel en Fourniture des Services Informatiques. Le certificat Fondamental en Gestion des Services Informatiques est bien sûr une récompense pour les participants à une telle formation, mais aussi une façon de mesurer leurs progrès de leur connaissance et de leur conscience de l'ITIL dans votre organisation. Le programme de certification de l'ITIL facilitera également l'évaluation des fournisseurs de formation et du matériel pédagogique.

Pour développer et mettre en application dans votre compagnie des plans d'amélioration des processus de Gestion des Services Informatiques, vous devez compter sur des professionnels ayant un niveau de compétences prouvé dans ce domaine. La clé de voûte d'un tel profil sera le Certificat de Directeur en Gestion des Services Informatiques (ITSM). Une fois que les processus auront atteints un degré de maturité tel qu»ils peuvent être gérés et contrôlés, vous aurez besoin de professionnels ayant des qualifications dans les divers secteurs du processus. Le schéma de certification de l'ITIL fournit une qualification pour ces types de professionnels, c'est le Certificat de Praticien en Gestion des Services Informatiques.

16.8 Exemple de questions

16.8.1 Questions

1 de 30

Quel processus ITIL ou quelle fonction ITIL traite les défaillances et les questions soulevées par les utilisateurs concernant des services qu'ils utilisent?

A. la gestion de la disponibilité
B. la gestion des niveaux de service (SLM)
C. la gestion des problèmes
D. le centre de services (Service Desk)

2 de 30

Quelle est la différence entre une erreur connue (Known Error) et un problème (Problem)?

A. La cause sous-jacente d'une erreur connue est connue. La cause sous-jacente d'un problème est inconnue.
B. Une erreur connue implique une erreur dans l'infrastructure des TI. Un problème n'implique pas nécessairement une telle erreur.
C. Une erreur connue provient toujours d'un incident. Ce n'est pas toujours le cas pour un problème.
D. Dans le cas d'un problème, les éléments de configuration (Configuration Items, CIs) concernés sont identifiés; ce qui n'est pas le cas pour une erreur connue.

3 de 30

Qui établit le calendrier prévisionnel des changements (Forward Schedule of Changes, FSC)?

A. le gestionnaire des changements
B. le comité consultatif sur les changements (Change Advisory Board, CAB)
C. le client
D. le gestionnaire de l'informatique

4 de 30

Au sein d'une organisation, qui a l'autorité pour établir un accord de services avec le département informatique (pour les services informatiques)?

A. le gestionnaire des niveaux de service
B. l'utilisateur de ressources informatiques
C. le propriétaire du processus ITIL
D. le client du département informatique

5 de 30

Dans quel document enregistre t'on les besoins susceptibles d'influencer la capacité?

A. dans le plan de capacité
B. dans le programme d'amélioration des services (Service Improvement Program, SIP)
C. dans le plan de qualité des services
D. dans les exigences de niveaux de service (Service Level Requirements, SLR)

6 de 30

Lorsqu'une nouvelle version d'un logiciel est installée sur un poste client ou un environnement client/serveur, cela peut avoir des conséquences pour d'autres logiciels déjà installés dans l'environnement. Il est possible que ces logiciels nécessitent une réinstallation.

Lors de l'installation d'un nouveau logiciel, quel processus ITIL surveille si les autres logiciels doivent être de nouveau installés et testés?

A. la gestion des changements
B. la gestion de la continuité des services informatiques
C. la gestion des problèmes
D. la gestion des mises en production

7 de 30

Le gestionnaire de la disponibilité veut connaître la tendance de la reprise pour certains composants informatiques.
A qui doit-il s'adresser pour obtenir les informations nécessaires?

A. le centre de services (Service Desk)
B. le gestionnaire des mises en production
C. le gestionnaire des configurations
D. le gestionnaire des niveaux de service

8 de 30

Laquelle des notions ci-dessous indique, pour un incident, la mesure de l'écart par rapport au niveau de service normal?

A. l'escalade (Escalation)
B. l'impact (Impact)
C. la priorité (Priority)
D. l'urgence (Urgency)

9 de 30

Parmi la liste ci-dessous, quelle information relative à la réalisation d'un changement doit figurer dans le rapport managérial sur la gestion des changements?

A. nombre d'incidents relatifs à la réalisation d'un changement
B. nombre d'incidents résolus relatifs à la réalisation d'un changement
C. les éléments de configuration (Configuration Items, CIs) enregistrés de manière incorrecte
D. la structure et la composition des éléments de configuration (Configuration Items, CIs)

10 de 30

A partir de quel référentiel de données peut-on extraire des données statistiques pour avoir une vue précise sur la structure et la composition de l'infrastructure informatique?

A. la base de données de la capacité (Capacity Database, CDB)
B. la base de données de gestion des configurations (Configuration Management Database, CMDB)
C. la réserve de matériels définitifs (Definitive Hardware Store, DHS)
D. la bibliothèque de logiciels définitifs (Definitive Software Library, DSL)

11 de 30

Quelle est l'autre dénomination du temps de disponibilité (Uptime)?

A. temps entre les défaillances (Time Between Failures, TBF)
B. délai moyen de réparation (Mean Time To Repair, MTTR)
C. intervalle moyen entre les incidents système (Mean Time Between System Incidents, MTBSI)
D. rapport entre MTBF et MTBSI

12 de 30

Parmi les propositions suivantes, laquelle est une activité de la gestion de la continuité des services informatiques?

A. avertir les utilisateurs lors d'une panne système
B. élaborer et entretenir un plan de reprise
C. faire des rapports de disponibilité
D. garantir que les éléments de configuration (Configuration Items, CIs) soient continuellement mis à jour

13 de 30

Quelle est la définition du concept de confidentialité (Confidentiality) qui fait partie du processus de gestion de la sécurité (Security Management)?

A. la protection des données contre un accès et une utilisation non autorisées
B. la disponibilité des données à tout moment
C. la capacité de vérifier l'exactitude des données
D. l'exactitude des données

14 de 30

Qu'est-ce qui n'est généralement pas une activité du centre de services (Service Desk)?

A. traiter les demandes de changement (standard) (Requests for Change, RFCs)
B. traiter les réclamations concernant le service de l'organisation informatique
C. déceler la cause sous-jacente des incidents
D. donner de l'information concernant les produits et les services

15 de 30

L'ordinateur d'un utilisateur a une défaillance. Ce n'est pas la première fois qu'il est victime du dysfonctionnement de l'appareil. Trois mois plus tôt, cet appareil était déjà tombé en panne. L'utilisateur signale la panne au centre de services (Service Desk)

De quoi est-il question en ce cas?

A. incident (Incident)
B. erreur connue (Known Error)
C. problème (Problem)
D. demande de changement (Request for Change, RFC)

16 de 30

Parmi les activités mentionnées ci-dessous, laquelle concerne la gestion proactive des problèmes (Pro-active Problem Management)?

A. traiter les demandes de changement (Requests for Change, RFCs)

B. exécuter des analyses de tendance et identifier les incidents et problèmes potentiels
C. suivre des incidents et des défaillances
D. limiter les interruptions de service résultant de changements dans l'environnement informatique

17 de 30

Le contrôle (Control) est une des activités de la gestion des configurations.
En quoi consiste cette activité?

A. la mise à jour de toutes les modifications des éléments de configuration (Configuration Items, CIs) et leurs relations dans la base de données de gestion des configurations (Configuration Management Database, CMDB)
B. la vérification que les éléments de configuration (Configuration Items, CIs) et leurs attributs se trouvent avec exactitude dans la base de données de gestion des configurations (Configuration Management Database, CMDB)
C. l'installation de nouveaux éléments de configuration (Configuration Items, CIs) dans l'environnement d'exploitation
D. faire l'inventaire des éléments de configuration (Configuration Items, CIs)

18 de 30

Quelle activité est une partie du processus de gestion de la disponibilité?

A. classer les demandes de changement (Requests for Change, RFCs)
B. définir le codage d'impact des incidents
C. identifier les problèmes en matière de disponibilité des services informatiques
D. mesurer la disponibilité des services informatiques

19 de 30

Dans quel processus ITIL se négocient les coûts des services informatiques avec le client?

A. la gestion de la disponibilité
B. la gestion de la capacité
C. la gestion financière des services des TI
D. la gestion des niveaux de service (SLM)

20 de 30

Quel attribut de la base de données de gestion des configurations (Configuration Management Database, CMDB) permet de retrouver les éléments de configuration (Configuration Items, CIs) en maintenance à un moment précis?

A. date d'acquisition
B. propriétaire
C. lieu
D. statut

21 de 30

Lequel des changements ci-dessous doit être autorisé par la gestion des changements?

A. la saisie de données dans une base de données par les utilisateurs
B. la création d'un nouveau mot de passe
C. l'ajout d'un nouvel utilisateur au système

D. le déménagement d'une imprimante

22 de 30

Il y a eu deux incidents sur un serveur. Il semble que le serveur soit surchargé à cause des nombreuses connexions qui y sont reliées.
Quel type d'action le gestionnaire de la disponibilité doit-il entreprendre dans ce cas?

A. Le gestionnaire de la disponibilité demande au gestionnaire de la capacité d'élargir la capacité du serveur.
B. Le gestionnaire de la disponibilité demande au gestionnaire des problèmes d'examiner d'urgence le problème.
C. Le gestionnaire de la disponibilité demande au gestionnaire de la sécurité d'examiner si un trop grand nombre d'autorisations n'ont pas été délivrées.
D. Le gestionnaire de la disponibilité demande au gestionnaire des niveaux de service de revoir les accords sur les niveaux de services (Service Level Agreements, SLAs).

23 de 30

Quel processus ITIL a comme activité de mettre les incidents en rapport avec les solutions (documentées) connues?

A. la gestion des changements
B. la gestion des incidents
C. la gestion des problèmes
D. la gestion des configurations

24 de 30

Quel statut est attribué à un problème (Problem), lorsque la cause de ce problème est connue?

A. le statut 'incident' (Incident)
B. le statut 'erreur connue' (Known Error)
C. le statut 'résolu'
D. le statut 'demande de changement' (Request for Change, RFC))

25 de 30

Lorsqu'un changement est réalisé, une évaluation est réalisée.
Comment appelons-nous cette évaluation?

A. calendrier prévisionnel des changements (Forward Schedule of Changes, FSC)
B. revue post implantation (Post Implementation Review, PIR)
C. programme d'amélioration des services (Service Improvement Program, SIP)
D. exigences de niveaux de service (Service Level Requirements, SLR)

26 de 30

Parmi les propositions suivantes, laquelle est incluse dans un accord sur les niveaux de services (Service Level Agreement, SLA)?

A. des accords concernant les services à livrer
B. la disponibilité de la période écoulée
C. un plan d'attaque pour mettre en place le processus de gestion des niveaux de service (SLM)
D. les descriptions techniques détaillées du protocole réseau

27 de 30

Quelle est la responsabilité du gestionnaire de la sécurité dans le cadre de l'établissement d'un nouvel accord sur les niveaux de services (Service Level Agreements, SLA)?

A. la traduction des exigences de niveaux de service (Service Level Requirements, SLR) en terme de sécurité de l'information

B. la détermination de la sécurité de référence dans le catalogue de service

C. la fourniture de lignes directrices pour la section Sécurité du SLA

D. la fourniture d'un rapport de disponibilité technique des composants de sécurité

28 de 30

Quel processus ITIL effectue une analyse des menaces et des dépendances des services informatiques, analyse qui sert de base à l'identification de contre-mesures?

A. la gestion de la disponibilité

B. la gestion de la continuité des services informatiques

C. la gestion des problèmes

D. la gestion des niveaux de service (SLM)

29 de 30

Quel processus ITIL est responsable de l'élaboration d'un système de facturation?

A. la gestion de la disponibilité

B. la gestion de la capacité

C. la gestion financière des services des TI

D. la gestion des niveaux de service (SLM)

30 de 30

Qu'est-ce que la gestion des services informatiques (IT Service Management)?

A. la gestion effective et efficace de la qualité du service informatique

B. l'organisation de la gestion de l'infrastructure des TI selon les meilleures pratiques (best practices) de ITIL

C. la correction de l'infrastructure des TI à l'aide d'un processus, afin que l'organisation informatique puisse livrer au client des produits informatiques de manière professionnelle

D. c'est rendre accessible l'intelligibilité en matière de service informatique destiné à un plus large public

16.8.2 Réponses

1 de 30

Quel processus ITIL ou quelle fonction ITIL traite les défaillances et les questions soulevées par les utilisateurs concernant des services qu'ils utilisent?

A. la gestion de la disponibilité

B. la gestion des niveaux de service (SLM)

C. la gestion des problèmes

D. le centre de services (Service Desk)

A. Incorrect. La gestion de la disponibilité n'a pas de contact direct avec les utilisateurs.
B. Incorrect. La gestion des niveaux de service (SLM) s'occupe des accords avec le client en matière de service informatique, non des solutions des défaillances ou des réponses aux questions des utilisateurs.
C. Incorrect. La gestion des problèmes se charge de la recherche de la cause fondamentale.
D. Correct. Le traitement des défaillances et des questions d'utilisation est une tâche du centre de services (Service Desk).

2 de 30

Quelle est la différence entre une erreur connue (Known Error) et un problème (Problem)?
A. La cause sous-jacente d'une erreur connue est connue. La cause sous-jacente d'un problème est inconnue.
B. Une erreur connue implique une erreur dans l'infrastructure des TI. Un problème n'implique pas nécessairement une telle erreur.
C. Une erreur connue provient toujours d'un incident. Ce n'est pas toujours le cas pour un problème.
D. Dans le cas d'un problème, les éléments de configuration (Configuration Items, CIs) concernés sont identifiés; ce qui n'est pas le cas pour une erreur connue.

A. Correct. Lors de l'investigation d'un problème, la cause fondamentale est identifiée. Le résultat en est une erreur connue (Known Error).
B. Incorrect. La cause tant d'une erreur connue que d'un problème peut se trouver dans l'infrastructure technique du système d'information. Cette cause sera connue lors d'une erreur connue mais elle ne l'est pas dans le cas d'un problème.
C. Incorrect. Un problème doit toujours être créé à partir de l'enregistrement d'un ou de plusieurs incidents.
D. Incorrect. A l'intérieur d'une définition d'un problème, les éléments de configuration concernés ne sont pas encore connus. Le problème doit encore être examiné. Il en résultera l'identification de la cause de l'erreur et des éléments de configuration concernés ainsi que le changement de statut du problème en erreur connue.

3 de 30

Qui établit le calendrier prévisionnel des changements (Forward Schedule of Changes, FSC)?
A. le gestionnaire des changements
B. le comité consultatif sur les changements (Change Advisory Board, CAB)
C. le client
D. le gestionnaire de l'informatique

A. Correct. Le gestionnaire des changements est le seul à porter la responsabilité finale en ce qui concerne le calendrier prévisionnel des changements.
B. Incorrect. Le comité consultatif sur les changements (CAB) est un organe consultatif qui peut fournir des conseils à ce sujet, mais le gestionnaire des changements est le responsable final.
C. Incorrect. La gravité du changement pour le client est prise en compte pour la planification, mais c'est le gestionnaire des changements qui établit en fin de compte le calendrier prévisionnel des changements.

D. Incorrect. Le gestionnaire des changements exerce une autorité déléguée au nom de la gestion de l'informatique.

4 de 30

Au sein d'une organisation, qui a l'autorité pour établir un accord de services avec le département informatique (pour les services informatiques)?

A. le gestionnaire des niveaux de service
B. l'utilisateur de ressources informatiques
C. le propriétaire du processus ITIL
D. le client du département informatique

A. Incorrect. Le gestionnaire des niveau de service fait partie de l'organisation informatique et ne peut en tant que tel conclure des accords avec l'organisation informatique.
B. Incorrect. L'utilisateur des ressources informatiques est celui qui fait usage des moyens informatiques lors de ses activités journalières, mais n'a pas autorité pour conclure des accords.
C. Incorrect. Le propriétaire de processus ITIL fait partie de l'organisation informatique et ne peut en tant que tel conclure des accords.
D. Correct. Le client du département informatique est la personne autorisée à conclure un accord avec l'organisation informatique en vue de se fournir en services informatiques.

5 de 30

Dans quel document enregistre t'on les besoins susceptibles d'influencer la capacité?

A. dans le plan de capacité
B. dans le programme d'amélioration des services (Service Improvement Program, SIP)
C. dans le plan de qualité des services
D. dans les exigences de niveaux de service (Service Level Requirements, SLR)

A. Incorrect. Le plan de capacité donne une idée de la capacité existante et des développements attendus au niveau de la demande de services. Il donne en outre un aperçu des frais attendus.
B. Incorrect. Le programme d'amélioration des services (SIP) comprend des actions, phases et dates de livraison ayant pour but d'améliorer un service informatique.
C. Incorrect. Le plan de qualité des services comprend des paramètres d'exploitation tels que, par exemple, l'information de gestion.
D. Correct. Les exigences de niveaux de service (Service Level Requirements, SLR) comprennent les conditions sur la base desquelles le service est créé, développé et structuré en vue de pouvoir garantir l'accord sur les niveaux de services.

6 de 30

Lorsqu'une nouvelle version d'un logiciel est installée sur un poste client ou un environnement client/serveur, cela peut avoir des conséquences pour d'autres logiciels déjà installés dans l'environnement. Il est possible que ces logiciels nécessitent une réinstallation.
Lors de l'installation d'un nouveau logiciel, quel processus ITIL surveille si les autres logiciels doivent être de nouveau installés et testés?

A. la gestion des changements

B. la gestion de la continuité des services informatiques
C. la gestion des problèmes
D. la gestion des mises en production

A. Correct. La gestion des changements se charge de rendre les risques d'un changement aussi faible que possible.
B. Incorrect. La gestion de la continuité des services informatiques peut y avoir affaire de manière indirecte si le changement cause vraiment des ratés et que, par conséquent, le plan de continuité des services informatiques (IT Service Continuity Plan) doit entrer en action. La gestion de la continuité des services informatiques n'est toutefois pas responsable.
C. Incorrect. Ceci n'est pas une tâche de la gestion des problèmes.
D. Incorrect. Les actions effectives (la réinstallation et le test des autres logiciels) peuvent être une tâche de la gestion des mises en production, mais la gestion des changements est responsable de l'évaluation des activités nécessaires, et du contrôle du résultat et de la qualité de ces activités.

7 de 30

Le gestionnaire de la disponibilité veut connaître la tendance de la reprise pour certains composants informatiques.
A qui doit-il s'adresser pour obtenir les informations nécessaires?
A. le centre de services (Service Desk)
B. le gestionnaire des mises en production
C. le gestionnaire des configurations
D. le gestionnaire des niveaux de service

A. Incorrect. Cette tâche n'incombe pas au centre de services. Le processus de gestion des incidents fournit les informations nécessaires à la gestion des configurations en liant l'enregistrement de l'incident avec les éléments de configuration (Configuration Items, CIs) associés.
B. Incorrect. Cette tâche n'incombe pas à la gestion des mises en production.
C. Correct. Il est possible de déduire des éléments de configuration (Configuration Items, CIs) des informations relatives au niveau de dérangement, à la durée du dérangement, etc.
D. Incorrect. Cette tâche n'incombe pas au gestionnaire des niveaux de service.

8 de 30

Laquelle des notions ci-dessous indique, pour un incident, la mesure de l'écart par rapport au niveau de service normal?
A. l'escalade (Escalation)
B. l'impact (Impact)
C. la priorité (Priority)
D. l'urgence (Urgency)

A. Incorrect. On parle dans cette situation d'un incident et pas (encore) d'une escalade.
B. Correct. L'impact est la mesure dans laquelle l'incident conduit à un écart par rapport au niveau de service normal.
C. Incorrect. La priorité est définie par l'impact et l'urgence.

D. Incorrect. L'urgence se rapporte à la rapidité avec laquelle l'incident devrait être résolu.

9 de 30

Parmi la liste ci-dessous, quelle information relative à la réalisation d'un changement doit figurer dans le rapport managérial sur la gestion des changements?

A. nombre d'incidents relatifs à la réalisation d'un changement
B. nombre d'incidents résolus relatifs à la réalisation d'un changement
C. les éléments de configuration (Configuration Items, CIs) enregistrés de manière incorrecte
D. la structure et la composition des éléments de configuration (Configuration Items, CIs)

A. Correct. C'est un indicateur d'efficacité de la gestion des changements.
B. Incorrect. Le nombre d'incidents résolus doit figurer dans les rapports de gestion des problèmes ou de gestion des incidents.
C. Incorrect. Cette tâche incombe à la gestion des configurations.
D. Incorrect. Cette tâche incombe à la gestion des configurations.

10 de 30

A partir de quel référentiel de données peut-on extraire des données statistiques pour avoir une vue précise sur la structure et la composition de l'infrastructure informatique?

A. la base de données de la capacité (Capacity Database, CDB)
B. la base de données de gestion des configurations (Configuration Management Database, CMDB)
C. la réserve de matériels définitifs (Definitive Hardware Store, DHS)
D. la bibliothèque de logiciels définitifs (Definitive Software Library, DSL)

A. Incorrect. La base de données de la capacité (Capacity Database, CDB) contient uniquement des données de capacité et de performance de l'infrastructure informatique.
B. Correct. La base de données de gestion des configurations (Configuration Management Database, CMDB) contient un enregistrement de données de toute l'infrastructure informatique, relations mutuelles comprises.
C. Incorrect. Dans la réserve de matériels définitifs (Definitive Hardware Store, DHS) sont entreposés des stocks de hardware de configurations de base standardisées.
D. Incorrect. La bibliothèque de logiciels définitifs (Definitive Software Library, DSL) contient les versions les plus récentes et la documentation des logiciels opérationnels.

11 de 30

Quelle est l'autre dénomination du temps de disponibilité (Uptime)?

A. temps entre les défaillances (Time Between Failures, TBF)
B. délai moyen de réparation (Mean Time To Repair, MTTR)
C. intervalle moyen entre les incidents système (Mean Time Between System Incidents, MTBSI)
D. rapport entre MTBF et MTBSI

A. Correct. Le temps entre les défaillances (Time Between Failures, TBF) est une dénomination du temps de disponibilité (Uptime).

B. Incorrect. Le délai moyen de réparation (Mean Time To Repair, MTTR) est le temps requis en moyenne pour résoudre l'incident (temps d'indisponibilité (Downtime)).
C. Incorrect. L'intervalle moyen entre les incidents système (Mean Time Between System Incidents, MTBSI) est le temps moyen entre deux incidents survenus à la suite l'un de l'autre. Ici est aussi compris le délai moyen de réparation. Cela inclut MTBF et MTTR.
D. Incorrect. Un rapport entre deux différentes indications de temps donne un facteur de pourcentage comme résultat. Cela n'a rien à voir avec le temps de disponibilité.

12 de 30

Parmi les propositions suivantes, laquelle est une activité de la gestion de la continuité des services informatiques?
A. avertir les utilisateurs lors d'une panne système
B. élaborer et entretenir un plan de reprise
C. faire des rapports de disponibilité
D. garantir que les éléments de configuration (Configuration Items, CIs) soient continuellement mis à jour

A. Incorrect. Avertir les utilisateurs d'une panne système est une activité du centre de services.
B. Correct.
C. Incorrect. Faire les rapports de disponibilité est une activité de la gestion de la disponibilité.
D. Incorrect. Garantir que les éléments de configuration soient continuellement mis à jour est une activité de la gestion des configurations.

13 de 30

Quelle est la définition du concept de confidentialité (Confidentiality) qui fait partie du processus de gestion de la sécurité (Security Management)?
A. la protection des données contre un accès et une utilisation non autorisées
B. la disponibilité des données à tout moment
C. la capacité de vérifier l'exactitude des données
D. l'exactitude des données

A. Correct. La protection des données contre un accès et une utilisation non autorisés est une définition de confidentialité (Confidentiality). Elle est utilisée dans le processus de gestion de la sécurité.
B. Incorrect. La disponibilité des données à tout moment est une définition de disponibilité (Availability). Elle est utilisée dans le processus de gestion de la sécurité.
C. Incorrect. La capacité de vérifier l'exactitude des données est une partie de la définition d'intégrité (Integrity). Elle est utilisée dans le processus de gestion de la sécurité.
D. Incorrect. L'exactitude des données est une partie de la définition d'intégrité (Integrity). Elle est utilisée dans le processus de gestion de la sécurité.

14 de 30

Qu'est-ce qui n'est généralement pas une activité du centre de services (Service Desk)?
A. traiter les demandes de changement (standard) (Requests for Change, RFCs)
B. traiter les réclamations concernant le service de l'organisation informatique

C. déceler la cause sous-jacente des incidents
D. donner de l'information concernant les produits et les services

A. Incorrect. Le traitement des demandes de changement (standard) est une activité à l'intérieur de la gestion des changements, mais peut être également une activité du centre de services (Service Desk).
B. Incorrect. Le traitement des réclamations concernant le service de l'organisation informatique est une activité de la gestion des niveaux de service (SLM), mais peut être une activité du centre de services.
C. Correct. Déceler la cause sous-jacente des incidents est une activité de la gestion des problèmes.
D. Incorrect. Donner des informations concernant les produits et les services peut être une activité du centre de services.

15 de 30

L'ordinateur d'un utilisateur a une défaillance. Ce n'est pas la première fois qu'il est victime du dysfonctionnement de l'appareil. Trois mois plus tôt, cet appareil était déjà tombé en panne. L'utilisateur signale la panne au centre de services (Service Desk)
De quoi est-il question en ce cas?
A. incident (Incident)
B. erreur connue (Known Error)
C. problème (Problem)
D. demande de changement (Request for Change, RFC)

A. Correct. C'est un incident (Incident).
B. Incorrect. En soi, une défaillance à répétition n'en fait pas encore une erreur connue. Bien que répétitif, la cause peut être différente.
C. Incorrect. En soi, une défaillance à répétition n'en fait pas encore un problème.
D. Incorrect. Il ne s'agit pas d'une demande de changement (Request for Change).

16 de 30

Parmi les activités mentionnées ci-dessous, laquelle concerne la gestion proactive des problèmes (Pro-active Problem Management)?
A. traiter les demandes de changement (Requests for Change, RFCs)
B. exécuter des analyses de tendance et identifier les incidents et problèmes potentiels
C. suivre des incidents et des défaillances
D. limiter les interruptions de service résultant de changements dans l'environnement informatique

A. Incorrect. Traiter les demandes de changement (Requests for Change) est une tâche de la gestion des changements.
B. Correct. La gestion proactive des problèmes (Pro-active Problem Management) s'appuie entre autre sur l'analyse de tendance et l'identification des incidents et problèmes potentiels.
C. Incorrect. Le suivi de tous les incidents et défaillances est une tâche de la gestion des incidents.

D. Incorrect. Limiter les interruptions de services résultant de changements dans l'environnement informatique n'est pas une tâche de la gestion proactive des problèmes mais de la gestion des changements.

17 de 30

Le contrôle (Control) est une des activités de la gestion des configurations.
En quoi consiste cette activité?

A. la mise à jour de toutes les modifications des éléments de configuration (Configuration Items, CIs) et leurs relations dans la base de données de gestion des configurations (Configuration Management Database, CMDB)
B. la vérification que les éléments de configuration (Configuration Items, CIs) et leurs attributs se trouvent avec exactitude dans la base de données de gestion des configurations (Configuration Management Database, CMDB)
C. l'installation de nouveaux éléments de configuration (Configuration Items, CIs) dans l'environnement d'exploitation
D. faire l'inventaire des éléments de configuration (Configuration Items, CIs)

A. Correct.
B. Incorrect. La vérification de la présence des éléments de configuration et de leurs attributs, ainsi que de leur exactitude, dans la base de données de gestion des configurations, ne correspond pas à la description d'une activité de contrôle, mais de vérification.
C. Incorrect. L'installation de nouveaux éléments de configuration dans l'environnement d'exploitation ne correspond pas à la description de l'activité de contrôle. La plupart du temps, c'est une activité qui est effectuée par la gestion des mises en production, sous la responsabilité de la gestion des changements.
D. Incorrect. L'inventaire des éléments de configuration correspond à l'identification et à l'enregistrement des CIs, mais pas à l'activité de contrôle.

18 de 30

Quelle activité est une partie du processus de gestion de la disponibilité?

A. classer les demandes de changement (Requests for Change, RFCs)
B. définir le codage d'impact des incidents
C. identifier les problèmes en matière de disponibilité des services informatiques
D. mesurer la disponibilité des services informatiques

A. Incorrect. Classer les demandes de changement est une activité de la gestion des changements.
B. Incorrect. Définir le codage d'impact des incidents est une activité de la gestion des incidents.
C. Incorrect. Identifier les problèmes concernant la disponibilité des services informatiques est une activité de la gestion des problèmes.
D. Correct. En plus du reportage, mesurer est l'activité la plus importante du processus de gestion de la disponibilité. Mesurer et faire le reportage des actions posent la base du contrôle des accords de service, de l'élimination des situations problématiques et de la formulation des propositions d'amélioration.

19 de 30

Dans quel processus ITIL se négocient les coûts des services informatiques avec le client?

A. la gestion de la disponibilité
B. la gestion de la capacité
C. la gestion financière des services des TI
D. la gestion des niveaux de service (SLM)

A. Incorrect. La gestion de la disponibilité ne négocie pas avec le client.
B. Incorrect. La gestion de la capacité ne négocie pas avec le client.
C. Incorrect. La gestion financière des services des TI fixe le prix coûtant et le prix de vente sur base de la gestion financière ou de négociations avec le client, mais ne négocie pas cela en propre.
D. Correct. La gestion des niveaux de service (SLM) a comme activité 'établir et négocier un contrat'. Une partie de cette activité est la négociation du niveau de la fourniture de service requis par rapport au coût. L'information obtenue est fixée dans un accord sur les niveaux de services (Service Level Agreement, SLA).

20 de 30

Quel attribut de la base de données de gestion des configurations (Configuration Management Database, CMDB) permet de retrouver les éléments de configuration (Configuration Items, CIs) en maintenance à un moment précis?

A. date d'acquisition
B. propriétaire
C. lieu
D. statut

A. Incorrect. La date d'acquisition d'un élément de configuration n'a rien à voir avec l'entretien de cet élément de configuration.
B. Incorrect. Le propriétaire ne change pas lorsque l'élément de configuration est soumis à un entretien.
C. Incorrect. Le lieu d'un élément de configuration ne change pas lorsqu'un élément de configuration est soumis à un entretien.
D. Correct.

21 de 30

Lequels des changements ci-dessous doit être autorisés par la gestion des changements?

A. la saisie de données dans une base de données par les utilisateurs
B. la création d'un nouveau mot de passe
C. l'ajout d'un nouvel utilisateur au système
D. le déménagement d'une imprimante

A. Incorrect. Saisir des données dans une base n'est pas un changement. Autrement, à chaque fois qu'un ordre est introduit ou qu'un document est sauvegardé, la gestion des changements devrait en donner l'autorisation. Cela ralentirait considérablement les opérations métiers.
B. Incorrect. La création d'un nouveau mot de passe n'est pas un changement, mais une demande de service (Service Request). Sinon, le processus de gestion des changements serait

surchargé de demandes d'adaptation qui, en général, ont très peu d'impact sur le reste de l'infrastructure des TI.

C. Incorrect. Ajouter un nouvel utilisateur dans le système n'est pas un changement, mais une demande de service (Service Request). Sinon, le processus de gestion des changements serait surchargé de demandes d'adaptation qui, en général, ont très peu d'impact sur le reste de l'infrastructure des TI.

D. Correct. Ceci est une modification de l'infrastructure des TI qui peut avoir un certain impact sur le fonctionnement.

22 de 30

Il y a eu deux incidents sur un serveur. Il semble que le serveur soit surchargé à cause des nombreuses connexions qui y sont reliées.

Quel type d'action le gestionnaire de la disponibilité doit-il entreprendre dans ce cas?

A. Le gestionnaire de la disponibilité demande au gestionnaire de la capacité d'élargir la capacité du serveur.

B. Le gestionnaire de la disponibilité demande au gestionnaire des problèmes d'examiner d'urgence le problème.

C. Le gestionnaire de la disponibilité demande au gestionnaire de la sécurité d'examiner si un trop grand nombre d'autorisations n'ont pas été délivrées.

D. Le gestionnaire de la disponibilité demande au gestionnaire des niveaux de service de revoir les accords sur les niveaux de services (Service Level Agreements, SLAs).

A. Incorrect. Il convient d'abord d'examiner la situation avant de procéder à un élargissement éventuel de la capacité du serveur.

B. Correct. La première étape consiste à examiner quelle est la véritable cause des incidents. Il incombe au gestionnaire des problèmes d'effectuer cet examen et d'en surveiller la bonne exécution. Ce n'est que lorsque l'on a établi avec certitude que le manque de capacité est la cause du problème que d'autres possibilités peuvent être considérées.

C. Incorrect. Lors de l'installation du serveur, le nombre de personnes qui pouvaient se connecter au serveur était connu. Le gestionnaire des problèmes doit en premier lieu examiner la cause sous-jacente des incidents.

D. Incorrect. Il n'y a aucune raison de revoir les accords sur les niveaux de services (SLAs).

23 de 30

Quel processus ITIL a comme activité de mettre les incidents en rapport avec les solutions (documentées) connues?

A. la gestion des changements

B. la gestion des incidents

C. la gestion des problèmes

D. la gestion des configurations

A. Incorrect. La gestion des changements se charge des demandes de changement (Requests for Change, RFCs) introduites et de leur traitement.

B. Correct. Mettre les incidents en rapport avec des solutions est une activité qui appartient au processus ITIL de gestion des incidents.

C. Incorrect. La gestion des problèmes se charge de déceler la cause sous-jacente d'un ou de plusieurs incidents.
D. Incorrect. La gestion des configurations se charge de l'enregistrement des informations relatives éléments de configuration (Configuration Items, CIs).

24 de 30

Quel statut est attribué à un problème (Problem), lorsque la cause de ce problème est connue?
A. le statut 'incident' (Incident)
B. le statut 'erreur connue' (Known Error)
C. le statut 'résolu'
D. le statut 'demande de changement' (Request for Change, RFC))

A. Incorrect. Le statut 'incident' n'existe pas. Plusieurs incidents réunis forment un problème (Problem).
B. Correct. Lorsque la cause de ce problème (Problem) est connue, elle acquiert le statut d'erreur connue (Known Error).
C. Incorrect. Le statut 'résolu' n'est pas une dénomination exacte dans les définitions ITIL. Le problème (Problem) doit d'abord être résolu après que la cause en a été décelée.
D. Incorrect. Une demande de changement (Request for Change, RFC) peut être la suite logique d'une erreur connue (Known Error). La résolution d'une erreur connue peut se faire par l'introduction et l'exécution d'une demande de changement.

25 de 30

Lorsqu'un changement est réalisé, une évaluation est réalisée.
Comment appelons-nous cette évaluation?
A. calendrier prévisionnel des changements (Forward Schedule of Changes, FSC)
B. revue post implantation (Post Implementation Review, PIR)
C. programme d'amélioration des services (Service Improvement Program, SIP)
D. exigences de niveaux de service (Service Level Requirements, SLR)

A. Incorrect. Un calendrier prévisionnel des changements n'est pas une évaluation, mais un calendrier qui comporte le planning des changements à venir.
B. Correct.
C. Incorrect. Un programme d'amélioration des services n'est pas une évaluation. Par contre, un tel programme peut être la conséquence d'une évaluation (issue de la gestion des niveaux de service (SLM)).
D. Incorrect. Les exigences de niveaux de service représentent les attentes d'un client envers un (nouveau) service. Elles n'impliquent pas une évaluation.

26 de 30

Parmi les propositions suivantes, laquelle est inlcuse dans un accord sur les niveaux de services (Service Level Agreement, SLA)?
A. des accords concernant les services à livrer
B. la disponibilité de la période écoulée
C. un plan d'attaque pour monter le processus de gestion des niveaux de service (SLM)
D. les descriptions techniques détaillées du protocole réseau

A. Correct.
B. Incorrect. La disponibilité de la période écoulée est mentionnée dans les rapports.
C. Incorrect. L'accord pour établir et/ou exécuter un plan d'actions peut être inclus dans un accord sur les niveaux de services (Service Level Agreement, SLA), mais pas le plan lui même.
D. Incorrect. Les descriptions techniques détaillées des services ne se trouvent pas dans un bon accord sur les niveaux de services (langage de client), encore moins une description technique du protocole réseau.

27 de 30

Quelle est la responsabilité du gestionnaire de la sécurité dans le cadre de l'établissement d'un nouvel accord sur les niveaux de services (Service Level Agreements, SLA)?
A. la traduction des exigences de niveaux de service (Service Level Requirements, SLR) en terme de sécurité de l'information
B. la détermination de la sécurité de référence dans le catalogue de service
C. la fourniture de lignes directrices pour la section Sécurité du SLA
D. la fourniture d'un rapport de disponibilité technique des composants de sécurité

A. Incorrect. Cette tâche incombe au gestionnaire des niveaux de service. Cependant, le gestionnaire de la sécurité fournit des informations sur le sujet au gestionnaire des niveaux de services.
B. Incorrect. Cette tâche incombe au gestionnaire des niveaux de service. Cependant, le gestionnaire de la sécurité fournit des informations sur le sujet au gestionnaire des niveaux de services.
C. Correct. L'exécution effective de cette activité est réalisée par le gestionnaire de la sécurité.
D. Incorrect. Les rapports sur la disponibilité sont faits par le gestionnaire de la disponibilité.

28 de 30

Quel processus ITIL effectue une analyse des menaces et des dépendances des services informatiques, analyse qui sert de base à l'identification de contre-mesures?
A. la gestion de la disponibilité
B. la gestion de la continuité des services informatiques
C. la gestion des problèmes
D. la gestion des niveaux de service (SLM)

A. Incorrect. La gestion de la disponibilité fournit des données concernant l'utilisation de la disponibilité des composants de l'infrastructure des TI et de leur dépendance mutuelle. Ces données sont utilisées dans l'analyse des menaces et des dépendances dans le processus de gestion de la continuité des services informatiques.
B. Correct. La gestion de la continuité des services informatiques analyse les menaces et les dépendances et élabore les contre-mesures significatives.
C. Incorrect. La gestion des problèmes examine l'infrastructure des TI afin de déceler les causes de défaillances (potentielles) dans la fourniture de service. Les menaces venant de l'extérieur ne sont pas répertoriées comme défaillances ou erreurs dans l'infrastructure des TI.
D. Incorrect. La gestion des niveaux de service (SLM) intervient sur la transparence des rôles et des responsabilités quant à la fourniture des services informatiques.

29 de 30

Quel processus ITIL est responsable de l'élaboration d'un système de facturation?

A. la gestion de la disponibilité
B. la gestion de la capacité
C. la gestion financière des services des TI
D. la gestion des niveaux de service (SLM)

A. Incorrect. La gestion de la disponibilité se charge de la gestion de la disponibilité des services informatiques.
B. Incorrect. La tâche de la gestion de la capacité est de gérer les demandes futures de services informatiques.
C. Correct.
D. Incorrect. La gestion des niveaux de service (SLM) se charge de conclure des accords concernant les services informatiques.

30 de 30

Qu'est-ce que la gestion des services informatiques (IT Service Management)?

A. la gestion effective et efficace de la qualité du service informatique
B. l'organisation de la gestion de l'infrastructure des TI selon les meilleures pratiques (best practices) de ITIL
C. la correction de l'infrastructure des TI à l'aide d'un processus, afin que l'organisation informatique puisse livrer au client des produits informatiques de manière professionnelle
D. c'est rendre accessible l'intelligibilité en matière de service informatique destiné à un plus large public

A. Correct.
B. Incorrect. La gestion des services informatiques est bien plus vaste que la méthode ITIL.
C. Incorrect. La gestion des services informatiques ne concerne pas (ne concerne plus) les produits informatiques, mais les services informatiques.
D. Incorrect. La gestion des services informatiques se limite aux personnes actives dans la branche ou à celles qui sont concernées par elle.

17 Étude de cas – Quick Couriers

L'étude de cas concerne une jeune société en plein développement confrontée à tous les problèmes liés à la gestion des services. À la fin de chaque section, le lecteur trouvera des questions offertes à sa réflexion.

La circulation dans la ville d'Amsterdam est devenue tellement intense qu'il est difficile à un service de messagerie par camionnette d'y fonctionner. C'est pour cette raison que trois amis nouvellement diplômés, Jane, John et Peter, ont décidé de créer une entreprise de courrier à bicyclette et ont fondé la société Quick Couriers (QC). QC livre des colis dans le centre-ville en bicyclette.

Au début, les fondateurs de Quick Couriers travaillaient pour leur compte, mais aujourd'hui ils ont des contrats avec des entreprises internationales de messageries pour le ramassage et la livraison des envois dans le centre-ville et ils ne peuvent plus tout faire à trois. Ils font donc appel à des étudiants qui travaillent à temps partiel pour livrer des colis en utilisant les bicyclettes de la société.

Jane est responsable de la comptabilité, de la facturation, du traitement des commandes et du maintien des contacts commerciaux. La société Quick Couriers a acheté des applications logicielles pour la comptabilité et la gestion des relations avec les clients.
John répond au téléphone, traite les demandes de renseignements des clients, assure la planification et la logistique des livraisons et transmet les messages des coursiers à Jane ou à Peter.

Il y a peu de temps, les trois amis ont révisé la position de leur société et ont défini leur vision et leurs politiques. Leur objectif est le suivant : « Quick Couriers doit devenir synonyme de livraison express dans le centre-ville d'Amsterdam et les zones environnantes ». Pour atteindre cet objectif, la société a lancé une campagne de publicité et a engagé de nouveaux coursiers. Nos trois amis ont l'intention d'équiper les coursiers de téléavertisseurs ou de téléphones portables. Ils ont également demandé un devis pour un système basé sur Internet qui permettrait aux clients de demander un coursier et de surveiller le suivi des colis. Une autre option à l'étude est l'extension des activités business avec l'ouverture d'un autre bureau à La Haye ou à Rotterdam. De plus, ils ont décidé qu'il serait essentiel pour l'avenir de l'entreprise de lui donner des bases plus professionnelles. Ils ont donc identifié les domaines à étudier.

17.1 Gestion des configurations

Peter se charge du classement de tous les documents liés aux outils, instructions d'entretien, bicyclettes, remorques, pièces, capes et casques. Quand il est malade ou en vacances, son cousin Paul le remplace et assure la maintenance.

L'entreprise dispose à ce jour de vingt unités de livraison (bicyclettes et remorques) dont seize sont utilisées en permanence. Les quatre unités restantes font l'objet d'un entretien ou bien sont disponibles en réserve. Quick Couriers utilise deux modèles de bicyclettes achetés auprès de deux fournisseurs différents.
Afin d'accélérer l'entretien, Peter a monté un certain nombre d'ensembles de pièces les plus chères et les plus fragiles. Il dispose ainsi d'ensembles de disques de freins, d'engrenages, de roues avant et arrière et d'éclairage. Lorsqu'il a le temps, il répare les ensembles en remplaçant les pièces usées ou cassées, mais il lui arrive de sous-traiter ce travail à sa voisine Mary, une mordue de la bicyclette qui a pris sa retraite anticipée.

Dans son atelier de réparation, Peter dispose d'une rangée de caisses contenant des pièces détachées et un dossier de suivi des commandes en attente passées à ses fournisseurs. Certaines pièces peuvent être remplacées par celles utilisées sur des vélos de course ordinaires.

Le garage à bicyclettes se trouve à côté de l'atelier. De nombreux coursiers y passent pour prendre possession de leur feuille de route ou pour faire réparer leur bicyclette.

Suite à l'augmentation du volume d'affaires, Peter n'arrive plus gérer à ses fichiers sur papier et la rédaction des rapports lui demande trop de temps. Jane se plaint de la quantité de factures de pièces et d'outils à traiter et se demande s'il serait possible de faire des économies.

Peter vient d'installer un logiciel de base de données pour gérer l'inventaire. Il l'appelle la base de données ConFig. Peter conserve une liste sur papier des pièces présentes dans l'atelier. Il a également acheté un graveur électrique pour identifier les pièces en stock.

Questions:

1. Quel a été le déclencheur du développement de ce processus?
2. Qui est impliqué dans le processus, en plus de Peter?
3. Indiquez l'étendue et le niveau de détails de la base de données. Quels attributs d'élément de configuration concernent Peter?
4. Qui est impliqué dans la surveillance d'état? À quoi sert un historique d'état?
5. Donnez des exemples de questions, telles que des questions sur les tendances, auxquelles Peter peut répondre maintenant alors qu'il ne le pouvait pas avant d'avoir la base de données.
6. Comment Peter va-t-il remplir sa base de données?
7. Comment peut-il être certain que sa base de données reste à jour?
8. Quelles sont les choses dont Peter devrait informer Jane?

17.2 Gestion des incidents et centre de services

Avec seize coursiers sur les routes en permanence, la charge de travail de John, qui répond au téléphone, ne cesse d'augmenter. Il reçoit en permanence des commandes de clients, des réclamations sur les retards de livraison des colis et des messages des coursiers qui ont des pannes de bicyclette ou qui ne parviennent pas à effectuer la livraison à cause d'une adresse erronée.

John trouve qu'il est de plus en plus difficile de conserver une trace de tout ce qui se passe et il lui arrive d'oublier de rappeler ses correspondants. Jane remarque également que certaines commandes sont oubliées. Les bouts de papier se perdent et on ne sait pas bien qui fait quoi. Alors que chacun fait son possible pour assurer la qualité du service, il est impossible de déterminer la rapidité de résolution des problèmes. Les clients commencent à se plaindre de certaines lacunes du service et tous les membres de l'entreprise ont l'impression que le nombre de commandes est en baisse. Entre-temps, Peter doit faire face à l'augmentation du nombre d'itinéraires et de livraisons de colis à planifier. Il a créé une base de données, RoutePlan, pour les colis et les itinéraires, organisée par code postal. L'itinéraire de chaque coursier couvre un certain nombre de codes postaux. Plusieurs coursiers peuvent desservir le même itinéraire.

On a demandé à John de prendre en charge certains appels téléphoniques. Il informe, par exemple, les clients sur la gamme de services offerts par Quick Couriers et s'occupe de l'enregistrement des réclamations. Il est aussi chargé de savoir ce qui est arrivé aux paquets et de s'assurer que l'on rappelle les clients. Il a accès à présent à la base de données RoutePlan sur l'ordinateur de Peter en utilisant un segment de réseau nouvellement installé qui relie les deux ordinateurs.

Pour enregistrer tous les appels téléphoniques et les messages, John a mis en place une nouvelle base de données TelLog. John utilise TelLog pour conserver une trace de tous les appels téléphoniques et pour leur attribuer des codes de catégorie et de priorité.

Questions:

1. Quel a été l'élément déclencheur du développement de ce centre de services?
2. Quel type de centre de services est utilisé principalement pour ce processus?
3. Quelles sont les informations pertinentes pour un appel signalant un incident?
4. Donnez des exemples de catégories et de priorités.
5. À qui John peut-il faire appel s'il ne peut pas régler un problème lui-même?
6. Une communication efficace avec l'atelier de réparation est essentielle. Quel est le terme utilisé dans l'ITIL pour cela?
7. Comment la société Quick Couriers peut-elle s'assurer qu'on ne néglige pas les appels concernant des incidents et qui en est responsable?
8. Une assistance de l'exploitation business est-elle prévue? Si oui, expliquez comment.
9. Quels liens d'information voudriez-vous créer avec les autres systèmes, et dans quel but?
10. Quelles sont les choses que John devrait communiquer à Peter et à Jane?

17.3 Gestion des problèmes

Grâce à l'utilisation de RoutePlan pour l'acheminement des colis, de TelLog pour l'enregistrement des appels et du logiciel ConFig pour la tenue des stocks, le service a été amélioré et le stress a diminué. Quick Couriers a maintenant trente coursiers sur les routes, Jane et John se sont mariés, sur un tandem bien sûr.

John utilise maintenant RoutePlan pour la planification des itinéraires. Un étudiant s'occupe du standard téléphonique et résout la plupart des incidents grâce à la documentation fournie par John. Lorsqu'un nouveau problème se présente pour la première fois, l'étudiant demande conseil à Peter, à John ou à Jane et note la solution de manière à pouvoir la retrouver facilement la fois suivante. Si un coursier est bloqué à cause d'un problème de bicyclette, l'étudiant du standard lui fait parvenir la pièce de rechange nécessaire par le prochain coursier empruntant ce même itinéraire. Si le coursier ne peut pas régler son problème, Peter utilise la remorque pour livrer un vélo de remplacement.

Peter est toujours préoccupé par le nombre de réparations de bicyclettes. Les vélos de course sont assez fragiles et sont utilisés de façon continue. Mais il faut surtout tenir compte de la façon dont les coursiers négocient les virages et les nids de poule. La société Quick Couriers a l'impression que les vélos de marque A s'usent moins vite que ceux de la marque B, mais ce n'est pas certain. Certains ensembles tombent plus souvent en panne que d'autres, mais on ne sait pas vraiment si c'est une question d'usure, de réglage ou de marque.

Jane s'inquiète du nombre de colis perdus. Même si on finit par les retrouver, elle aimerait trouver un moyen de rendre le système infaillible. Les coursiers reçoivent des primes de performance et il existe même un prix pour celui qui se débrouille pour faire la plus forte moyenne de livraisons à l'heure. Mais Jane souhaite toujours obtenir des renseignements sur leur efficacité et leur attitude à l'égard des clients afin de leur proposer, au besoin, la formation nécessaire.

On a demandé à John d'étudier de près les données des logiciels TelLog, RoutePlan et ConFig afin d'identifier les causes sous-jacentes. Il s'attend à devoir combiner un grand nombre de données historiques et les soumettre à une analyse de tendances.

Questions:

1. Quel est l'élément déclencheur du développement de ce processus?
2. Qui est impliqué et quels sont les rôles des personnes impliquées?
3. De quelles activités John est-il chargé et quels en sont les résultats?
4. Quelle information provenant d'autres systèmes John souhaite-t-il obtenir?
5. Donnez des exemples de problèmes et d'erreurs connues.
6. Quelles sont les responsabilités de John en ce qui concerne les erreurs connues?
7. Quelles conclusions Peter transmet-il à Jane et à John?

17.4 Gestion des changements

John a beaucoup appris en essayant d'identifier les causes sous-jacentes. Il a découvert ainsi que les freins à disque d'une certaine marque s'usaient plus vite que ceux d'une autre, que certains coursiers cassaient leurs vélos plus fréquemment que les autres et que certains colis se perdaient parce qu'ils n'avaient pas été chargés dans la bonne remorque au départ.

John a émis certaines recommandations sur ces problèmes. Comme ces recommandations concernent les domaines dont s'occupent Jane et Peter, il a discuté avec eux de l'impact potentiel et du volume de travail impliqué. Les événements de la semaine précédente sont examinés lors des réunions hebdomadaires du lundi matin. Étant donné que John est censé présenter régulièrement des propositions d'amélioration, il a maintenant un programme séparé et une liste d'activités à entreprendre.

On a demandé à Peter de tester un nouveau type de frein. Il établira ensuite un calendrier de maintenance. Les freins seront alors remplacés progressivement selon ce calendrier. Ce remplacement sera combiné avec d'autres opérations de maintenance planifiées afin d'éviter que les bicyclettes ne soient retirées de la circulation trop souvent ou trop longtemps.

Une proposition de méthode plus structurée va être testée pour le tri et l'attribution des colis et des entretiens seront organisés avec les coursiers dont les bicyclettes sont souvent endommagées.

Questions:

1. Quel est l'élément déclencheur du développement de ce processus?
2. Qui est impliqué et quels sont les rôles des personnes impliquées?
3. Quelles activités ont lieu pendant la réunion suite aux propositions de John?
4. Décrivez comment vous feriez pour tester les diverses propositions et dites si un plan de solution de secours serait nécessaire. Quel sera le contenu du plan de test?
5. Qui est impliqué dans la planification des modifications? Identifiez les goulots d'étranglement, les risques, les ressources nécessaires et l'impact escompté.
6. Qui sera nécessaire pour clore les actions en cours? Quel autre processus est impliqué?

17.5 Gestion des mises en production

Lorsque les coursiers livrent des colis chez un client, ils laissent leurs bicyclettes dehors sur le trottoir. John a acheté quelques cadenas de haute qualité pour éviter les vols. Les bicyclettes sont également équipées de verrous de roue séparés et de verrous pour les remorques.

Peter conserve le double de toutes les clés dans une boîte dans un tiroir. Il arrive que les coursiers perdent leurs clés et retrouver la bonne clé prend du temps. Au bout d'un certain temps, on ne sait plus exactement quelles sont les serrures dont on a également perdu les doubles de clés. Quick Couriers doit donc racheter régulièrement de nouveaux verrous et avec l'augmentation du nombre de bicyclettes, ces achats deviennent de plus en plus onéreux. Peter a décidé d'améliorer la gestion des clés et de leurs doubles.

Un ensemble de verrous est défini pour chaque bicyclette. Les verrous sont numérotés et leurs numéros sont saisis dans le logiciel ConFig. Peter a acheté une armoire pour ranger les clés d'origine et leurs doubles.

Questions:

1. Quel est l'élément déclencheur du développement de ce processus?
2. Qui est impliqué et quels sont les rôles des personnes impliquées?
3. Quelles mesures doivent être prises avant de pouvoir utiliser un nouveau jeu de verrous?
4. Quelles mesures sont prises avant de confier un nouveau jeu de doubles de clé à un coursier?
5. Remplaceriez-vous tout l'ensemble en cas de perte d'une seule clé? Comment appelez-vous cela?
6. Quelles mesures prendriez-vous si un seul verrou est remplacé? Comment appelez-vous cela?

17.6 Gestion de la disponibilité

La compagnie Quick Couriers a de plus en plus de travail. Quand une bicyclette est inutilisable, le temps de la réparation est trop long et le coursier attend au bord de la route avec ses colis. De plus, si un coursier est malade, toute la planification est remise en cause. Les clients commencent à se plaindre des délais de livraison excessifs.

Jane souhaite maîtriser les développements afin de les intégrer aux plans de la société. Il s'agit de la maintenance, des délais de livraison et du personnel. L'objectif de la société est d'être en mesure de garantir les délais de livraison les plus courts possibles. Parmi les idées avancées, citons la création d'une équipe mobile de réparation, l'achat d'un standard téléphonique avec un système de menus et la mise en place d'un système de traitement et de suivi des commandes sur Internet. Tout cela va nécessiter un investissement important.

Questions:

1. Quel est l'élément déclencheur du développement de ce processus?
2. Qui est impliqué et quels sont les rôles des personnes impliquées?
3. Faites une liste de quelques actifs, menaces et vulnérabilités.
4. Utilisez cette information pour identifier les risques.
5. À quelles mesures de prévention pensez-vous?
6. Faites une liste de ce qui devrait faire partie de la planification en termes de maintenance, de fournisseurs et de personnel.

17.7 Gestion de la capacité

Le marché évolue rapidement et Quick Couriers a de nouveaux clients venant d'autres districts. Ses fondateurs pensent à élargir le rayon d'action de la société en y incluant La Haye et Rotterdam, deux villes à forte densité de population. Peter songe également à ouvrir un autre bureau à l'aéroport international de Schiphol.

Jane possède des informations empiriques sur le nombre de personnes nécessaires pour desservir chaque itinéraire. Elle a utilisé le système RoutePlan pour créer un rapport qui indique, pour chaque itinéraire, le nombre de colis distribués chaque jour de la semaine, les heures auxquelles la circulation est la plus intense et le nombre de colis pouvant être chargés dans une remorque. Elle a utilisé les moyennes comme base de référence et identifié un pourcentage au-dessus et un pourcentage en dessous de cette base de référence pour chaque mois et heure de la journée. Elle souhaite utiliser ces informations pour planifier l'équipement et le personnel.

Jane utilise ces informations pour dresser un rapport sur l'essor prévu et sur les frais et les investissements nécessaires.

Questions :

1. Quel est l'élément déclencheur du développement de ce processus?
2. Qui est impliqué et quels sont les rôles des personnes impliquées?
3. Donnez des exemples d'activités de modélisation.
4. De quelle manière les charges de pointe peuvent-elles être assurées sans le déploiement de capacité supplémentaire?
5. Quelles activités facilitent l'estimation des ressources nécessaires pour la création d'un nouvel itinéraire?
6. Que faut-il inclure dans le plan de capacité?

17.8 Gestion de la continuité des services informatiques

La semaine dernière, le bâtiment voisin de celui de Quick Couriers a brûlé complètement. Jane, John et Peter ont eu très peur. Leur site actuel est très pratique et il est difficile de trouver un local commercial à Amsterdam. Ils ont donc réalisé que si leur bâtiment brûlait, il leur faudrait des mois avant de se remettre en activité.

Les dirigeants de Quick Couriers ont décidé d'inclure des options de reprise après sinistre dans leurs plans du nouveau bureau dans le sud d'Amsterdam. Ils vont également voir si des solutions de rechange dans les environs proches de leur emplacement actuel pourraient être utilisées comme base temporaire permettant de desservir les itinéraires du centre ville. Les problèmes suivants ont été inclus dans le plan :

- Emplacement
- Accessibilité
- Personnel
- Fichiers électroniques et systèmes informatiques
- Équipement
- Colis de leurs clients

Questions :

1. Quel est l'élément déclencheur du développement de ce processus?
2. Qui est impliqué et quels sont les rôles des personnes impliquées?
3. Pour quelles raisons la société devrait-elle avoir un plan de reprise après sinistre?
4. Quels sont les menaces, les actifs et les vulnérabilités?
5. Utilisez ces informations pour identifier les risques.
6. Quelles mesures préventives peuvent être prises et quels sont les risques nécessitant la création d'installations externes de reprise après sinistre?
7. Quel est le terme de l'ITIL utilisé pour désigner un plan de reprise après sinistre comprenant une solution de rechange pour les installations informatiques d'une autre organisation?
8. Identifiez les problèmes à inclure dans un plan de reprise permettant d'utiliser un autre site comme solution de secours et décrivez comment ce plan peut être testé.
9. Comment le plan est-il influencé par le plan de capacité et les plans d'amélioration de la disponibilité (par exemple, le nouveau bureau)?
10. Quel est l'effet de la gestion des changements (comité consultatif sur les changements)? Donnez un exemple pour cette étude de cas.

17.9 Gestion financière

La gamme de services offerts par Quick Couriers s'élargit. L'entreprise applique des tarifs plus bas pour les livraisons en dehors des heures de pointe, des tarifs pour les livraisons urgentes et accorde des remises sur les grandes quantités. Les clients peuvent demander l'enlèvement des colis sur Internet. Cependant, certains employés de Quick Couriers ont quitté leur travail et ont lancé leur propre entreprise si bien que la qualité et les prix des services sont soumis à une plus grande pression.

Les coûts liés au soutien du service ont également augmenté. La société dépend de plus en plus de ressources informatiques efficaces. Jane a signé un contrat avec un fournisseur d'accès à Internet, a pris une ligne en location et Quick Couriers emploie maintenant un administrateur système qui assure son fonctionnement. Une équipe de réparation est sur les routes en permanence. Les coûts administratifs ont augmenté à cause de l'augmentation du nombre d'employés. Des investissements ont été faits dans des bâtiments si bien que la dépréciation est devenue un poste important dans la comptabilité. Étant donné que les entreprises de messagerie offrant des services express doivent être disponibles 24 heures sur 24, les coursiers sont parfois désœuvrés.

Il devient de plus en plus difficile de fixer des prix qui couvrent les coûts uniformément. Jane veut promouvoir certains services (ceux que leurs concurrents sont en mesure de fournir efficacement) en facturant des prix plus bas mais elle doit être prudente et fixer les prix soigneusement pour que les nouveaux prix n'entraînent pas de pertes d'exploitation.

Jane souhaite introduire un système de centre de coûts pour se faire une idée des coûts liés à chaque service. En disposant de plus d'informations sur les coûts par service, elle espère être en mesure de compenser les pertes sur certains services par des profits sur d'autres services.

Questions :

1. Quel est l'élément déclencheur du développement de ce processus?
2. Qui est impliqué et quels sont les rôles des personnes impliquées?
3. Donnez des exemples de coûts fixes et variables ainsi que de coûts directs et indirects.
4. Donnez un exemple du catalogue des services et des moyens de production nécessaires pour les différents services.
5. Faites un résumé de plan des politiques de prix.

17.10 Gestion des niveaux de service

Jane souhaite fidéliser ses clients. Pour cela, elle veut maintenir de meilleurs contacts avec eux et conclure des contrats de services à long terme. Les clients réguliers paieraient un montant mensuel fixe au lieu de payer par colis ou service. Cela assurera à la compagnie un revenu régulier, ce qui facilitera la planification des services.

Étant donné que Quick Couriers a de nombreuses bicyclettes en service, elle dépend de plus en plus des fournisseurs de pièces détachées et d'autres services. Par conséquent, Jane souhaite signer des contrats avec les fournisseurs garantissant les délais de livraison.

Quick Couriers a engagé un nouvel employé au poste de directeur, responsable de comptes. Sa tâche est de convertir les demandes des clients en plans de nouveaux services ou de services modifiés. Après la conclusion des contrats de sous-traitance, il peut commencer à créer un nouveau catalogue.

Questions :

1. Quel est l'élément déclencheur du développement de ce processus?
2. Qui est impliqué et quels sont les rôles des personnes impliquées?
3. Donnez la description des fonctions du directeur, responsable de comptes.
4. Donnez un exemple d'accord conclu avec un client régulier.
5. Comment sont garantis les services convenus avec le client?
6. Que pourrait-on inclure dans un plan de qualité des services de la compagnie?
7. Si vous étiez directeur, responsable de comptes, avec qui signeriez-vous un accord sur les niveaux de service (ou un accord sur les niveaux opérationnels)?
8. Pour qui dresseriez-vous un rapport sur le respect des niveaux de service?
9. Comment sont planifiés les changements pour les services les moins performants?

ANNEXE A Bibliographie

Vous trouverez ci-dessous les documents de référence de ce livre qui peuvent être utilisés pour en savoir plus sur l'ITIL et la Gestion des Services Informatiques.

A1. Lectures supplémentaires

Sujet	Titre	Editeur	ISBN
Gestion des services	Service Support	OGC / TSO	0113300158
Gestion des services	Service Delivery	OGC / TSO	0113300174
Gestion des services	Security Management	OGC / TSO	011330014X
Gestion des services	Introduction to ITIL	itSMF/TSO	0113309732
Gestion des services	Small-Scale Implementation	OGC/TSO	0113309805
Applications	Application Management	OGC / TSO	0113308663
Applications	Software Asset Management	OGC / TSO	0113309430
Infrastructure	ICT Infrastructure Management	OGC / TSO	0113308655
Business	Business Perspective	OGC / TSO	0113308949
Implantation	Planning to implement service management	OGC / TSO	0113308779
Général	The Guide to IT Service Management	Addison Wesley	0201737922
Humour	IT Service Management from Hell!	VHP	9077212213

A2. Sites web utiles

OGC	http://www.ogc.gov.uk
ITIL	http://www.itil.co.uk
EXIN	http://www.exin-exams.com
ISEB	http://www.bcs.org.uk/iseb
itSMF International	http://www.itsmf.org
itSMF International Publications Ctee	http://www.itsmf.com/ipesc.asp
ITSM PORTAL	http://en.itsmportal.net/
Loyalist College	http://www.itilexams.com/
TÜV SÜD Akademie	http://www.bildung4me.de/
ISO 20000	http://www.isoiec20000certification.com

Index

C

D

E

F

G

I

P

R

S

T

U

V